上海市英语教育教学研究基地
sCRELE Shanghai Center for Research in English Language Education

英语教育与教学研究

ENGLISH EDUCATION AND TEACHING RESEARCH

第八辑

主 编 束定芳

副主编 王雪梅 赵美娟

上海外语教育出版社
外教社 SHANGHAI FOREIGN LANGUAGE EDUCATION PRESS

图书在版编目(CIP)数据

英语教育与教学研究. 第八辑 / 束定芳主编；王雪梅, 赵美娟副主编. -- 上海：上海外语教育出版社, 2025. -- ISBN 978-7-5446-8287-9

I. H319.3-53

中国国家版本馆CIP数据核字第2024RL7043号

出版发行：**上海外语教育出版社**
（上海外国语大学内） 邮编：200083
电　　话：021-65425300 (总机)
电子邮箱：bookinfo@sflep.com.cn
网　　址：http://www.sflep.com
责任编辑：权　锋

印　　刷：上海叶大印务发展有限公司
开　　本：787×1092　1/16　印张 14.25　字数 344千字
版　　次：2025年5月第1版　2025年5月第1次印刷

书　　号：ISBN 978-7-5446-8287-9
定　　价：60.00元

本版图书如有印装质量问题，可向本社调换
质量服务热线：4008-213-263

主　　编	束定芳
副 主 编	王雪梅　赵美娟
编　　辑	朱神海
特约顾问	戴炜栋　龚亚夫　姜　锋　梅德明
	王初明　王　蔷　王守仁　文秋芳
特约编委	程晓堂　何亚男　刘正光　祁承辉
	汤　青　王文斌　徐锦芬　张绍杰
	赵尚华　庄智象　邹　申　邹为诚

主编的话

上海市英语教育教学研究基地（以下简称"英语基地"）是上海市高校"立德树人"人文社科重点研究基地之一，其主要任务包括教育教学理论探索、中小学英语教材编写与评估、英语教师培训等。自2016年成立以来，英语基地通过邀请国内外著名外语教育研究专家讲学、访谈上海市英语名师、深入基础教育一线开展教研活动等途径，取得了一系列阶段性成果。

《英语教育与教学研究》是英语基地主编的辑刊。该辑刊旨在研究国内外外语教学新理念、新思路、新动向，聚焦国内基础教育外语教学的问题与对策，搭建高校外语教学理论工作者与中小学一线外语教师交流的平台，推动上海市乃至全国基础教育外语教学的发展。我们定期邀约国内外知名学者就基础外语教育教学的重大理论、前沿问题以及热点话题发表观点，同时向全国各地教研员以及一线教师征集反映基础教育外语课堂教学实践的稿件，为广大中小学外语教师提供课程建设与教学实践交流的平台。

《英语教育与教学研究》第八辑分为专家论坛、教学实践、单元教学设计、作业设计、语言测评等专栏。其中，在专家论坛专栏，专家们围绕教学理论与实践、课程与教学改革、教师专业发展三个方面展开了热烈的讨论，展现了中国学者对基础外语教育以及职前职后教师教育一体化的观点；在教学实践专栏，相关一线教师围绕概要深度学习路径、高阶思维品质培养、教材解读等主题进行探讨，为课堂教学提供了实践案例；在单元教学设计专栏，教师们聚焦学科育人、单元整体教学、综合性输出活动、生命教育等进行了探讨；在作业设计专栏，相关研究者基于单元整体教学，为初中和高中英语作业设计提供了有益参考；最后，在语言测评专栏，教师们对国内高考英语研究进行了回顾与展望，并结合"教—学—评"一体化的理念，进行了评价方式的实践与改革，对改进基础外语教育评价方式具有一定启示。

当前全国正处于基础教育与教学改革的关键阶段，如何有效落实课标中提出的核心素养始终是我们每一位中小学教师应该认真思考的问题。2023年10月，教育部部长怀进鹏在第十四届全国人民代表大会常务委员会第六次会议上，作了《国务院关于考试招生制度改革情况的报告》，强调从"考知识"向"考能力素养"转变，构建德智体美劳全面考查的内容体系，加强教考衔接。怀部长的报告对我国基础外语教育与教学具有一定的启示。首先，基础外语教育应以能力培养为重，突出语言的运用，同时培养学生的文化意识、学习能力和思维品质；其次，外语教育应体现学科育人目标，落实立德树人根本任务；此外，要重视学科之间的融合，注重学生的全面发展。衷心希望广大英语教师在课程改革背景下，不断推动教学方式变革，改进教学质量，促进自身专业发展。

最后，我们热诚欢迎来自全国各地的一线教师及专家学者踊跃投稿，就基础教育外语教学中的热点问题发表真知灼见，共同为推进我国外语教育发展贡献智慧。

束定芳
2025年4月

目　录

教学理念

基础英语教育面临的问题与挑战 ··苗兴伟　1

立足国际视野加速推进基础外语教育高质量发展的几点思考 ············冯智文　3

构建外语专业创新创业教育体系的探索与实践 ····························张孝荣　5

"师"以道"质"：湖南师范大学助力乡村外语教育振兴的青春实践 ······曾艳钰　7

青春外语：指向核心素养的中学生成长小说阅读教学的意义与路径 ······王　卓　9

新课标背景下小学《英语》教材编写的几点思考 ····························彭　静　18

从学"课标"到基于"课标"精神的再开发

　　——基础英语教育改革的江西实践 ·································胡新建　李勇忠　20

三位一体、协同育人：URP 模式的探索与实践 ·························刘　瑾　刘春霞　22

高中英语校本教研：问题与对策 ···文　旭　王飞涛　24

南京师范大学：守正创新，铸魂树人　培养"教研双优"的新时代外语教师 ······王永祥　27

面向未来需要的中小学英语教师培养 ·································罗良功　杜小双　29

西部农村外语教师信息化教学培训的若干思考 ····························曹　进　34

对接国家战略，助力英语教师专业发展

　　——长三角中小学英语教师研修项目纪实 ···························高　航　37

对接义务教育英语课标，加强高师英语人才培养

　　——浙江师大 RICH 改革为例 ····································胡美馨　39

"三新"背景下中小学英语教师文学素养的提升：问题与路径 ············谷红丽　41

中学英语特级教师专业成长中的重要他人 ································陶　伟　45

教学实践

指向学科大概念的表现性任务开发和评估

　　——基于 GRASPS 视角 ··周鑫源　吴　斌　53

在概要写作中建构结构化知识的深度学习路径探究 ························陈　茜　63

高中英语视频课教学中培养高阶思维品质的路径探索 ····················罗建军　71

产出导向法指导下的高中英语读写教学设计

　　——以人教版高中英语教材 Book 3 Unit 1 Reading for Writing 为例

　　···贾晨陆　余泽超　81

五育融合视野下高中英语阅读教学活动的设计与实施 ………………… 庄晓瑛　89
高中英语听说课思辨能力培养
　　——以一节高中英语听说课为例 ………………………………… 姚玉莹　100
"自然拼读法"助力小学生英语词汇学习的实践研究 ………… 尹晓红　祝丽君　108
PBL教学模式下小学英语教材文本的解读与再构
　　——以译林版《英语》四下Unit 5和Unit 6复习课为例 ………… 于维浩　114

单元教学设计

基于学生深度学习的高中英语单元整体教学中的德育渗透
　　——以《高中英语》(上外版)必修一Unit 1 School Life自信教育为例
　　 ………………………………………………………… 杨梦婕　徐悠悠　124
大概念统领下的高中英语单元整体教学设计与实践
　　——以《高中英语》(上外版)必修二Unit 1为例 ………………… 王　建　135
基于单元主题意义的综合性输出活动的设计与实施 …………………… 王璐亿　144
在单元整体教学设计中渗透生命教育
　　——以《高中英语》(上外版)必修第二册第二单元Animals为例 … 刘　颖　156
基于"教材+"资源整合的初中英语大单元教学实践 …………………… 谭记翠　163
基于"大问题"的初中英语单元教学思考与实践 ………………………… 杨寅婷　176

作业设计

基于单元整体教学的高中英语语法作业设计例析 ……………………… 刘加玉　183
单元整体教学视域下的初中英语作业优化设计与实践探索 …………… 冯　艳　194

语言测评

国内高考英语研究回顾与展望(2012-2022) …………………………… 潘炜杰　203
"教—学—评"一体化视角下的描述性评价方式的应用研究 …………… 朱　丽　213

教学理念

基础英语教育面临的问题与挑战

苗兴伟

近年来，随着基础英语教育改革的不断深入，英语教育和教学理念不断更新，教师教学水平不断提高，学生学习成效得到改善，育人质量得到明显的提升。《普通高中英语课程标准（2017年版）》提出了英语学科核心素养的概念，为基础英语教学改革提供了新的理念，为基础英语教育带来了新的机遇，但同时也对当前的基础英语教学提出了挑战。2022版《义务教育英语课程标准》在核心素养的理念上做到了与《普通高中英语课程标准》的衔接。新课标的颁布和实施意味着中国基础英语教育已经进入了以学科育人为导向，以核心素养发展为目标的新时代。新的课程标准围绕核心素养教育，全面贯彻了学生全人发展的理念，聚焦英语学科关键能力和学生必备品格的培养。英语课程要培养的学生核心素养不仅包括学生的语言能力，而且聚焦学生的学习能力、文化意识和思维品质，这就为基础教育阶段的英语教学提出了新的要求，将改变以往教学只注重语言能力培养而忽视学科育人的倾向。

面对新的形势和新的教育教学理念，当前的基础英语教育面临的主要问题和挑战包括以下几个方面：

核心素养在课堂教学中的实施是一个值得研究的现实问题。修订版《普通高中英语课程标准》和《义务教育英语课程标准》已经发布，但核心素养如何落地仍然是困扰当前基础英语教育的一个难题。核心素养在课堂教学中的实施需要教师更新观念，充分认识外语学科的育人功能，从课程设计到课堂实践，将核心素养教育贯穿始终，探索适应中小学生的核心素养教育实施方案和教学方法，提高课堂教学的实效。在课堂教学中，如何以核心素养为导向，在英语课程内容活动观的指导下，以主题意义为引领，使学生在意义探究的活动中，实现语言能力、文化意识、思维品质和学习能力的融合发展，这是广大英语教师和英语教育工作者需要思考和研究的现实问题。

教—学—评一体化的落实尚有难度。当前的基础教育仍然需要面对考试和升学的压力，以考试为导向的教学依然占主导地位，无法更新自己的教育教学理念，对培养学生英语学科核心素养没有抓手。基于核心素养的英语课程改革的实施恰逢高考制度的改革。如何做好考试与教学之间的衔接和协调，是一个值得关注的问题。核心素养教育的实施可能涉及更深层面的基础教育改革和考试改革，要实现应试教育向核心素养教育的转变必须改变为考而教和为考而学的现状。评价方式的改革事关教学改革的成败，完善评价方式是改变应试教育的关键所在。当前需要解决的一个迫切问题是如何测评核心素养并以评促学，实现教—学—评一体化。到目前为止，还没有出现基于核心素养的考试与测评体系。基础教育阶段在传统上重视考查学生的英语语言知识掌握情况和英语语言运用能力，关于思维品质、文化品格和学习能力的测评方式与手段还不很成熟，需要深入的研究。

教材和教学内容安排难以适应核心素养教育的需要。目前，中小学英语教材内容和结构需要进一步优化。受课时与教材限制，教师结合学情自主选择教学内容受到限制。如何在时间有限的课堂教学中整合主题语境、语篇类型、语言知识、文化知识、语言技能和学习策略等学习内容，也是一个亟待解决的问题。

教师教育和教师培训有待加强。教师的学科素养和教学能力制约着基础英语教育水平的提高。为使英语教师更好地理解新课改形势，提升教师的专业素养、教学能力及学科素养，各级教育部门应加大教师教育和教师培训的力度，并从根本上解决英语教育中存在的区域发展的不均衡现状。

基于核心素养的英语教育将为基础英语教育带来新的发展机遇。基础英语教育虽然面临诸多问题，许多问题也难以在短时间内解决，但核心素养教育是一个长期的系统工程，需要英语教育界同仁和各级教育主管部门的通力合作。

作者单位：北京师范大学外国语言文学学院 北京 100091

立足国际视野加速推进基础外语教育高质量发展的几点思考

冯智文

自中华人民共和国成立以来,党和国家高度重视基础教育的发展,出台了一系列教育政策和法规,党的教育方针得到了全面的贯彻落实。70余年来,我国的基础教育发生了翻天覆地的变化。基础教育规模空前扩大,教育教学水平全面提升,办学条件、师资队伍、资金投入和教学管理等方面均达到或超越了国际平均水平。与此同时,我国的基础外语教育也取得了显著成就:一是有条件的小学从三年级就开设英语课,初中和高中均设置外语课程;二是基础外语教育水平有了质的飞跃,学生的外语综合能力达到了一个新的高度。然而,新时代基础外语教育面临的挑战和亟需解决的问题依然很多。以下是本人对目前及未来我国基础外语教育高质量发展的几点思考:

一、制定出台新时代基础外语教育规划。在基础外语教育历史上,国家出台了《外语教育七年规划纲要》(1964)、《中华人民共和国义务教育法》(1986)等重要的外语教育规划,对基础外语教育发展起到了重大作用。新时代外语教育规划需要对通用语、非通用语、"一带一路"国家语言等在中小学阶段如何开设做出明确规定,形成新时代基础外语教育体系。比如,小学阶段开设什么语种?学校自主选择还是统一要求开设外语课程?国家战略亟需的外语人才如何系统培养?等等。

二、"双减"背景下加强提升课堂教学质量。2021年7月教育部发布了《关于进一步减轻义务教育阶段学生作业负担和校外培训负担的意见》(以下简称《双减》)。"双减"背景下,课堂教学质量是基础外语教育高质量发展的根本保证。目前,加强对课堂教学质量进行研究和评价并持续改进是我们需要认真完成的一项重要任务,高质量的课堂教学才能保障《双减》政策能够得到真正的贯彻落实。

三、基础外语教师的专业素养亟需快速提升。我国的基础教育规模很大,需要一支数量庞大的教师队伍。尽管近年来我国基础外语教师队伍质量提升很快,但目前教师的专业水平依然参差不齐。究其原因,一是相当比例的外语教师毕业于非师范院校;二是外语教师的毕业院校和学历存在较大差异;三是外语教师专业发展现状不容乐观。所以,基础外语教师培训工作显得十分紧迫,需要国家和地方行政部门强有力的政策支持,也需要调动学校及教师个人的主动性和能动性。没有一支高素质的教师队伍就不能保障基础外语教育的高质量发展。

四、基础外语教育发展不平衡不充分的问题亟需得到解决。我国幅员辽阔,人口众多,边疆地区和大中城市、中部东部和西部地区、农村和城市等基础外语教育发展不平衡的问题尤其突出,边疆少数民族地区的基础外语教育发展不充分的问题比较严峻。如何解决这些问题将直接影响到全民的语言素养和国际视野,需要引起我们的高度重视并付诸行动。比如,优质教育资源如何分配？如何充分利用信息技术和人工智能服务基础外语教学？等等。解决问题的途径很多，我们需要的是人力和物力的大量投入，需要的是我们外语人的一种使命担当。

五、高考外语语种带来的诸多问题不容忽视。多年以来，我国的高考外语语种主要以英语为主，万千学子付出了美好的青春岁月学习英语，但相当比例的学生对学业成绩感到绝望。于是，目前一部分英语学习不理想的学生选择在高二或高三放弃拼搏了多年的英语学科转学日语、西班牙语等其他语种，希望在高考中获得一个满意的分数。此现象带来了诸多问题，一是严重影响《双减》政策的落实，学生必然利用课余时间学习，增加作业负担；二是除了英语学科，其他高考外语学科的高考试题是否存在难易度不一致的问题；三是如果学习一年日语的高考成绩远远高于学习六年英语的高考成绩，那么对所有的学生是否公平？

总之，基础外语教育高质量发展是新时代的必然要求，发现目前存在的各种主要问题，寻找解决问题的各种途径和举措，具有重大的现实意义和历史意义。在当下和未来基础外语教育发展的道路上，我们需要统一认识，确定目标任务，为国家、为民族培养合格的社会主义建设者和接班人。

作者单位：云南师范大学外国语学院 云南昆明 650500

构建外语专业创新创业教育体系的探索与实践

张孝荣

《教育部关于加快建设高水平本科教育全面提高人才培养能力的意见》(教高〔2018〕2号)中明确提出,要把深化高校创新创业教育改革作为推进高等教育综合改革的突破口,面向全体、分类施教、结合专业、强化实践,促进学生全面发展。要深化创新创业课程体系、教学方法、实践训练、队伍建设等关键领域改革;强化创新创业实践,搭建大学生创新创业与社会需求对接平台;强化创新创业导师培训,提升创新创业教育水平;鼓励符合条件的学生参加职业资格考试,增强创业就业能力。

根据这一要求,我们提出学院构建创新创业教育体系的基本理念为:以深化高等学校创新创业教育改革为契机,结合学校"国民表率,社会英才"人才培养定位,结合专业、整合资源、分类施教、强化实践,形成具有我校外语专业特色的创新创业教育生态环境和人才培养模式,促进外语专业教育教学改革,提升人才培养质量。

具体而言学院构建创新创业教育体系的具体举措包含以下五点内容:

第一,强化专业教学质量标准,完善培养机制。

对标师范专业认证标准,根据"一践行,三学会"的要求重新制定人才培养方案和教学大纲。修订2018版人才培养方案,并通过微调制定完成2021版人才培养方案。加强与地方教育部门以及教科所的联系,建立校区、校校协同育人机制。以国家级特色英语专业以及英语、俄语国家级一流专业建设点为依托,与安徽省教师教育协同创新中心、芜湖市弋江区初中、小学英语教科研工作站共同搭建平台,师生参与市区中小学英语教育科研。与芜湖市萃文中学、芜湖市第十二中学等单位开展合作,推进教学改革,开展嵌入式长期见习实习,探索英语师范专业建设与地方教科研发展和基础教育教学协同创新发展模式。

持续加强国际合作办学与交流。与美国布莱诺大学建立"2+2"联合培养机制,与俄罗斯彼得罗·扎沃咨克大学建立"2+1+1"联合培养机制,与法国格勒·诺布尔大学建立"2+2"联合培养机制,与俄罗斯米宁大学长期进行师生互派互访,定期开展夏令营和冬令营活动。

第二,落实学分学籍管理要求,优化课程设置。

实施交叉化、模块化人才培养。其中,个性化教育模块为4个学分,学生在导师指导下,根据个人兴趣和发展需要跨学科、跨专业选择课程4个学分。专业教育模块中设置语言学模块、文学模块,翻译模块,应用英语模块,教师教育模块以及综合模块。其中,某一模块必选10学分,其他模块自由选14学分。

将创新创业教育课程纳入人才培养方案,调整创新创业学分比重,建立学分积累和转换制度,优化创新创业通识教育和实践锻炼课程设置。推进专业教育和创新创业教育的有机融合,优化专业结构和培养类型结构的设置,挖掘丰富专业课程相关创新创业教育资源。抓实做强大学生创新创业计划训练项目。在人才培养方案中设置创新创业学分,认真组织申报省级以及国家级创新创业训练计划项目,近五年成功申报国家级大创项目约60项,省级大创项目200余项。

第三,推进教学考核方式改革,提升教育实效。

鼓励教师在传授专业知识过程中加强创新创业教育,在课堂教学中广泛运用启发式、讨论式、参与式等多样化教学方法。强化师生互动,增加学生课堂教学的活动参与度。建立科学、多元的考核评价体系,优化过程性评价和终结性评价实效。开设创新课程《课外阅读》,由本科生导师开具必读书目,师生共同阅读,相互研讨,共同进步。

实施党员导师制以及本科生导师制,强化全程育人效果。遴选学院优秀党员和教师担任导师,强化学生成长成才的全过程指导,本科生导师到毕业季转为就业导师,密切指导学生精准就业,提升就业质量。

第四,统筹创新创业实践体系,做强实践教育。

建设以能力为导向的实践协同育人模式,见习、实习、研习全程融合,构建实践教育体系丰富完善综合实践训练体系,做到人人重师范,人人能实践,人人师范技能必过关。

加大对学生参与各级各类创新创业竞赛活动的支持力度。结合学科特点举办创新创业赛事,以赛促学、以赛促教、以赛促创。学院目前已经形成系列与专业密切相关的实践教育教学项目,如本科生优秀毕业论文培育计划项目、本科生科研论文大赛、花津悦读、莎士比亚戏剧节、模拟联合国大会以及模拟外交谈判大会等。

第五,建立专兼结合师资团队,夯实业务能力。

明确教师创新创业教育主体责任,将创新创业教育成绩纳入考核评价指标体系,完善专业技术职务的评聘办法。配齐配强创新创业教育教师队伍,建立一支专兼结合的高素质创新创业教育师资团队。设置外语教育研究与评估研究中心,积极开展创新创业教育方面的理论和案例研究。聘用芜湖市教科所、安徽师范大学附属中学、芜湖一中等优秀外语教师担任兼职导师,常态化聘请业内专家开展国家级一流专业建设点高端论坛活动。

积极利用国家智慧教育公共平台以及外研社、外教社的资源,组织教师参加各级各类培训,持续提升教师创新创业工作能力,为培养高质量外语人才持续赋能。

外语专业的发展正面临巨大变革,培养具有家国情怀,全球视野,专业本领的复合型人才将成为所有外语人共同努力的目标。通过具体实践构建外语专业的创新创业教育体系,势必会助力新时代外语人才的培养,推进外语专业的深入建设和长足发展。

作者单位:安徽师范大学外国语学院 安徽芜湖 241000

"师"以道"质"：湖南师范大学助力乡村外语教育振兴的青春实践

曾艳钰

今年4月，教育部、中央宣传部等八部门联合印发《新时代基础教育强师计划》，明确提出要以中西部欠发达地区教师为重点，推动师资优质均衡，到2025年实现欠发达地区中小学教师紧缺情况逐渐缓解，教师培训实现专业化、标准化，教师发展保障有力。湖南师范大学外国语学院组织了乡村外语教育振兴团队，他们以乡村外语教育振兴为己任，深耕武陵山区、罗霄山区等中西部贫困地区，扎实开展以高质量教师培养为主题的教育帮扶。他们按照乡村振兴战略部署和振兴教师教育有关要求，立足中西部地区重点区域和乡村外语教师人才紧缺需求，正在探索可复制、可推广的乡村外语教师队伍建设模式，服务中西部地区乡村外语教育，引领新时代外语教育。

乡村学校是改造乡村生活的中心，乡村教师是改造乡村的灵魂。湖南师范大学外国语学院打造了教师指导、青年大学生参与的工作团队，通过建立"乡村外语教育实践基地"，深耕中西部贫困地区，扎实开展教育帮扶，先后捐建12个乡村外语教育实践基地和100余个外语基础教育数据采集点，培训中小学外语教师5千余人，获湖南省扶贫工作集体记功，2022年1月湖南师范大学外国语学院工作室成为湖南省首个挂牌的全国三八红旗集体工作室。

团队基于"高校-政府-中小学"三位一体的协同育人模式，推进与中小学多层次的深度合作，服务于中西部地区外语基础教育的需求。在当地教育部门的协助下，团队帮助基地校与学院建立点对点的同步课堂，构建多元多向助教助研互动同步网络，实现高校教师与乡村教师"智能手拉手"，促进信息技术与教育教学的创新融合。

通过建设实践基地、承担国培省培项目，团队积极推动教育均衡发展。团队开展"一校带多校"互动课堂，突破时间和空间的限制，实现一校上课、多校旁听，达到共同提高教学水平的目的，极大地帮助了乡村地区教师获得优质教学资源，提升教学实践水平，有效解决了教育资源不均衡问题。

为实现外语教育教学资源共享，改变乡村教师传统的授课方式，团队还创建"师全实美"互联网+援教平台，平台由微课学习板块、问答交流板块、个人积分板块和乡土文化教案资源板块四大板块组成。在微课学习板块，团队将上传优质外语教学资源，邀请名师举办线上教学经验分享会，远程指导乡村教师教学，实现"双校互联"新模式；在问答交流板块，团队将在24小时内以文字或视频的形式为乡村教师答疑解惑，并利用大数据分析，将问题归纳分类，在该板块形成相应的专题，便于乡村教师搜索和学习；在个人积分板块，团队结合教师线上学习时长、实践评价和问答交流活跃度三方面的表现量化为积分，采取积分换礼物的方式提高乡村教师的参与热情；在乡土文化教案资源板块，团队建立乡土文化教案资源库，推动乡土文化融入外语教学,鼓励乡村外语教师做乡土文化建设的参与者。

在曾艳钰、高协平等专家教授的带领下,团队积极整合教育资源,不断为湖南省乃至全国外语基础教育课程改革提供智力支持,下一步该团队将以《新时代基础教育强师计划》15条措施为指导,进一步加强基础教育教师队伍建设。一是以乡村振兴为指引,坚持"入主流、有特色、创一流"发展方向,以基础外语教育人才培养为中心,与更多的乡村中学建立教育硕士联合培养基地校,将本科生教育与研究生教育连为一体。二是聚焦教育援藏援疆,助力西部教育事业发展,团队已经启动乡村外语教育实践基地校建设的第二轮规划,重点关注西部地区外语基础教育的发展。三是推动跨学科研究,实现乡村外语教育建设的新发展,学院将与信息科学与工程学院、新闻与传播学院团队组成跨学科研究团队,积极探索互联网时代,大数据、人工智能赋能湖南省外语基础教育发展,并将以此为起点,面向全国,探讨人工智能对中西部地区外语教师教育的影响。

面向未来,团队将以服务乡村教育振兴、解决现实难题、推动创新发展为目标,以高质量的教师队伍和教学水平为基础,强化学生的主体性和现代性培养,促进乡村外语教育深入发展,努力促进学生主动发展、全面发展、和谐发展,培养与国际接轨的社会新人,打造乡村外语教育新模式,进一步推动乡村外语教育事业再上新台阶。

作者单位:湖南师范大学外国语学院 湖南长沙 410081

青春外语：指向核心素养的中学生成长小说阅读教学的意义与路径

王 卓

2022年9月23日教育部网站公布对"关于增强文化自信增加中国文化内容教学改革和降低英语教学比重的建议"的答复，再次明确外语是学生德智体美劳全面发展的重要组成部分，有助于培养和发展学生语言能力、文化意识、思维品质、学习能力等核心素养，培养学生中国情怀、国际视野和跨文化沟通能力[①]。事实上，《普通高中英语课程标准（2017年版2020年修订）》和《义务教育英语课程标准（2022年版）》（以下简称新课标）均明确提出了指向学生核心素养的英语课程目标（梅德明，王蔷 2022）。新课标创新性地推出"英语学科核心素养框架"，将课程目标由"综合语言运用能力"转向"英语学科核心素养"（中华人民共和国教育部 2020）。新课标更是明确规定了英语课程要围绕核心素养确定课程目标，将英语课程目标归纳为语言能力、文化意识、思维品质、学习能力四个方面。核心素养的全面落实意味着教学目标由单一视角转向全人视角（衡很亨 2022），毫无疑问，文学经典阅读是实现核心素养育人目标的重要内容。

然而我们不得不正视的一个现实是，目前在基础英语教育中，文学经典教学尚存在诸多不容忽视的问题。其一，英语教材选编重"语"轻"文"，教材文学作品比例偏低，如人教版高中英语1—8模块40个单元，只有3个单元是文学体裁，北师大版高中英语1—8模块24个单元，只有 *Literature Spot* 中8篇文学体裁文章（应玲 2018）。其二，英语教师教学中重"语言技能"，轻"人文素养"。应试要求和学时不足等原因造成了英语教师普遍存在更关注语言技能教学，而忽视对学生的文化、跨文化能力、思辨能力等综合能力的培养。其三，部分英语教师的文学品读能力和文学素养不强，难以承担起文学导读等教学工作，在处理文学类题材课文和指导学生文学课外阅读等工作中存在畏难情绪（王卓 2022）。其四，由于词汇量、文化背景、时代差异等原因，中学生对所阅读的文学经典也存在不同程度的畏难情绪。

尽管越来越多的中学英语教学中倡导英文名著整本阅读，并有多省实施了大规模的中学英文经典名著阅读进课堂等教学改革，但实施效果并不尽如人意，其中有一个很重要的原因是名著阅读所选择的文本与学生之间的文化相关性、身份相关性、语言相关性不强，与中学生的认知水平、生活经历、文化背景等距离较大。同时，在经典名著教学中也存在碎片化、浅表化、形式化、与教材内容疏离化等问题。针对这些现象，笔者团队提出推动中学英语成长小说整本阅读以及英语成长小说进中学课堂方案，并基于成长小说教学提出"成长小说大概念阅读"融合模式[②]。

---

① 参阅教育部答复"降低英语教学比重建议"。
② 这一模式是应山东省垦利一中英语学科市级基地的创新性要求提出的，用以指导该基地正在实施的英文经典名著阅读教学改革。

1. 为什么读成长小说：中学英语教学中成长小说经典阅读的独特价值

成长小说是很多人文学阅读的首选作品。歌德（J. W. Goethe, 1749-1832）的《威廉·迈斯特的学习时代》（*Wilhelm Meister's Apprenticeship*）、托马斯·曼（Thomas Mann, 1875-1955）的《魔山》（*The Magic Mountain*）、狄更斯（Charles Dickens, 1812-1870）的《远大前程》（*The Great Expectation*）和《大卫·科波菲尔》（*David Copperfield*）、奥斯汀（Jane Austen, 1775-1817）的《傲慢与偏见》（*Pride and Prejudice*）、艾略特（George Eliot, 1819-1880）的《弗洛斯河上的磨坊》（*The Mill on the Floss*）、夏洛蒂·勃朗特（Charlotte Brontë, 1816-1855）的《简·爱》（*Jane Eyre*）、乔伊斯（James Joyce, 1882-1941）的《一个青年艺术家的肖像》（*A Portrait of the Artist as a Young Man*）、马克·吐温（Mark Twain, 1835-1910）的《哈克贝利·费恩历险记》（*The Adventures of Huckleberry Finn*）、塞林格（J. D. Salinger, 1919-2010）的《麦田里的守望者》（*The Catcher in the Rye*）等欧美经典成长小说陪伴很多中外读者度过生命中最宝贵的青葱岁月。

英国莱斯特大学莎拉·格雷厄姆（Sarah Graham）教授在其编著的《成长小说史》（*A History of the Bildungsroman 2019*）"序言"中曾言，任何读小说的人都最终会遇到一部成长小说——一种关于青年人面对挑战的成长的小说，"因为它是文学史上最流行，最永恒的文类"（Graham 2019）。成长小说也被称为教育小说或者教育成长小说，主要原因在于成长小说具有独特的多维教育功能，包括情感教育、人生观教育、价值观教育、审美教育等，均蕴含在成长小说所描写的青少年成长历程之中。尼日利亚女作家奇昆耶·奥贡耶米（Chikwenye O. Ogunyemi）因此说，成长小说在讲述他人的教育故事时也起到了教育的功能，"因此，一个有趣的现象是，主人公和读者都从此教育中受益"（Ogunyemi 1980）。从这一意义上来说，成长小说在形塑人的精神、素养、情操等方面具有其他类型的文学作品所不具备的重要价值。

1.1 成长小说的"成长维度"和"教育维度"与全人教育

成长小说具有"成长维度"和"教育维度"高度融合的特点。这种文学形式通常试图教会读者理解他们当下和过去的情感、成长和归属的过程。成长小说中独特的教育、教诲目的以及蕴含其中的价值观的传递和人格塑造功能是任何其他类型的文学作品都不具备或者难以凸显的独特功能（王卓 2022）。成长小说还带有强大的社会文化塑形的功能。成长小说在线性或者非线性地记录下主人公与自己的社会价值取得认同的过程中，还承担着与主人公成长期间的社会秩序和社会价值协商的使命。成长小说不仅涉及主人公的身体成长和情感成长，还深刻地触及自我与社会之间的协商、互动关系。正如阿波罗·阿莫科（Apollo Amoko）所言，成长小说聚焦于年轻的主人公在一个不确定的世界中的塑形，因此成长小说中的个人成长往往也是国族重构的隐喻，涉及个人成长与社会转型、现代化进程等复杂的互动关系（Amoko 2009）。就像成长小说研究专家莫雷蒂（Franco Moretti）所言，成长小说"不仅在小说史中，而且在我们整个文化遗产中"都是至关重要的，因为随着我们阅读这些小说，它们"描写并重构了与社会整体的关系"（Moretti 1987）。

1.2 成长小说的共情性与青少年成长

尽管文学经典具有永恒价值,但由于时代、语言、文化等原因,很多文学经典和"学生的经历"距离遥远,而"阅读水平"对中学生来说也"过难"(Kaywell 1993)。加拿大艾德蒙顿公立学校的英语教师凯文·麦克宾(Kevin McBean)在以加拿大10年级为对象,讲授非洲成长小说《紫木槿》的行动研究中直言,他想要他的学生们去阅读那些和他们的生活更贴近的书,去看看他们自己在文学中被呈现的样子,他相信成长主题,身份发现,家庭关系会让学生与小说建立起更为密切、直接的个人联系(McBean & Johnston 2018)。麦克宾的思考道出了成长小说与青少年成长之间的一种独特的共情性特点(Ladson-Billings 1999)。所谓"共情"(empathy)是指如何理解和感受他人心理状态的能力,包括认知共情和情感共情两个维度。心理学家玛雅·吉基奇(Maja Djikic)等人在对文学的共情影响的研究中指出,作为投射世界的一面镜子,文学作品能帮助读者与小说中的人物产生共情。文学世界鼓励读者成为想象中的他者,而这可能是提升读者在社会生活领域中的能力的最有益途径之一(Djikic et al. 2013)。青少年文学研究专家珍妮特·阿尔苏普(Janet Alsup)认为,阅读青少年文学能帮助青少年"通过间接经验改变自己;他们能成长、发展、提出新问题,思考新问题,甚至感受新的情感"(Alsup 2010);青少年读者通过他们与小说中的青少年的互动,完成"自我实现"("self-actualization")(Ogunyemi 1980)。拉康研究专家马克·布拉贺(Mark Bracher)也曾言,文学课堂可能成为一个强化或者重塑学生身份的公共层面的完美之地(Bracher 2006)。

2. 如何选择成长小说:世界文明多样性语境下的英语成长小说文本选择

当某种类型的文学作品在书单和课表中反复出现,人们就渐渐理所当然地认为学生们就应该阅读这些作品,好像这是不言而喻的真理。这一现象在目前中学英语文学阅读文本的选择中就不同程度地存在着,主要表现在以下两个方面:其一,阅读书目主要以英国文学和美国文学为主,这导致学生对英美之外的英语文学了解甚少;其二,阅读书目主要以18、19世纪文学经典为主,对现当代文学关注不多。造成此种现象的原因是复杂的,不过以下几点恐是主要原因。首先,欧美中心主义思维在一定程度上依旧在左右教师们的文本选择;其次,部分中学英语教师对非英美国家的英语文学了解不多;其三,部分中学英语教师对现当代英语文学作品不够熟悉。事实上,此种情况在很多国家的英语文学教学中均不同程度存在。比如,尽管加拿大倡导多元文化主义,但学生们阅读的却依旧以欧洲中心主义视角的文学作品为主。在很多中学,英语课教师依旧选择并教授经典的英国和美国文学文本(Johnston & Mangat 2012; Johnston 2003; Mackey et al. 2012)。

然而,成长小说恰恰是一种不断"成长"的文类。这一文类经历了从特定的18世纪晚期和19世纪早期的德国现象到包括欧洲其他国家相似题材的演化,再到包括女性作家和少数族裔作家的作品的漫长演化过程。在长达三个多世纪的历史流变中,作为亚文类的成长小说显示出不同寻常的"适应性"(adaptability)和"多元性"(diversity)(Graham 2019)。以至于成长小说研究专家拉尔夫·奥斯丁(Ralph A. Austen)甚至认为,现在完全可以用小写的

"bildungsroman"来代替大写的"Bildungsroman"(Austen 2010),以复数代替单数了。

鉴于此,中学英语成长小说的文本遴选应首先打破英美经典成长小说为主导的模式,将成长小说放置在世界文明多样性的语境下审视,有效融入族裔英语成长小说、女性英语成长小说和殖民、后殖民英语成长小说等,并以中国学者、中国教师的视角对英语成长小说进行全新解读。根据这一目标,成长小说文本选择应体现以下五个原则(王卓 2022),即经典性原则,首选广为认可的、兼具思想性和文学性的优秀文学作品;代表性原则,作品能够反映一个作家的基本特征、一个时期的文学面貌,能够体现文学观念、样式、风格、艺术的变迁,能够代表文学史的关键节点;可读性原则,所选作品语言优美、人物丰满、故事情节吸引人、感动人;时代性原则,所选作品既有18、19世纪的经典成长小说,也有当代的成长小说,体现人物成长的时代性特点,更为贴近学生们的现实生活;多元化原则,所选作品应兼顾国别区域、性别、文化等特点,如优秀的非洲英语成长小说、加勒比英语成长小说、澳大利亚成长小说、加拿大成长小说等。

3. 如何讲授成长小说:融通模式下的"成长小说大概念"阅读教学

在《普通高中语文课程标准(2017年版2020年修订)》中,"整本书阅读与研讨"学习任务排在首位。在发展英语学科核心素养的要求下,整本书阅读成为课内英语教学的延伸和补充。但在这一任务的实施过程中出现了不少问题。在笔者团队与山东省多所中学的交流过程中,中学英语教师针对整本书阅读提出了诸多亟待解决的问题。概括如下:课程开发缺少顶层设计和理论指导;英语名著阅读如何嵌入主干课程之中缺少实施路径;教学中如何创建高效的课堂教学模式;课内外的阅读模式如何有效结合;如何制定科学、有效的评价方法;如何开展丰富多彩的示范活动等[①]。结合以上问题,笔者对名著阅读教学做了诸多反思,并提出了"文学大概念阅读"教学模式。

大概念教学是一种"更具整合性的教学样态"的教学模式,其价值主要在于改变目前教学中普遍存在的"散、浅、低"的现状,服务于核心素养的培育(李松林 2020)。而"文学大概念阅读"教学模式之所以可以引入中学英语教学,主要在于"大概念"理念和中学英语教学中对核心素养的重视具有恰适性。在某种程度上说,核心素养本身就蕴含着大概念。"学科核心素养在我国普通高中新课程方案的首次提出是新时代我国基础教育改革的理论创新与慎重选择,培养学科核心素养最紧要的是要实现对学科知识学习的超越,理解学科的内在逻辑和知识体系,使之具有学科思维和学科观念。而处于学科中心地位的'大概念',正是学科核心素养在知识层面最主要的外显形式与符号表达,为学科素养的落实提供了指引线索。"(但武刚,杨晶 2022)。

"文学大概念阅读"教学模式提出以"大概念"为引领,以"文学母题"为切入点,以结构化议题为抓手,以"文学母题"与教材"大单元主题"融通为路径,以第一、第二课堂联动为有

---

① 参阅"山东师范大学外国语学院助力垦利一中英语学科基地建设",山东师范大学外国语学院助力垦利一中英语学科基地建设-山东师范大学 外国语学院(sdnu.edu.cn);"山师外国语学院助力垦利一中学科基地建设",山师外国语学院助力垦利一中学科基地建设_合作_教研_方面(sohu.com)。

效机制,以"读后续写"等为产出导向,以"核心素养"培育为落脚点的教学框架。在这一教学框架之下,教材内容的大概念和文学经典大概念形成呼应关系,并在"大概念"命题的统领下实现知识的有效迁移,从而达到育人目标。指向核心素养的"文学大概念阅读"的教学目标是四位一体的,包括提升英语语言能力、培养跨文化能力、发展思辨能力、塑造价值观。其主要内容覆盖学科核心词汇教学、学科特色句法教学、学科典型语篇教学、学科经典文本阅读教学。

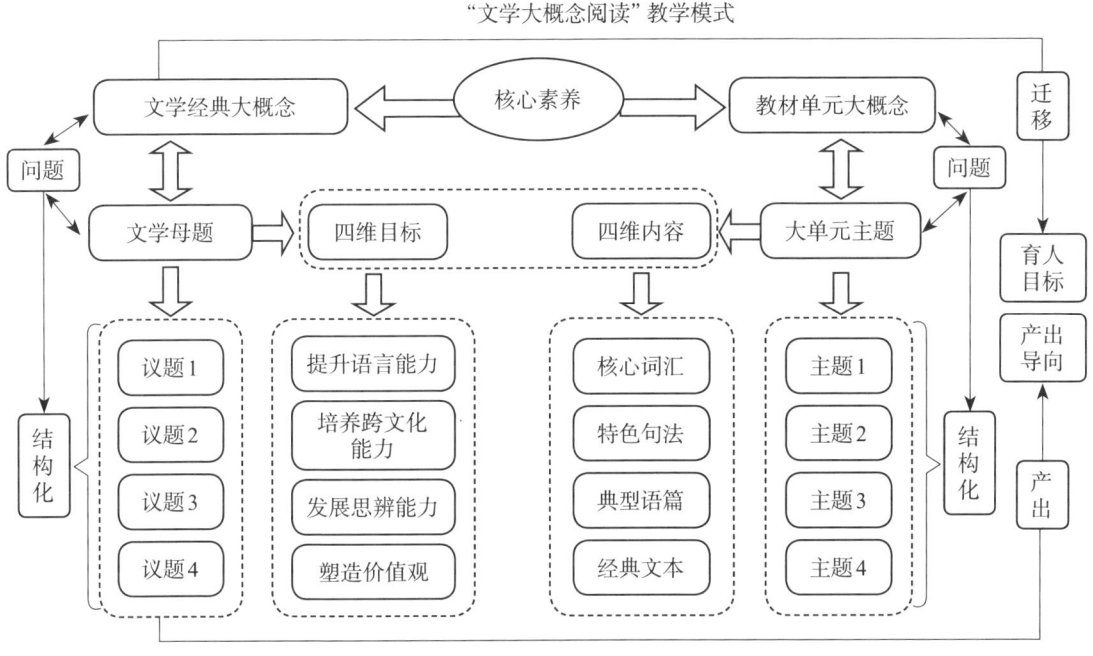

"文学大概念阅读"教学模式逻辑图

那么为何以"文学母题"为切入点实施文学大概念阅读教学呢?这和"文学母题"具有集主题与结构为一体的独特内涵有着密切关系。"文学母题"是构成传统叙事文学的元素,它包括叙事结构中的任何元素。汤普森(Stith Thompson)在母题研究的经典著作《民间文学母题索引》(Motif-Index of Folk-Literature)一书中,对母题做过一个认同相当广泛的解释:"一个母题是一个故事中最小的,能够持续在传统中的成分。要如此它就必须具有某种不寻常的和动人的力量"(斯蒂·汤普森 1991)。作为一种推动故事进程和传承的基因性元素,文学母题表现为"在文学作品中反复出现的人类的基本的行为、精神现象以及人类关于周围世界的概念,诸如生、死、离别、爱、时间、空间、季节、海洋、山脉、黑夜,等等"(乐黛云 1998)。从某种程度上说,文学母题的这种中心性、统领性、结构性特点与"大概念"属性高度契合。因此从某种程度上说,以母题切入的阅读,就是大概念教学。英国著名的DK出版社曾推出过"大概念简释"系列丛书(Big Ideas Simply Explained),共28册,包括的知识领域有数学,天文,物理,法律,宗教,政治等。2016年该出版社出版了文学大概念分册,《文学手册:伟大的想法简单的解释》(The Literature Book: Big Ideas Simply Explained)。该书挖掘了从《伊利亚特》(Iliad)到《唐吉珂德》(*Don Quixote*)再到《了不起的盖茨比》(*The Great Gatsby*)等多部文学作品中100多个具有开拓性的观念,并运用事实、图表、图画等来解释这些核心概念。而这些观念中绝大部分是以"文学母题"形式表现的。

当然需要指出的一点是,严格意义上说,"文学母题"在大部分情况下还是尚待整合、发展的"大概念",只有文学母题与结构化议题等概念性知识高度融合并问题化后,生成的"表达两个或两个以上的概念之间关系的句子"形成了命题,才是典型的,具有统领性的大概念(林恩·埃里克森、洛伊斯·兰宁 2018)。但毫无疑问,"文学母题"是文学"大概念"生成的基础。

"成长母题"是文学中常见母题之一。作为类型小说,成长小说的母题就是人物的各种模式的成长。"成长母题"在成长小说中以故事情节的反复出现和置换变形呈现出来。主人公经历的"出走→迷惘困惑→考验→顿悟→认识自我"的叙事模式构成了成长小说的基本情节要素。而成长小说中主人公对我从哪里来、我是谁、我要到哪里去等人生意义的追寻则构成了成长小说母题的精神内涵。成长母题的特定内涵、叙事模式和情节线索事实上隐含着基本阅读路径和教学路径。这是因为类型文学往往题材具备一定的明显特征,人物、叙事等具有相对固定的模式,并形成读者和作品之间、读者和作家之间某种契约性心理预期。这些都意味着教学设计可以遵循某些特定的规律,而学生读者则会有较好的阅读期待。这些独特的品质和优势在一定程度上缓解了学生的阅读焦虑。

成长小说的"大概念"阅读教学即是建立在此种阅读契约之上的,是对"成长母题"的个性化、概念化和结构化。例如,在美国黑人女作家玛雅·安吉罗(Maya Angelou)的半自传体成长小说《我知道笼中鸟为何歌唱》(*I Know Why the Caged Bird Sings*)的教学中,可以首先提炼出以小说的女性成长母题为基础的大概念:创伤(种族、性别)记忆导致了自传叙事的片段性。这一大概念不仅体现了主题内涵,还有叙事特点、文类特征、社会问题,以及主题、叙事、文类、社会正义等概念之间形成的逻辑关系。同时按照该小说的成长母题情节线索,提炼出结构化议题:自我憎恨;寻找引领人;失语与沉默抗争;语言与知识的力量;微妙抵抗等(王卓 2008)。结构化议题有助于引导学生对故事和情节进行反思、研讨,并最终形成认知性观念。在这一教学过程中,"成长母题"转化为"大概念"命题,有效整合了小说的"片段性"情节,并在结构化议题的引领下,引发学生思考美国的人权问题、种族歧视、文化暴力、社会公平正义等社会、历史层面的问题,并推动学生对身份认同、自我建构和自我进化等内在的、个人化问题进行反思,从而实现现实生活中人生成长的有效迁移。

需要指出的是,在教学中,不仅要强化学生与小说中人物取得认同,同时也应强化学生和人物、事件的差异性。在某种程度上说,这是一种跨文化思维的引领,引发学生思考人与人、人与社会、人与历史之间的关系问题,从而形成新的自我认知和社会认知。这一过程也同样具有文化迁移性。对此,美国普度大学语言文学教育领域专家珍妮特·阿尔苏普(Janet Alsup)强调说,在讲授和青少年成长相关的文学作品时,教师不仅应该思考如何激发学生读者的身份认同,以便理解学生们的阅读习惯和阅读反应,而且必须明白如何帮助学生读者把自己的身份认同拓展到新的领域——进入到一个新的,更深层次的回应,这种回应能丰富文学经历,延展读者对文学的认知和情感回应(Alsup 2010)。这样英语教学就有可能实现学生从阅读行为转化为"认知/情感成长"(同上)。而相比于与学生的时代距离、文化距离、语言距离较大的其他类型的文学作品而言,在成长小说阅读中,知识的可迁移性显然更容易实现。从库普曼(Eva

Maria（Emy）Koopman）和黑克穆德（Frank Hakemulder）的文学阅读的角色扮演（role taking）模型可以看出,阅读效果的决定性因素源自于叙述共情和与现实世界的共同。如前文所述,中学生读者与成长小说中的虚构世界、叙事模式更具有认知共情和情感共情,因此这种阅读迁移的发生更为自然、更为真切（Koopman & Hakemulde 2015）。

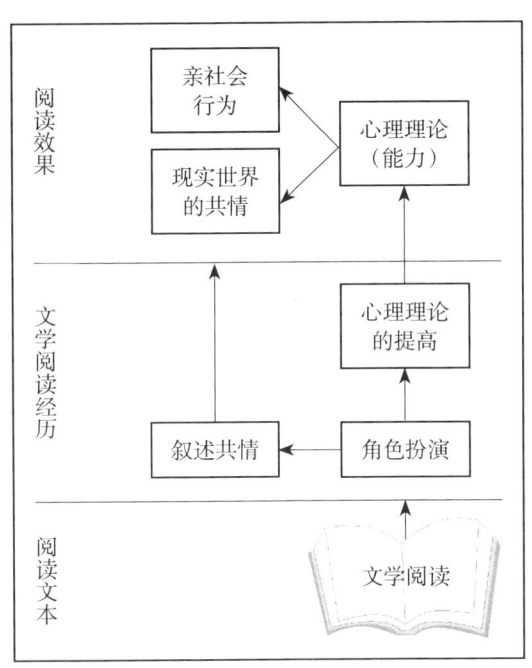

文学阅读的角色扮演（role taking）模型（陈丽娟,徐晓东 2020）

中学文学"大概念阅读"教学应尝试与教材内容实现融通,而"文学母题"大概念和"单元主题"大概念之间的勾连则是实现两者之间融通的重要策略。在核心素养引领下,目前的教材编写也大多以人与自我、人与社会、人与自然三大主题语境为框架展开,这为实现"文学母题"大概念和"单元主题"大概念之间的勾连打下了良好基础。比如外研版高中英语教材第三册第一单元 Knowing me, knowing you 就是以人际关系为主题大概念展开的。这一单元主题就和成长母题高度契合,教师可以根据这一特点,遴选合适成长小说文本,进行大概念阅读的融通教学。

4. 结语

成长小说大概念阅读是文学经典大概念阅读的一种类型,这一类型的有效实施将为文学经典大概念阅读在中学的有效实施提供重要参考。基于对成长小说的深刻认知,确定文本遴选原则和教学实施路径,成长小说大概念阅读教学将极大拓展整个基础英语"可教"的地盘,在提升学生的语言学习、跨文化能力、思辨能力培养中发挥重要作用。同时,基于大概念的成长小说阅读教学将有效推动学生的知识迁移,丰富学生的自我认知、社会认知领域,触发学生深入思考自我与他人、自我与社会等的关系，更为充分地认识世界和自我奠基，从而全面实现英语教育的育人功能。

参考文献

［1］ Alsup, J. *Young Adult Literature and Adolescent Identity Across Cultures and Classrooms: Contexts for the Literary Lives of Teens*[M]. New York: Routledge, 2010.

［2］ Amoko, A. Autobiography and Bildungsroman in African literature[J]. *The Cambridge Companion to the African Novel*, 2009: 195−208.

［3］ Austen, R A. Coming of age through colonial education: African autobiography as reluctant Bildungsroman (the case of Camara Laye)[J]. *Mande Studies*, 2010, 12(1): 1−17.

［4］ Bracher, M. *Radical Pedagogy*[M]. New York: Palgrave, 2006.

［5］ Djikic, M., Oatley, K. & Moldoveanu, M. C. Reading other minds: Effects of literature on empathy[J]. *Scientific Study of Literature*, 2013, 3(1): 28−47.

［6］ Graham, S. *A History of the Bildungsroman*[M]. Cambridge University Press, 2019.

［7］ Johnston, I. & Mangat, J. *Reading Practices, Postcolonial Literature, and Cultural Mediation in the Classroom*[M]. Rotterdam: Sense Publishing, 2012.

［8］ Johnston, I. *Re-mapping Literary Worlds: Postcolonial Pedagogy in Practice*[M]. New York: Peter Lang, 2003.

［9］ Kaywell, J F. *Adolescent Literature as a Complement to the Classics*[M]. Norwood, MA: Christopher-Gordon Publishers, Inc., 1993: Ix.

［10］ Koopman, E. M. & Hakemulder, F. Effects of literature on empathy and self-reflection: A theoretical-empirical framework[J]. *Journal of Literary Theory*, 2015, 9(1): 79−111.

［11］ Ladson-Billings, G. J. Preparing teachers for diverse student populations: A critical race theory perspective[J]. *Review of Research in Education*, 1999, 24(1): 211−247.

［12］ Mackey, M., Vermeer, L., Storie, D., et al. The constancy of the school "canon": A survey of texts used in grade 10 English language arts in 2006 and 1996[J]. *Language and Literacy*, 2012, 14(1): 26−58.

［13］ McBean, K. & Johnston, I. Creating New Meanings and Understanding with Postcolonial Texts: Teaching Purple Hibiscus in a Grade 10 Classroom[J]. *Language and Literacy*, 2018, 20(4): 78−92.

［14］ Moretti, F. *The Way of the World: The Bildungsroman in European Culture*[M]. London, New York: Verso, 1987: 23.

［15］ Ogunyemi, O C. Ralph Ellison's *Invisible Man* as a Novel of Growth[J]. *Nigerian J of the Humanities*, 1980, 4: 5−15.

［16］ 陈丽娟,徐晓东.文学阅读如何影响读者的心理理论［J］.心理科学进展,2020,28(3):434−442.

［17］ 但武刚,杨晶."大概念"教学的价值意蕴及其实现［J］.课程教学研究,2022(1):4-8,29.

[18] 衡很亨.指向核心素养的英语课堂教学转向[J].教学与管理,2022(16):65-68.
[19] 乐黛云.中西比较文学教程[M].北京:高等教育出版社,1998.
[20] 李松林.以大概念为核心的整合性教学[J].课程·教材·教法,2020,40(10):56-61.
[21] 林恩·埃里克森、洛伊斯·兰宁.以概念为本的课程与教学[M].鲁效孔译.上海:华东师范大学出版社,2018:27.
[22] 梅德明,王蔷.新时代义务教育英语课程新发展——义务教育英语课程标准(2022年版)解读[J].基础教育课程,2022,(10):19-25.
[23] 斯蒂·汤普森.世界民间故事分类学[M].上海:上海文艺出版社,1991.
[24] 王卓.投射在文本中的成长丽影:美国女性成长小说研究[M].北京:中国书籍出版社,2008.
[25] 王卓.英语成长小说教程[M].北京:清华大学出版社,2022.
[26] 王卓.文学教育与师范类外语专业人才特色培养——以师范类专业认证为视角[J].北京第二外国语学院学报,2022(3):85-98.
[27] 王卓.新文科时代文学与教育学跨学科融通的学科意义、路径及发展构想[J].山东外语教学,2022,43(1):65-75.
[28] 应玲.基于核心素养的高中英语文学阅读教学模式探究[J].福建基础教育研究,2018(8):82-85.
[29] 中华人民共和国教育部.普通高中英语课程标准(2017年版2020年修订)[S].北京:人民教育出版社.2020:4-5.

作者单位:山东师范大学外国语学院 山东济南 250014

新课标背景下小学《英语》教材编写的几点思考

彭 静

21世纪初,我国启动了新一轮基础教育课程改革。二十多年过去了,课程改革有了长足进步,社会也发生了很大变化。本文基于重大版小学《英语》教材使用的调研,对新课标背景下小学《英语》教材修编提出几点思考。

1. 重大版小学《英语》教材使用的基本情况

2003年,重大版小学《英语》课标教材经全国中小学教材审定委员会审定通过,进入课改实验区使用。迄今为止,有约2 400万人(次)使用了该教材。重庆大学出版社深入教材使用地区,坚持"教材—培训—教育—服务"的路线,持续不断开展专业有效、形式多样的教师培训、教学研讨、师生调研、说课赛课、课堂观摩等教材使用监测评估工作,为西部小学英语教育做出了重要贡献。

2. 重大版小学《英语》教材使用的现状

为了解重大版小学《英语》教材使用中存在哪些问题,如何在新课标理念下开展教材修编,重庆大学出版社联合重庆大学外国语学院,深入重庆都市核心区、渝东北三峡库区、渝东南少数民族地区、渝西成渝双城经济圈连接带的区县教师进修学院、教科所及学校进行调研,涉及既有教学水平较高的城市中心学校,也有教学设施条件一般的农村学校中的教师和学生。在调研中有以下发现:教材使用效果在很大程度上受到区域发展影响;教材的单元及单元内体系逻辑性不够强;教材插图人物形象特色不够鲜明;教材配套资源缺乏多样化。

3. 小学《英语》教材修编的几点思考

根据教育部教材局《关于义务教育国家课程非统编教材修订送审有关事项的通知》(教材局函〔2022〕7号)精神,针对教材使用地区小学英语教研员和一线教师对教材提出的意见和建议,依据《义务教育英语课程标准(2022年版)》,对教材修编提出几点思考。

3.1 坚持思想性原则,落实立德树人根本任务

贯彻以德育为魂、基础为先、能力为重、创新为上的指导思想,在教材内容选择和教学活动设计上,有机融入社会主义核心价值观、中华优秀传统文化、革命文化和社会主义先进文化教育内容,帮助学生在学习、理解和鉴赏中外优秀文化的同时,培育中国情怀,坚定文化自信,拓

展国际视野,增进国际理解,逐步提升跨文化沟通能力、思辨能力、学习能力和创新能力,形成正确的世界观、人生观和价值观。

3.2 面向全体学生,激发学生的学习兴趣和动机

充分考虑小学阶段学生学习的起点(三年级)、学习时限(每周3节课)和学习条件等因素,基于学生的成长环境、社会经历、认知方式和个体发展,关注学习内容和形式的系统性、层次性和趣味性,通过设计具有真实交际意义的多样化教学活动,引导学生主动参与和积极思考,让学生通过自主、合作、探究等学习方式,培养学生发现问题、思考问题和解决问题的能力,以及使用地道、得体的语言,在各种真实语境中的沟通和交流能力,从而激发学生对英语学习的动机,培养和维持学生英语学习的兴趣。

3.3 围绕六要素,培养学生的核心素养

围绕主题、语篇、语言知识、文化知识、语言技能和学习策略六要素,在主题选择、目标确定、任务驱动、内容适切、活动设计、教学方式、教学评价等方面,体现主题的整体性、任务的真实性、目标的精准性和内容的时代性,通过学习理解类、应用实践类和迁移创新类三大类活动,引导学生接触、体验、感知、理解并内化语言知识和文化知识的学习,关注知识的内化、建构、迁移和重构,并能在感知与领悟、内化与整合的基础上进行解释与赏析、交流与创建,完成从知识到能力再到素养培养的全过程,以确保能循序渐进地培养学生的语言能力和学习能力,持续不断地提高学生的思维品质和文化意识。

3.4 依托现代信息技术应用,为学生终身学习奠定基础

基于丰富的数字教学资源和智慧平台,加强教师与教师、教师与学生以及学生与学生之间的相互学习及沟通,切实提高教学的有效性,助力教学效果,达到促进学生获得自主学习能力、优化学习方式,养成良好学习习惯和学习策略的目的,从而实现"授人以鱼不如授人以渔"的教育理念。

3.5 关注区域发展不均衡,助力教师专业成长

《义务教育英语课程标准(2022年版)》不仅对教师知识结构提出新要求,更是对教师的教育观念、教师的专业素养提出更高的要求。新课标是一个指导教师教学的纲领性文件,我们需要清楚认识到教师对课标的理解问题、把握问题都是具体的实践问题,所以教育主管部门和出版机构需要在教材修编的时候,对教材培训进行统筹设计,关注所在区域教师对教材编写和使用的反馈,开展新教材促进教师发展相关活动。

在实现义务教育英语课程标准总目标的前提下,在教材修编过程中,小学《英语》教材需要遵循思想性、整体性、时代性、科学性、基础性、实践性和灵活性原则,将英语学科逻辑向生活逻辑转变,使得英语学科学习贴近学生生活实际、时代实际,激发学生学习英语的动力,更加关注学生实际,面向真实问题,超越学科知识,在教学中落实核心素养。

作者单位:重庆大学外国语学院 重庆 400044

从学"课标"到基于"课标"精神的再开发
——基础英语教育改革的江西实践

胡新建　李勇忠

中国特色社会主义新时代与世界百年未有之大变局对我国基础英语教育提出了培育社会主义建设人才、服务中国文化走出去、深度参与国际治理的新目标和新要求。随着《普通高中英语课程标准（2017版 2020年修订版）》和《义务教育英语课程标准》的颁布，基础教育英语课程的育人价值目标，六要素整合的课程内容，学习活动观英语学习途径，教、学、评一体化评价创新已经深入人心并影响着英语教育教学实践。

在此背景下，江西师范大学外国语学院、江西师大基础外语教育研究中心协同江西省教研室、南昌市教研室等部门，立足江西省英语教育教学实际进行基础英语教育改革的江西实践，探索以赋能教师为核心、合作开发为路径、深度变革为目标的开发型课程改革。

1. 赋能教师

英语教师是英语教育的核心资源，是英语教育变革中的中坚力量，决定着英语教育改革实践的成败。在推动基础英语教育变革中，如何赋能教师，使英语教师成为融学科专长和教学专长为一体的专业教师，成为推动"课标"精神落地生根的关键问题。江西省的基础英语教育改革实践中，通过挖掘本土教师资源，发现教师专长，推动研究性学习系列措施，提升了教师的学科素养、教学设计与实施能力、教学自我效能和专业发展能动性。

发掘本土教师资源以发掘教师身边的教学专家为抓手，建构区域教师发展共同体为抓手，引导地方教研组织、学校、教研组开发并高效利用身边教师资源，改变了以"引进"和"移植"教师经验存在的脱离地方实际情况、远离教师职业生活情境的弊端，同时提升了英语教师参与教育教学变革的能动性和积极性。

与此同时，引导教师审视自身的能力素养，发现自身的专长，并基于个人专长深化个人教师职业发展。在此过程中，不同发展阶段教师对自身专业能力结构有了更精准的认识，对自身的发展方向有了更清晰明确的规划。尤其值得一提的是，部分研究生学历新入职教师的语言学专长获得认可，并在教育教学的改革中发挥着重要的作用。

基于以上资源的发掘和个人专长的认同，展开研究性学习。专家型教师、学有专长教师就某个特定专题进行本土研究，并在区域或校本教研活动中作专题汇报和讲座。例如，2022年上半年，南昌市高中英语教研活动就单元整体教学设计、读后续写任务教学、作业设计等重难点问题邀请教学团队进行研究和开发。研究性学习变被动学为主动、合作、探究、产出式学习，促进了学习的实践转化。

2. 合作开发

基础英语教育教学改革和"课标"理念的落地本质上是教师在本土教育教学情境下基于"课标"理念的课程教学探索性实践。在该探索性实践中，本土课程、课堂教学、评价反馈的设计开发连接着理念和实践。因此，在江西省基础英语教育教学改革实践中建设线上线下融合的教学共同体，引导教师团队聚焦国家课程的再开发，课堂教学的本土化建构，评价反馈的促学化改革。

在国家课程的再开发中，引导教师首先需要研读国家规定的基础英语教育课程要求，全面把握国家课程中的语音、词汇、语法、语篇知识要求，听、说、读、写、看等技能分级和进阶要求，深度理解主题内容、语篇类型、语言活动类型的覆盖。在此基础上，教师团队根据本地教学实际情况，进一步回应地方发展需要和学生需求，开发融合地方特色、学生特性和时效性的课程。国家课程的再开发不仅深化了教师对基础英语课程的理解，同时丰富了课程的内容，提升课程的文化回应性。

课堂教学的本土化建构则主要聚焦单个课时教学任务的设计与实施，是教师团队在教学目标定位、教学内容选择、教学活动设计与实施层面进行的本土化合作开发。例如，南昌市高中英语教研团队成立了课堂教学本土化建构的研课坊。作为教师合作的共同体平台，研课坊根据教师教学专长配置课堂教学设计开发任务，并为设计开发提供诸如说课、磨课、研课等过程性的研讨和指导支持。

评价反馈的促学化主要是在尊重教育教学环境前提下进行的教学评一体化和科学化的合作开发。其遵循的基本原则是从学生与教师最关注的考试评价入手，以学校或区域为单位，引导教师从学习测试与评价基本理论、试题编制与评价基本技能。在此基础上，根据评价反馈改革实际进展和效果，逐渐进阶到涵盖素养导向的测验、表现性课堂评价等。目前，南昌市高中英语教研团队在命题坊平台上合作开发了各版本试题研究分析、各类试题题型专题报告、期中、期末测验试题样例。这些合作开发提升了评测对学科核心素养的正向反拨效应，同时也极大地提升了教师的评测素养和评测实践能力。

3. 深度变革

基础英语教育教学改革的关键在于深度转变教师的课堂教学和学生的学习方式。在赋能教师与合作开发的基础上，引导教师拒绝简单移植其他地方、其他教师的教育教学方式，转向基于证据的深度教育教学变革。在此深度变革中，引导教师关注教育教学中的本土化问题，助力教师关注学习活动的语言学习认知逻辑和语言生活实践逻辑，追踪学习活动设计中特定要素与学生学习体验和成效的关系，并依据所获取的相关信息修正教学设计。

课程改革的江西实践忠实于国家课程标准，基于当地英语教育教学生态，尊重教师的专业特长和变革能动性，以合作开发推动教育教学的深度变革，具有良好的生态效应和可持续性。

作者单位：江西师范大学外国语学院 江西南昌 330022

三位一体、协同育人：URP模式的探索与实践

刘　瑾　刘春霞

教育是国之大计、党之大计，教育兴则国家兴，教育强则国家强。教育离不开教师，基于新时代教师肩负的新使命，国家出台了一系列与教师教育相关的政策，不断推动教师教育快速发展。

2018年1月，中共中央、国务院发布了《关于全面深化新时代教师队伍建设改革的意见》，提出"实施教师教育振兴行动计划，建立以师范院校为主体、高水平非师范院校参与的中国特色师范教育体系"。同年3月，教育部等五部门印发《教师教育振兴行动计划（2018—2022年）》的通知，旨在"经过5年左右努力，办好一批高水平、有特色的教师教育院校和师范类专业，教师培养培训体系基本健全，为我国教师教育的长期可持续发展奠定坚实基础"。

2019年2月，国务院印发《中国教育现代化2035》，系统提出八个"更加注重"基本理念，强调教育现代化要更加注重"以德为先、全面发展、面向人人、终身学习、因材施教、知行合一、融合发展、共建共享"，强化职前教师培养和职后教师发展的有机衔接，推动教师终身学习和专业自主发展。

2022年4月，教育部正式印发《义务教育英语课程标准（2022年版）》，增加"教学研究与教师培训"内容，提出"建立教师学习和研究共同体"，以"促进学生核心素养发展与教师专业素养提升"。

近年来，贵州师范大学外国语学院不断探索外语师资培养中的URP模式，即"高校（University）——教研员或区域名师（Research Fellows）——一线教师或在校师范生（Practitioners）"三位一体的学习共同体共建共享模式，探讨"规则、身份、能力并存""温度、高度、广度同存"的可持续教师教育发展途径，积极加强对高质量、内涵式师范外语教师教育的思考与实践，取得了一定成效。

1. 课例研讨：跨越理论与实践的藩篱

理论与实践的有效融合一直是职前职后教师教育中的一个重难点问题。在不少学习者眼中，师范院校外语老师"专攻理论""讲话一套一套的""只说不练"，而基础教育外语老师主要就简化为"练好语音语调""掌握上课技巧""注意教姿教态"等几个行动要点。外语师范生实习时会发出"课堂上教的东西与实际中小学上课所需不相符，没有多大用处，好多东西都重新学"这样的呼声，而职后外语教师会将理论放置一旁，大多仅靠自身经验或不假思索的模仿进行教学。这其实在很大程度上反映了我国外语教师职业生涯发展中理论与实践（主观或客观）的"两张皮"现象。

语言教师如果只满足于教学上的程序性操作(how),不去了解准确的语言概念表述(what),不去发挥好奇心主动追根溯源(why),或者说语言教师如果只能按照课本传送信息(what),不去考虑背后存在的原因(why)、解决具体存在的问题(how),那么,在大数据盛行的今天,这样的语言教师有可能会被人工智能所替代。时间会让每一个"新手教师"成长为有经验的教师,但有无理论的介入、深度的思考、解决(真)问题的意识与方法,有可能是"经验型教师"转变为"专家型教师"与"有经验的非专家型教师"的分界点。通过URP模式下的课例研讨,高校教师、教研员(或区域名师)、一线教师与在校师范生在真实课例场景中交流、讨论、碰撞,为教育教学理论与课堂实践操作搭起桥梁,促进了基于现实的教师教育多维体系的建构。

2. 故事分享:教师身份的了解与认同

教师对自己教师身份的认同与否会影响着教师的教学质量、工作投入、专业发展与职业幸福感。由于我国基础教育、高等教育的特殊性,生涯教育起步较晚,不够成熟,高中生在高考志愿填报时,大多是"听从他人意见"用高考分数单一地衡量、选择、匹配"性价比较高"的学校或专业,未能主动将自己的兴趣特长、专业学习、职业生涯及其他较长远的人生规划纳入考虑。有些同学进入大学后,还沿用了以前仅基于课本进行学习的方式,对师范外语专业学习没有进行深度思考,几年下来,可能外语学习方面有了进步,但对外语教师角色身份缺乏了解,在自己的实际身份(actual identity)与目标身份(designated identity)之间纠结不清,无法建立有效连接,这种内耗方式阻碍了在校师范生的职业选择与生涯发展——因实际身份与目标身份的差距带来职业困惑而影响职业生涯发展及职业幸福感在职后教师身上也常可以见到。

在URP学习共同体中,所有参与者敞开内心,真实表达自己对专业、对职业的看法,大家作为"立体人"进行交流,高校教师、教研员、区域名师、一线教师以及在校师范生分享亲身经历或所见、所闻的专业学习、职业成长故事,使每一次的交流学习成为了参与者信息共享、意义共建、用心沟通、解决问题的平台,这对构建或重塑教师身份、传递职业精神有着积极的作用。

总的来说,以终身学习为特征的跨年龄、跨学段、跨经历、跨学科、跨区域的教师学习共同体的建立已成为一种教师教育发展的共生常态。在URP模式下,无论是职前职后教师、高校或基础教育工作者,他们都需要面对自己、立足现在、了解新规、认识身份及身份所需的能力、相互赋能成长,为未来而学、为未来而教。因为他们担负教的责任也兼有学的感受,所以,在面对自己的课堂时,他们会更有力量以专业态度、职业精神和同理心的方式与学生携手共进,走出教材、超越学科、面向真实,以达到课程育人育己的目的,与此同时,也可以增加自己在教师岗位上的幸福感和对教育事业上的成就感,做学生为学、为事、为人的大先生。

作者单位:贵州师范大学外国语学院 贵州贵阳 550001

高中英语校本教研：问题与对策

文　旭　王飞涛

教研组是"教学研究小组"的简称，是自建国初期以来在我国中小学广泛成立的基层学术组织，旨在集全体教师之力促进对教学的研究和推动教师业务水平的提高。作为学校基层学术组织的教研组承担了组织学科教师进行日常教学教研活动的任务，在规范教学行为、提高教学质量、推动教学研究和促进教师专业水平发展等方面发挥过积极作用。然而，随着时代的发展和教育的持续变革，教研组传统的教研活动模式已经难以适应新时期教育发展的需要。同样的问题也出现在高中英语教研工作中。高中英语教研工作亟待厘清教研工作思路、明确教研工作方向、突出教研工作重点，形成一套行之有效的教研工作思路和途径，并大胆运用于日常教研工作管理实践，把教研组建设成为"专业学习共同体"，真正为高中英语教学水平和教师专业发展提供源动力。

1. 问题的提出

经过对相关文献的梳理和日常教研工作的研究，我们认为目前的高中英语教研工作主要存在以下三点问题：

1.1 教研工作没有明晰的目的和宗旨

调查表明，学校管理者和教师对教研组的定位和其功能的界定存在着巨大的差异，其结果就导致教研组工作缺乏明晰的工作目的和宗旨。由于没有目标和方向，教研活动对教师缺乏吸引力和感召力，不少教师参加教研活动只是为了应付学校的考核，没有形成积极参与教研活动可以有效促进自己教学能力和专业水平的提升这一共同理念。

1.2 教研工作缺乏有力的支撑点和立足点

教研工作需要一个强有力的支撑点和立足点，才能有效推动教研工作的发展。由于历史的原因，教研组一直带有行政组织的特点，故教研工作更多是以行政命令的方式自上而下地推动。上面怎么安排，下面就怎么行动，由此带来教研工作本身所需要的立足点长期缺失。

1.3 教研工作"浅、散、乱"的现象比较突出

由于教研工作没有清晰的目标和宗旨，又缺少学术活动所需的支撑点和立足点，再加上自身的地位和功能的模糊，导致长期以来教研工作"浅、散、乱"的现象比较突出，严重影响了教研组功能的最大化发挥、教师专业化水平的提高以及学校总体教育教学质量的有效提升。由

于存在以上诸多问题,虽然不少学校的高中英语教研活动表面上看也在按学校的要求定时、定点开展,但实际上无论是对教学水平的提升,还是对教师的专业发展,帮助都不是很大。

2. 教研改革对策

为有效改善这一现状,破除这个困局,针对目前教研工作存在的种种弊端和不足,我们提出以下改革对策,即英语教研工作的"223"思路。

具体说来,第一个"2"指的是教研工作的两个宗旨:"促进教师专业水平的持续发展和促进教育教学水平和质量的不断提高"。第二个"2"指的是两个立足点,即"立足于课堂教学实践,立足于教师行动研究"。"3"指的是高中英语教研工作的三个要求,即教研工作要做到"专业化、系统化和专题化"。

2.1 两个宗旨

2.1.1 促进教师专业水平的持续发展

"教师是立教之本、兴教之源"。说到底,教师才是一切教育教学活动成败的决定性因素。当下中国基础教育的根本矛盾之一就是提高教育教学质量的要求和教师队伍专业发展水平总体落后的矛盾。因此,要解决这一根本性制约我国整体教育质量发展的矛盾,提升教师专业化水平是关键和抓手。而实现这一目标的有效途径之一就是让教研组真正成为促进教师专业水平持续发展的"专业学习共同体"。

2.1.2 促进英语教学水平的不断提高

高中英语教研工作的第二个宗旨是促进英语教育水平不断稳步地提高。这既是教研工作的出发点和落脚点,也是办"人民满意的教育"的必然诉求。因此,英语教学水平和质量是否能够得到稳步提高也是检验教研工作是否有效的根本标准之一。只有始终把提升英语教育教学质量作为教研工作的出发点和落脚点,教研工作才会有方向感和使命感,才不会陷入盲目性,才不会导致出现"假"教研。

2.2 两个立足点

2.2.1 立足于课堂教学实践

之所以提出高中英语教研工作必须立足于课堂教学实践,其原因如下。首先,尽管广义的教和学的活动也发生在课堂以外,但教师的教和学生的学主要集中在课堂。因此把有限的精力和时间放在研究教与学最集中、最重要的课堂活动上是必须且明智的。即便是课程改革研究这样的浩繁工程,也把重心放在了对课堂的研究上,其意义是不言而喻的。其次对于一线教师来说,天天置身于课堂,课堂自然而然地就成为我们研究工作不竭的宝贵资源和主要阵地。

2.2.2 立足于教师行动研究

高中英语教研工作还必须立足于教师的行动研究。行动研究源于美国,并于上世纪50年代被应用于教育界,它把"行动"和"研究"综合起来,是以改进实践工作为目标的一种研究。实践证明行动研究对一线教师而言是一种有效可靠、易于学习和推广的研究方法。一线教师通过把先进的教育理念落实在具体的日常教学行为中,经过"提出问题—设想—计划—行动—反思"等环节的研究,把教学实践和自我反思结合起来并循环发展,最终促进教学质量的提高和教师专业水平的发展。

2.3 三个要求

目前高中英语教研工作不同程度地存在"浅、散、乱"的现象,远远不能适应新时代对教研工作的要求,也无法满足为教师专业水平的持续发展和教学水平的提高提供足够的动力和支撑。因此高中英语教研工作必须努力实现"三化",即"专业化、系统化和专题化",以期根治在学校教研活动中长期存在的"浅、散、乱"的现象。

2.3.1 专业化

教师是专业技术人才,其从事的教育实践和教学研究工作是一项专业性较强的工作,因此教研工作必须体现其专业性。然而在现实中教研工作普遍存在专业性不强的尴尬局面。那么在高中英语教研组建设中如何确保教研工作的专业性呢?从教师专业发展的视角来看,要确保教研工作的专业性需要教师具备专业的态度、专业的准备和专业的见解。

2.3.2 系统化

教研工作中之所以常常出现"散点状态",其根本原因在于活动的组织者所持有的点状思维和割裂性思维,故而要用结构性思维和整体性思维站在全盘工作的高度重新规划和设计教研活动,使教研工作变得"系统化"。所谓系统化,是指把教研工作按照其自身的规律,有组织地、有系统地进行规划、设计和布置。我们可以尝试把整个高中英语教研工作分为若干子系统,每个子系统又包含若干板块,从而共同构建一个完整的高中英语教研体系,这样教研活动才不至于挂一漏万,相互割裂。

2.3.3 专题化

所谓专题化是针对"乱"提出来的。现在的教研活动不但缺乏总体规划,流于形式,而且前后缺乏逻辑性和统一性,使得教研活动无法就某个话题开展深入有效的研究。而教研活动专题化则要求每次教研活动都有一个专题,便于基于学科逻辑开展深入研讨。教研活动也可以是一个专题系列,比如整个学期乃至学年的教研活动都围绕着同一个专题展开,这样可避免内容零散、缺乏逻辑和聚焦的"散"教研。

作者单位:西南大学外国语学院 重庆 400715
    重庆市巴蜀中学 重庆 401121

南京师范大学：守正创新，铸魂树人
培养"教研双优"的新时代外语教师

王永祥

南京师范大学英语师范专业最早可追溯至1902年创办的三江师范学堂英文专修科。1952年组建外文系，著名外语教育家张士一先生担任教育系兼外文系主任；1959年设立英语（师范）专业。学校一贯秉承郭秉文先生"寓师范于大学"的教育思想，将教师教育纳入综合性大学背景之下，使学生获得更全面的发展。

本专业目前有专任教师59人，其中正教授24人，副教授16人，招生规模为每届70至90人，在校学生人数近400人。英语师范专业吸引了大量优质生源，近年来多次招收校文理科状元。本专业立足江苏、面向全国，适应新时代基础教育改革发展和国家对外语人才的重大战略需求，培养了一大批外语教育理论与实践创新人才和骨干教师。

依托"外国语言文学"一级学科博士和硕士学位授权点，以及教育硕士等专业硕士学位授权点，本专业现已建成江苏省品牌专业、江苏省重点专业、江苏省优势学科、国家级一流本科专业，形成特色鲜明的教师教育优势。本专业全面贯彻党的教育方针和政策，坚持社会主义办学方向，落实立德树人的根本任务。本专业的人才培养目标是"培养德智体美劳全面发展，具有家国情怀、厚生品格、国际视野、教研双优的创新型中学英语骨干教师"，正在逐步形成"家国情怀，正德厚生，乐于从教；国际视野，笃学敏行，善于研究；中西合璧，以学定教，精于教学；德育为先，身正为范，善于育人；批判反思，合作发展，勇于创新"的新时代英语师范人才培养特色。

1. 依托平台，双向强化

本专业依托一流学科平台，在学校"共同培养，双向强化"的教师教育人才培养战略指导下，开拓进取、勇于创新。

（一）一流的学科平台和课程教学。本专业所依托的英语语言文学专业分别于1986、2003年设立了硕、博士点，2011年所在学科设立一级学科博士点，目前位列国家A类学科的行列。英语专业2003、2005、2015年获批江苏省品牌专业，之后再次进入江苏省特色专业、江苏省高校重点专业类建设点，2019年获批国家级一流本科专业；目前已入选国家级一流课程一门，省级一流课程三门。一流的学科平台、合理的课程体系以及一流的课程教学为学生提升英语学科素养、培养研究能力提供了有力的保障。2018年，英语师范生管理回归外国语学院，外院进一步强化学生的学科素养。

（二）"共同培养，双向强化"。教师教育学院统筹校内外教师教育资源，保障教育实习（见习)工作。自2021年起,校教务处、教师教育学院及外院共同组织,选派业务能力强的专业教师,组建实习指导教师团队,配合教育实习学校的中学指导教师做好教育实习(见习)工作。混合编队(不同专业师范生组队)、三方合作(实习生、中学教育实习指导教师与高校指导教师共同开展教学研究与研习)与交叉和巡回指导(学院实习指导小组+分派至中学的指导教师)是目前教育实习工作的特色之一。学校高度重视教育实习工作,每周由校领导亲自督查。

2. 师德为先,铸魂树人

本专业遵循"德育为先,能力为重",以课程建设与教学质量监控为抓手,切实做到"学生中心,产出导向,持续改进"。通过高质量的思政课程、有效的课程思政以及丰富多彩的第二课堂,将"三全"育人落到实处,确保学生深刻领会并认同党的教育方针,坚定"四个自信",在毕业后成为师德高尚、乐于从教的新时代"四有"好老师。2021年,外国语学院专门成立英语教育系,坚持"守正创新"和"用最优秀的教师培养教师"的教育理念,努力建设一支师德高尚、业务精湛、工作能力与责任心强的教师教育者队伍。

3. 多方联动,整合创新

为了有效实施"大学·政府·中小学·社会"多方协同培养人才的创新工作体系,外国语学院于2020年成立了"长三角基础外语教育研究中心",以中心为平台实施"请进来,走出去"的战略。一方面,中心将全国知名的基础外语教育专家和一线名师请进校园,担任中心的兼职研究员,以开设讲座、指导毕业设计、见习、实习、研习等形式参与师范生的培养;另一方面,本专业的专任教师以研究中心专家的身份,深入教学一线,以讲座、评课、教学示范等形式,为一线基础英语教学提供专业指导和支持。目前,中心组织的"菁领名师讲堂"和"菁领新锐论坛"这两个系列学术论坛,已经产生了很好的社会反响,提高了师范生的专业身份认同感,培养了教师的情谊,还提供了宝贵的资源,为长三角地区基础外语教育提供了优质服务。大学、政府、学校以及社会之间有效的互动与合作,为英语师范生的职前培养与基础教育一线英语教师在职发展聚集了大量优质教育资源,为学生的终身职业发展提供了广阔的平台。

作者单位:南京师范大学外国语学院 江苏南京 210023

面向未来需要的中小学英语教师培养

罗良功　杜小双

新时代的中国社会正在发生广泛而深刻的变革，一场前所未有的覆盖基础教育和高等教育的教育综合改革正在走向纵深，对师范专业人才培养提出了更高要求。自从2012年国家首次颁布《中小学教师专业标准》以来，国家陆续出台了《普通高中英语课程标准（2017年版2020年修订）》《义务教育英语课程标准（2022年版）》《高等学校外语类专业本科教学质量国家标准》等一系列课程标准，这些文件的出台都对中小学英语教师培养提出了更高要求，而这其中"更高要求"的参照标准直指"未来需要"。2017年教育部出台的《师范类专业认证标准》提出了"践行师德、学会教学、学会育人、学会发展"的毕业要求框架，其实质是准教师职业能力标准，涵盖未来教师工作胜任所需的态度、理念、知识和能力体系；2019年教育部组织开展"未来教师素质能力模型"的专题研究，旨在通过分析与预测基础教育改革、未来技术变革，结合中国国情与教育改革趋势，提出未来教师培养的建议目标，建构未来教师的能力模型，为国家层面修订教师专业标准、推进教师教育课程改革、实施人工智能助推教师队伍建设行动提供决策依据。基于此，将未来需要纳入英语专业本科师范生培养目标和教学实施过程之中，就显得尤为必要。

1. 未来英语教师的素质与当下培养面临的挑战

英语师范生培养本质上是为未来社会培养英语教师，为未来中国的人才培养提供师资，因此，未来社会对英语教师的要求理应纳入当下师范生培养目标之中。基于对当前社会发展需要、教育综合改革与新技术发展趋势的研判，在可预见的未来，英语教师必须具有更强的核心能力，必须能够服务于中国的国际传播与世界沟通，必须具有立足中国教学的情怀的能力，必须具有较强的新技术能力，这些素质要求对当下的英语师范生培养提出了挑战。

未来社会对英语教师的核心能力有更高的要求。《英语新课标》强调核心素养在英语课程中的目标定位，未来教育对学生核心素养的要求会更高，这就要求当下的英语师范生必须具有能够培养学生核心素养的核心能力。所谓核心能力，按照《中学教育专业师范生教师职业能力标准（试行）》《中学教育专业认证标准》等文件规定，就是践行师德能力、教学实践能力、综合育人能力、自主发展能力。这些能力要求在2018年教育部出台的《教育部高等学校本科专业教学质量国家标准》等文件中得到了支撑，进一步强化了对英语专业学生素质、知识和能力的培养目标和要求。从历史的视角看，当前的培养目标不仅指向一贯强调的专业知识和能力，更指向了思辨能力、自主学习能力、研究和创新能力等；而从未来的视角看，随着外语学科内涵的不断变化和未来社会对人才的更高要求，当前的英语师范生培养必须更加重视核心能力的培养。遗憾的是,长期以来英语专业聚焦于语言技能培养和基本教学方法传授,对师范生核心能力的培养不够重视。即便当前教育部以师范类专业认证和一流专业建设等计划强力推动,英语专业师范生核心能力的培养仍然比较薄弱。

未来社会将对英语教师的国际传播能力和世界沟通能力提出更明确的要求。在全球化与逆全球化浪潮相互激荡下,未来中国将更加需要国际传播能力和世界沟通能力,这将是未来人才培养的重要目标,也将是未来英语教学的重要任务。英语教师自身必须具备一定的国际沟通能力和传播能力,才能承担起培养未来人才此类能力的任务,因此,英语师范生必须重视和培养这两种能力。这一目标定位给当前师范生培养带来较大挑战,这也正是当前英语师范教育的薄弱之处。目前的本科人才培养方案中虽然开始强调中国文化进英语专业课堂,但不足以支撑英语师范生形成关于传统中国和当代中国、关于中国教育制度和思想的整体认知以及在此基础上形成中外平等比较的视野与能力,因此难以培养具备中国情怀、沟通世界能力的英语教师,不利于未来人才的培养。

未来社会将对英语教师具备扎根中国大地的教学能力有更迫切的要求。在中华民族伟大复兴的理想照耀之下,中国教育必须服务于中国建设和发展需要,这就要求英语师范生深入了解中国社会现实、深谙中国教育实际,要求他们具备运用先进的教育思想和理论、基于中国现实需要开展英语教学实践的能力。这对当前的英语师范生培养提出了更高的要求。一方面,目前的英语师范专业课程内容更新不够及时、时代性和中国性不足,导致师范生所学英语与当下社会生活和时代相距甚远,不利于培养师范生解读现实、讲述中国、沟通世界的意识和能力。另一方面,尽管中国师范教育重视教学实践环节,但存在诸多有待改善的地方,如针对实习的个性化指导不够;理论介入不够,实习往往只重视经验积累和感性认知;实习点单一,地域和学校相对局限,无法让学生了解教学现实的多样性和复杂性。因此,英语师范生教育必须完善实习实践环节的规划与实施,提高师范生作为未来中国教育工作者的教学能力。

未来社会将对英语教师利用新技术进行教学的能力有更鲜明的要求。信息技术、人工智能等新技术的发展将深刻改变未来的基础教育,教学方式和手段、教学组织和时空形态、教学内容与目标设定、知识结构与资源利用都会因为新技术而呈现全新面貌。这要求未来的英语教师必须具备适应新技术环境、利用新技术开展教学和人才培养的能力,由此倒逼当下英语师范生教育必须注重新技术意识和能力的培养,帮助师范生适应未来教育面临的新技术挑战、把握未来教育的新机遇。然而,这一点在当下的师范教育中并没有得到应有的关注。例如,《中学教育专业认证标准》从当前的需要出发,只提出最基本的技术能力要求,即"运用学科教学知识和信息技术,进行教学设计、实施和评价",而没有涉及教师深层的技术素养和技术学习能力;对外语类专业学生了解自然科学知识、具备新技术运用能力提出了要求,但一般高校在人才培养方案设计中并没有针对这些要求形成明确、系统的教学内容和实施方法。

2. 英语师范生教育面向未来的当下任务

为了避免当下培养的未来英语教师在未来到来之前落后,更为了增强英语专业师范生的未来教育胜任力和自主发展能力,当下的英语师范生教育必须面向未来提高人才培养质量。这是一个复杂的系统工程,但就紧迫性和可行性而言,当下英语师范生教育应该继续深化改革,重点完成以下任务。

2.1 培养目标的核心能力指向

当前中小学英语教育强调对学生核心素养的培养,我国建设创新型社会的目标要求未来人才具有创新能力,因而未来中小学英语课程绝不仅仅只是培养学生的语言能力,未来教师的研究能力(包括教研)、思辨能力、创新意识与能力以及跨文化能力都将是未来人才培养的必然要求。因此,当前英语师范生培养必须以核心能力培养为目标指向,不仅要增强英语师范生的语言能力和理解、运用外语教学方法和概念的能力,更要培养他们发现问题、分析问题、解决问题的综合能力。教学研究能力、学术能力、创新能力应该成为师范生培养的显性目标,这些既是师范生胜任未来职业生涯的保障能力,也是他们在未来实现自我持续发展的可靠路径。

师范生科研能力发展以思辨能力、理论素养和创新意识的培养为前提,这些正是当前英语师范生教育改革的重点所在。英语师范生课程体系应加大知识性课程和理论性课程的权重,增强师范生的理论修养;应改革实践教学,加大理论介入实践教学的力度,帮助学生从理论层面把握教学实习实践经验(而不仅仅停留于实践经验积累层面),提高师范生的理论修养;应特别注意更新和优化教育理论与实践类课程内容,将学术前沿思想与观点、现实问题与学术问题引入到教学中,培养师范生解决问题的能力和创新意识。总之,英语师范生教育应以能力为导向,通过课程体系调整、课程内容和方法改革,促进师范生形成胜任未来教育岗位的能力,培养具有探究精神、研究能力的创新型未来教师。

2.2 教学内容本土化与时代化

中国崛起和中国文化走出去决定了未来中国对外语教育的新要求,即培养未来人才立足中国的国际传播能力和世界沟通能力。这要求英语师范生教育必须重视跨文化能力培养,使他们能够运用自己的国际传播能力和世界沟通能力去培养未来学生的相关能力。首先,英语师范生教育必须改变长期以来只关注英语世界的知识而不关注中国知识的教学传统,立足于服务中国、构建人类命运共同体的立场来重组教学内容,在强调英语语言能力培养和英语世界知识学习的同时,加强师范生通识教育,加强中华文化、汉语知识、英汉语对比等文化类课程,培养师范生的中外文化和语言修养与比较鉴别能力。

其次,英语师范生教育不能一味介绍国外教育理论和教学方法,应主动将中国教育哲学、教育理论、教学方法与模式等传统精粹和当代成果加入到教学内容之中,引导师范生在中外比较中拓展思想视野、深化教育认知,培养他们基于包括中国知识在内的人类知识成果、结合中国实际进行教育实践、创新与传播的能力。

第三,英语师范生教育还应避免只关注书本知识而不注重对现实问题的思考与表达,应在教学内容中增加现实生活元素,尤其是当代中国的现实生活元素,有计划地将当代中国、当下现实生活及其与当今世界的关联融入到课程与知识体系中去,将专业学习与现实需要联结起来,切实提高师范生根据所学知识用英语阐释现实、表达中国、沟通世界的能力。

2.3 实践教学多元化和精细化

新时代的中国越来越重视科教兴国、教育报国,强调扎根中国办教育,因而未来基础教育不仅对中小学英语教师的教学实践能力提出了更高要求,更对教师立足中国开展教学实践的情怀提出了要求。所谓立足中国开展教学实践,是指教师基于对中国社会发展需要和中国教育实际的透彻了解,以尊重教育规律和学科规律、服务中国和建设中国为原则来确定教学目标、设计教学内容、实施教学活动。这种情怀,正是当下英语师范生教育必须重视的,而培养这种能力和情怀,不仅在于理论教学环节的改革,还必须推动实践教学的多元化和精细化。

实践教学的多元化主要表现在两个方面。一是要采取教育见习与实习、微格教学、教学技能竞赛、社会实践、支教、教育调查等多种形式开展实践教学,以此促进学生将所学知识应用于实践、并从实践中获得知识和能力,同时也帮助学生切身、深入地了解中国社会和教育实际,培养学生从中国国情和教育实际出发开展教学实践的情怀和能力。二是实习地点的多元化。我国师范教育历来重视教学实习,但在实践中通常就近或就便安排实习,实习区域和地点单一,师范生难以了解不同地区不同类型学校的外语教育实际。因此,当下英语师范生实习实践应该注意区域和地点的多元化,兼顾城乡地区、发达和欠发达地区,使师范生全面了解中国外语教育的真实现状和环境,建立外语教育与国家发展相关联的认知,促进形成扎根中国大地教学的情感准备和能力基础。

实践教学的精细化意味着实践教学目标的精细化,并为落实目标而提供学理化、个性化的指导与反馈。从未来需要与当前英语师范教育现状来看,实践教学目标需要体现两大任务:提高理论水平、培养为国育才的情怀。对实践教学的理论介入是当前英语师范生教育改革的一大任务。实践教学不宜过多强调感性认知和经验总结,应加强从理论层面反思和评价实习实践。除了外语教学相关理论以外,还应将教育学、教育心理学、语言习得、学习科学等更深层次的理论引入学生的实习指导和反馈之中。理论介入有利于提升实习指导的深度和精准度,通过讨论、反馈等扎实的指导方法帮助师范生在真实的教学情境中内化理论、应用理论。这有利于提高学生理论指导实践、理论观照实践的能力,为未来应对未知挑战提供理论指导和能力保障。培养为国育才的情怀是师范生实践教学环节的又一重要目标。对师范生实习实践的指导不能只局限于专业领域,还应该结合国情、地情和学情引导学生理解中小学英语教学与国家发展需要之间的关系,培养师范生的家国情怀和职业情操。这将是未来中小学英语教师胜任本职工作、服务国家需求的内在动力之源。

2.4 新技术能力培养

在信息技术、人工智能等新技术为主要内驱力的未来社会,中小学教育教学离不开新技术。事实上,新技术正在重塑教师的角色定位、教学组织形态、教学内容与目标,因而未来教育对教师的新技术能力提出了新要求。

未来中小学英语教师的新技术能力包括三个方面。首先是技术的情感能力,即中小学英语教师愿意拥抱新技术、学习新技术、运用新技术的态度。其次是新技术运用能力,包括中小学英语教师基于新技术组织教学活动、实施教学管理、展示教学内容、开展教学研讨等多方面的能力。第三是将新技术作为英语教学内容和目标开展教学的能力,包括基于新技术的外语学习能力、信息挖掘与分析能力、基于新技术的英语传播与沟通能力等。师范类英语专业是人文社会科学的重要组成部分,当前师范类英语专业亟需增强其跨学科性,尤其需要加强新技术与师范教育的融通与复合,将信息技术相关知识融入专业课程教学和实践环节之中,如开设外语教育技术学、智慧外语教学、外语教师信息素养等课程,通过结构化的课程与知识体系培养师范生的新技术态度和运用能力。

　　虽然未来基础教育对教师的要求复杂多元,培养未来中小学英语教师也任重道远,但是在当下强调英语师范生核心能力培养、推进教学内容的本土化和时代化、实践教学的精细化和多元化以及新技术能力培养,是十分有益而且必要的,能够帮助师范生应对目前可见视域内的未来教育挑战,做好准备胜任中国崛起、新技术驱动的未来外语教育,满足未来社会需要并实现个人持续发展。

作者单位:华中师范大学外国语学院 湖北武汉 430079

西部农村外语教师信息化教学培训的若干思考

曹 进

2005年,全国农村中小学现代远程教育工程全面启动,2010年教育部、财政部全面实施"中小学教师国家级培训计划",2012年《教育信息化十年发展规划(2011—2020年)》出台,2015年,国务院发布《关于加快发展民族教育的决定》,2018年,《教育信息化2.0行动计划》发布,上述政策与举措使我国教育信息化事业实现了前所未有的快速发展,取得了全方位、历史性成就,为新时代教育信息化的进一步发展奠定了坚实的基础。

1. 存在的问题

我国教育的重点和难点在农村,尤其是中西部地区的农村中小学。本团队先后承担了中英甘肃基础教育项目、中欧甘肃基础教育项目、"国培计划"甘肃省、四川省、重庆市、宁夏回族自治区各类中小学外语教师培训项目、中央电教馆国培计划远程项目农村中小学送教项目等,培训农村地区、民族地区外语教师数千名。在培训过程中,也发现了以下问题。

1.1 资源意识薄弱,亟待转变观念

西部农村外语教师因为"技术恐惧""耗时费力""工作压力"等因素导致使用信息技术教学积极性不高,资源建设与使用意识不强,制约了外语基础教育教学水平的提升。对于西部地区的中小学外语教师而言,最需要解决的问题还是"观念滞后"的问题。信息化教学使用意识和资源建设意识的缺位,再好的资源也无法发挥其效力和作用。观念的问题解决不好,信息技术的作用就无法有效发挥出来。资源的搜集、开发、整合乃至融合成为西部农村学校外语教学发展水平的瓶颈。

1.2 信息化教学能力亟待提升

西部农村外语教师教育教学资源开发与服务能力不强,缺乏系统的资源支持,信息化学习环境建设与应用水平不高,教师信息技术应用能力基本具备,但信息化教学创新能力尚显不足,信息技术与学科教学深度融合能力不够。信息化教学能力相对低下,获取信息能力、信息技术与课程整合能力、信息在外语教学中的应用和创新能力不足。

1.3 适用资源匮乏,精力耗费巨大

在西部农村教育信息化进程中,外语教学资源建设普遍存在着"五多五少"的问题:普及型资源多、专业化资源少;大众化资源多、特色化资源少;占有资源多、共享资源少;硬件资源

多、软件资源少；使用资源多、适用资源少，这些问题极大地影响着信息化教学的进一步普及与发展。

1.4 教学资源分散，集成效果不佳

现有的软硬件资源集成化程度不高，缺少资源的有效整合，未能高效地支持西部农村外语教师发展，教学资源建设成本高、使用效率低、硬件投入高、软件投入低等。效能不高的教学资源建设导致了教学活动的零散化、碎片化，制约了信息化教学的实现与发展，不利于实现《课标》的培养要求。

2. 改进建议

2.1 帮助教师树立资源意识

没有资源意识，再好的资源也无法发挥其效力和作用，观念的问题解决不好，信息技术的作用就无法有效发挥出来。在外语教育教学实践中，只让教师被动地接受信息还不够，更重要的是通过培训让教师树立信息资源意识，培养其自主捕获、加工和利用信息的意识，熟练掌握、驾驭现代信息技术的意识。实现教学与管理、能力与素养、校本资源与社会资源的协同共振。

2.2 帮助教师提升教学能力

倾力打造"互联网+外语教育"教师培训新模式。制定科学合理、适用实用的培训方案，切实提高西部农村外语教师特别是"三区三州"外语教师的资源加工与使用能力。鼓励教师充分应用信息化技术，搜集、整理、开发、整合与使用各类外语教学资源，切实提高信息化教学能力，高效开展教学任务，适应新课改要求，探索新型的英语教学方式；帮助教师克服技术"恐惧"感，提高教学效率、节约教学时间和扩大教学容量。

2.3 强力推进教学资源整合

"互联网+"是信息时代的核心生产力，为促使"互联网+"在信息时代发挥核心生产力的作用，信息化资源建设思路需要改变传统的"独占经济"思维，应对普遍存在的"信息孤岛"，重视校、地、企的社会协同作用，将信息化教学效益最大化转变为效能最大化。整合原有资源和新建资源，解决不同资源系统之间不兼容的矛盾，解决系统信息之间的交换、互动和共享，缓解物理空间不足，增强师生互动、师资互补、资源联动问题。

2.4 打造跨校信息化资源平台

遵循便捷原则、共享原则与衍射原则，建设西部农村基础外语教育教学跨校、跨区域、跨省际的信息化资源平台。该平台是应用环境感知技术、校园移动互联技术、社会网络技术、学习分析技术、数字资源共享技术的教学集成平台，也是面向西部农村外语教师的综合资源集成平台。该平台有助于缩小区域、城乡、校际差距，缓解教育数字鸿沟，实现教学信息管理、教学资

源建设、教学经验分享、校本课程开发、外语教师培训和教学测评六大模块的有机统合,积极推进信息技术与外语教育融合创新发展,形成以教育信息化构建网络化、数字化、个性化、终身化的教育体系,最终成为西部农村外语教师"资源共享、平台共融、效能共通","人人皆学、处处能学、时时可学"的泛在智慧语言教学互动平台。

作者简介:西北师范大学外国语学院 甘肃兰州 730070

对接国家战略,助力英语教师专业发展
——长三角中小学英语教师研修项目纪实

高 航

在师范专业建设中,上海师范大学外国语学院长期坚持立足上海、辐射区域、面向全国的发展思路,对接长三角区域一体化发展国家战略,依托国家级一流本科英语师范专业助力英语教师专业发展。学院制定了比较完善的规章制度,鼓励支持师范专业教师投身于基础外语教学与研究,加强与基础教育界的联系。

自2014年起,外国语学院与青浦区教育局联合设立在岗中小学英语教师研修培训。学院依托师范专业团队,以青浦区部分小学、初中、高中三个学段的英语教师为主体,聚焦一线教师教学实践中的实际问题,定制有针对性的分层培训目标和实施方案,采取理论实训结合、交流反思并重的师训方式,稳步提高在岗教师的英语能力和教学技能,形成各学段教师共同成长的良好生态。

2019年末,外国语学院主动对接长三角区域一体化发展的国家战略,将研修培训扩展至长三角区域一体化发展示范区。由青浦区教育局牵头,外国语学院与示范区三地教育局合作共建长三角生态绿色一体化发展示范区中学英语教师研修基地,以青浦、吴江、嘉善三地11所初中英语教师为主体,落实近两年来基础教育教改新目标和外语教育的新理念,学院教师教育团队携手市级、区级英语学科教研员、特级教师,依据不同地区课程体系与不同年龄段教师专业发展需求的差异,采用培训目标分层化、教研形式多元化、跨区域常态化的教研模式,通过将专业性"学科讲座"、研讨式"教研互动"、探究式"专题科研"不同教研形式相融合,强化一线教师对英语学科课程标准的解读能力、提升其整体教学设计能力、培育其教学反思与科研能力,实现跨区域研修机制的常态化。

通过研修,三地英语教师的综合素养得到了提升。受训教师在每次师训后写下"一得、一惑、一盼",每次讲座、教研活动后写下感悟,在实践中进行教育体验的反思。七年的研修创新实践使得三地677名各学段英语教师直接受益,其中46名教师完成46次区级、市级公开课,50名骨干教师撰写的优秀论文、课例汇编《新时代核心素养理念下的初中英语教学研究》由华东师范大学出版社正式出版,为实践提供实质性指导。

通过研修,受训教师受到了系统的培养,英语师范专业一流本科专业建设的内涵也得到了丰富,专家团队在成功培养受训教师的同时成就了自己,也实现了彼此成就,教学相长;通过跨校跨地区跨省市的研修,基地学校充分享受了研修带来的红利,同时通过由点到面的辐射,对面上学校也起到了示范和引领作用,实现了各美其美,美美与共。

由高校教师与基础教育专家共同指导的高质量的长三角中小学英语教师研修创新模式的探索与实践,被青浦区教育局列为长三角示范区教育合作重点项目推介,并得到了《解放日报》、《文汇报》、《新民晚报》三家上海主要媒体的关注和报道,"学习强国"、"上海教育新闻网"、"青浦教育"等也作了转发,引起社会积极的反响。

  外国语学院副院长宋学东认为,实现长三角一体化发展示范区英语教学的高质量发展,整体提升英语教师队伍的综合素养是关键。作为上海唯一一所全学段纳入教育部卓越教师培养的高校,目前上海师范大学91个专业中有24个是师范类专业。拥有国家一流本科英语师范专业的上海师范大学外国语学院,是培养中小学英语教师的主阵地,依托自身优势,促进长三角中小学英语教师综合素养的有效提升。而以项目链接的形式由师范高校主动对接地方教育行政部门和基层学校,延伸了师范教育的服务链,凸显了高校在教师培养方面的独特优势以及在区域教育发展上的重要作用,突破了师范教育与教师后续发展的培养壁垒,探索了高校、政府、中小学教师在教师养成和继续教育的专业发展共同体、实训与科研联动的在职中小学教师专业发展研修途径。

作者单位:上海师范大学外国语学院 上海 200233

对接义务教育英语课标,加强高师英语人才培养
——浙江师大RICH改革为例

胡美馨

《义务教育英语课程标准(2022年版)》强调基础教育英语课程要坚持目标导向、问题导向、创新导向,发展学生核心素养;强调要发挥核心素养的统领作用、以主题为引领选择和组织课程内容、践行学思结合、用创为本的英语学习活动观、注重"教评一体化设计"。为实现这样的基础英语教育课程愿景,高师英语人才培养中要重视培养学生相应素养与能力,为社会输送教育情怀深厚、专业基础扎实、善于创新教学、具有终身学习能力的发展型中小学英语教师。下文以浙江师范大学基于RICH理念的高师英语人才培养为例,讨论义务教育英语新课标视野下的中学外语教师培养。

浙江师范大学英语(师范)专业1994年开始教学改革,经多年探索后,1998年创新性提出了集成研究性学习(Research-based learning)、融合性课程(Integrated curriculum)、合作学习(Cooperative learning)、人文素质全面发展(Humanistic outcome)等育人要素的中学英语教师教育RICH理念,基于此理念,不断推进高师英语人才培养改革探索。

1. 建设师范特色课程体系与教学资源,融合英语教育与师范教育

本专业加强顶层设计,积极培育师范特色的课程、教材、优质课资源库等教学资源。除了教师教育学院开设的教育理论课程外,本专业开设了二语习得理论、英语优质教学案例解析、英语教材分析、英语测试、英语教学与研究方法等英语教学相关课程,已建成国家级线上课程"师范英语口语""教育见习与实习",省精品在线课程"中学英语教师核心素养课程群(10门)""中小学英语教学研究方法"等6门省一流课程等师范特色课程资源,出版了浙江省"十三五"新形态教材《师范英语口语》《英语学科知识与教学能力》等师范特色教材20余部,建设了"中学优质英语课堂"等特色教学资源库;为加强学生英语学科教学素养提供学习资源保障。

2. 强调各类课程中的研究性合作学习,强化核心素养与师范素养

义务教育英语新课标强调培养学生的语言能力、文化意识、思维品质、学习能力等核心素养。未来教师自身是否具备这些核心素养、是否善于培养学生的这些核心素养,与其在高师教育中所接受的教育理念与教育方法密切相关。RICH强调在各类课程中通过专题探究,在培养扎实的外语专业基本功的同时,培养学生的学习能力和思辨能力,拓展学生跨学科跨文化视

野,夯实学生人文素养。以"综合英语"为例,课程教学内容包括教材相关单元专题探究、文化比较专题探究、学生小组课题、个人家乡文化课题等。教材教学突出专题探究示范,强调多文本阅读、多视角剖析,引导学生从知道"是什么"到理解"为什么",形成自己的观点,为学生的研究性学习提供示范。在文化比较专题探究中,通过中外文化比较,增强学生对外国文化与中国文化的理解,提升学生多元文化知识、意识与能力。在小组课题与个人课题中,学生在老师指导下,确定选题、查找资料、分析资料、制作海报、完成课题报告和学习评估。教师加强对学生课题的系统指导,强调聚焦问题、重视证据并深度解析。学生在专题探究中通过"用英语"来"学英语",在"学英语"中"学教学",拓展了跨学科跨文化视野,学会了学习与思辨,也加强了教学主题设计、教学资源整合、教学内容建构、教学方法设计、课堂教学实施、学习评价等方面的教师基本功。

3. 完善UGS教研-育人共同体机制,重视实践能力与师德养成

2010年,学院开始与地市教育局、重点中学签约,系统实施"大中学校合作伙伴计划",目前已和浙江省不同地市的48所中学共建教师发展学校,优化实习见习平台,指导浙江师大婺州外国语学校、浙江师大义乌附属实验学校等多所中学创办外语特色学校,为师范生提供丰富的教育素材与实践机会。同时,院方协同浙江、上海、北京、江苏等省市教研室,主办两年一届全国基础英语课堂教学改革高端论坛,为师范生提供现场观摩优质课堂、听取名家点评的机会。此外,学院还与美国威斯康星大学麦迪逊校区、加州大学河滨分校等高校深入合作,安排学生组团赴合作学校交换学习TESOL课程,观摩国外中学课堂,了解英语国家教育实践发展动态;牵头组建浙派外语名师发展联盟、基础外语教育研究中心、中学英语特级教师工作站,核心成员包括省市教研员、省一级重点中学校长、英语特级教师等;邀请基础教育英语名师开设名师讲堂,加强名师引导,帮助学生了解基础外语教育改革与研究前沿,强化师范生师德养成。

通过以上举措,学生在夯实英语专业基本功的同时,拓展了跨学科和跨文化视野,加强了学科教学知识与能力,培养了学习能力与思辨能力,厚植了人文素养与教育情怀。在校生蝉联7届全国师范生教学技能竞赛一等奖,获全国大学生英语演讲赛特等奖,蝉联4届全国大学生英语辩论赛一等奖,涌现出全国先进班集体、全国百强社团、浙江省"十佳大学生"等先进典型。毕业生中涌现出80余名正高级、特级教师、中小学校长、省市教研员、全国十佳外语教师、浙江省师德标兵等基础英语教育名师,以及一大批全国中小学青年教师教学竞赛冠军、浙江省中小学青年教师教学竞赛冠军、浙江省教坛新秀等后起之秀,体现出很好的教育教学能力和专业发展能力。人才培养探索实践也促进了专业建设发展,浙师大英语(师范)专业获批国家一流本科专业建设点、国家一流本科课程、浙江省教学成果特等奖、浙江省级教学团队、浙江省课程思政示范基层组织、浙江省一流课程等系列成果。

作者单位:浙江师范大学外国语学院 浙江金华 321004

"三新"背景下中小学英语教师
文学素养的提升：问题与路径

谷红丽

国外学者自1970年代起就开始关注语言学习者的文学素养问题。乔纳森·卡勒（Jonathan Culler 1975）曾经把他和乔姆斯基（Noam Chomsky 1965）提出的语言素养相类比。目前已经有相当丰富的理论和实践研究成果探讨了文学素养对于中小学外语教师专业发展和外语教育的重要性（Lazar 1993; Soetaert & Mottart 2003; Nuzzaci 2016, etc.）。然而，在我国外语教育领域，当谈及中小学英语教师的专业素养或学科素养时，不少人关注甚至默认的往往是他们的语言素养。中小学英语教师的文学素养没有得到应有的关注。其中的原因既有学科传统问题，也有认识问题。2014年以来，随着我国高考制度的改革和英语高考题型的更新，以及新课标的发布和新教材的使用，中小学英语教师的文学素养提升成了一个不可回避和急需关注的问题。那么，新高考、新课标和新教材何以成为中小学英语教师文学素养提升的外部动力？什么样的因素制约了中小学英语教师的文学素养提升？如何有效提升中小学英语教师的文学素养？笔者拟就这三个问题谈一下自己粗浅的看法。

1. "三新"对中小学英语教师文学素养的要求

2014年国家启动高考改革以来，英语高考试卷的题型结构和内容也在逐步发生着变化。2015年教育部考试中心发布《普通高等学校招生全国统一考试英语考试说明》，提出了写作新题型：读后续写或概要写作。读后续写作为一种全新的高考题型，2016年首次在浙江省英语高考卷中出现，2020年正式进入全国高考英语试卷，成为新高考背景下英语科目考试最显著的变化之一。

教育部考试中心对于2020年高考英语全国卷进行试题评析时指出，读后续写题型能够"充分体现高考评价体系要求的综合性、应用性和创新性"（教育部考试中心 2020）。读后续写题型的研究专家王初明教授认为，读后续写是一种"创造性模仿"。"创造"的是内容，"模仿"的是语言。他还特别强调，"模仿"不是对前文语言的重复，而是由意义表达驱动的语言模仿，是发生在丰富语境中的语言模仿（王初明 2021）。可见，前文所提供的"丰富语境"非常重要，它为续写提供了可模仿的对象，也为学生进行内容创造提供了基础。那么，这个前文在内容上就必须具有较为丰富的故事性，语言上也需要有一定的审美特征。否则，学生就很难去发挥想象力，也很难表现出自己的综合语言能力。基于这样的要求，兼具故事性和审美性的文学语篇比较适合用来做读后续写的考试素材。从某种程度上说，高考题型的变革提升了文学语篇在中小学英语教学中的地位。当然，这对中小学英语教师来说是一个新挑战，也提出了新要求。

大家不得不面对这样一些问题：我是否具备足够的文学知识？我是否具备开展文学语篇教学的能力？我该如何提升自己的文学素养？

除了新高考，新发布的课程标准也对中小学英语教师的文学素养提出了新要求。《普通高中英语课程标准（2017年版2020年修订）》指出，英语课程的主题语境应包括"人与自我""人与社会""人与自然"三大内容，同时明确指出，"人与社会"主题语境应包括"文学、艺术与体育"主题群。而其中的第4条内容"小说、戏剧、诗歌、传记、文学简史、经典演讲、文学名著等"直接指向文学语篇。2022年发布的《义务教育英语课程标准》关于主题语境的内容要求与高中英语新课标的相关要求非常接近。在对7—9年级（三级）课程内容的要求中也提出了与文学语篇直接相关的内容，如"中外文学史上有代表性的作家和作品"。在新课标的精神指导下，2019年推出的高中英语新教材中故事语篇的比例明显增大。以人教版必修（一）为例，整本书共有五个单元，每个单元的阅读部分都包含了一个故事语篇。虽然长短不一，主题内容各异，但是它们都具备了文学语篇的基本特征，即：人物（character）、故事情节（plot）、主题意义（theme）、叙事视角（point of view）、作者态度/语调（tone）、风格（style）。当然，由于单元主题意义不同，每个故事语篇对于上述文学要素各有侧重。

那么，如何在教学中完成新课标的课程内容要求？如何能够科学地处理新教材中的文学语篇？如何教学生从容应对新高考中的新题型？这就要求中小学英语教师具备较高的文学素养。但是，目前的问题是，大多数中小学英语教师所掌握的文学知识和所具备的文学素养大都是在大学时期获得和养成的。面对不断涌现的优秀和新型的文学作品，以及不断发展的文学批评理论，老师们难免会觉得自己现有的文学素养难以应对新问题和新挑战。而且，由于种种复杂的原因，中小学英语教师文学素养的提升并不是一件易事。笔者将在下文尝试分析相关问题，并探讨有效的解决路径。

2. 中小学英语教师文学素养提升存在的问题

新高考、新课标和新教材对中小学英语教师提出了新要求和新挑战，中小学英语教师的文学素养亟待提升。然而，笔者认为以下几个重要因素制约着该问题短期内的有效解决。

一是职前英语教师教育阶段文学类课程设置存在问题。虽然近年来，越来越多的学者接受并呼吁文学在语言学习中的重要作用，文学课程在外语专业的课程设置中也成了不可或缺的部分，但是，语言类课程和文学类课程仍然处于截然分开的两极。而且，无论是从课程数量和课程类型上看，文学课程都处于次要地位。未来英语教师的文学素养存在先天不足的缺陷。

二是中小学英语教师队伍中具有文学专业背景的数量较少。在本科师范生培养阶段，由于文学类课程处于相对边缘的位置，导致未来英语教师的文学素养储备不够。在硕士研究生教育阶段，选择文学方向的学生数量远远少于选择语言学和学科教学的学生，其比例大概是2∶8，甚至更少。这就意味着在中小学英语教师队伍中，具有文学专业背景的教师数量非常有限。

三是中小学英语教师缺乏持续提升文学素养的机会。绝大部分中小学英语教师离开大学校园之后，较少有接受高质量系统培训的机会。即使有短期的专业培训会，也极少有文学类专题。据了解，即使在国家级中小学骨干教师培训或省级中小学骨干教师培训项目中，文学课程也大多是点缀性的存在。这样就导致中小学英语教师的文学知识仍然停留在他们在大学时所上的一两门文学课程上。不断涌现的优秀文学作品、不断发展的文艺思潮对于大多数中小学英语老师来说是非常陌生的。所以，当他们面对文学语篇的时候，就会无从下手，只能把它们作为传统语篇进行常规的语言教学。

四是中小学英语教师对于文学素养的重要性认识不足。职前教师教育阶段文学课程的边缘地位不仅客观上造成中小学英语教师文学素养的欠缺，主观上也会让他们轻视文学素养的重要性。这种轻视自然会投射到他们职后再学习的态度和教学实践的过程之中。虽然教师信念和教学行为之间的关系是"复杂的""动态的"（Borg 2006：272），但一定是有着密切关系的。有不少中学老师反映，他们会以比较轻松随意的方式处理文学语篇，而忽略对于文学语篇思想价值和审美特征的挖掘。学生自然错过了德育和美育的良好机会。

3. 中小学英语教师的文学素养提升路径探析

针对上述问题，笔者拟从以下几个方面探讨中小学英语教师文学素养的提升路径。

第一，加强职前教师教育阶段文学类课程建设。蒋洪新教授在谈外语本科专业内涵建议时提出，要"加强核心课程建设"，核心课程中要有"综合素养模块"。同时他建议要"推广经典阅读课程"，"各校要结合实际，根据对学生学习时间和阅读速度的调查结果，确定进阶书目、必读书目和选读书目，通过经典阅读加强人文素质培育。"（蒋洪新 2019：16）显然，蒋教授从两个维度提出了文学课程的设置建议。首先，文学课程可以作为核心课程进入综合素养模块，其次要开设不同形式的经典阅读课程，比如选修课、第二课堂活动等。总之，要开设多样化的文学类课程，扩大其在职前教师教育阶段的课程比重，提升其显示度，凸显其重要地位。

第二，充分发挥继续教育作用，不断提升中小学英语教师的文学素养。为及时更新中小学英语教师的中外文学知识，持续提升他们的文学素养，各级教育行政部门和学校应定期举办专项研修班或培训会。"国培计划"和"省培计划"项目应重视文学类课程的设置，在专家引领下，促进中小学英语教师文学素养的不断发展，帮助他们更好地完成"三新"背景下的英语教学工作。

第三，在中小学开设英语文学经典阅读特色课程。通过开设英语文学经典阅读特色课程，中小学英语教师可以定期自创一个类似"沉浸式学习"（immersive learning）的文学素养提升环境，在教中学，学中教，从而保持文学知识的不断更新和文学作品解读能力的不断提升，并把这种知识和能力运用到正式课堂之中，提升英语教学的整体效果。

第四，提高中小学英语教师对于文学素养重要性的认识。正如前文所说，教师信念和教学行为之间的关系是"复杂的""动态的"。但是不可否认，它们之间存在着密切关系。那么，提高中小学英语教师对于文学素养重要性的认识，一定会有利于促进他们文学素养的提升。这种教育工作可以以不同的方式在职前发生，也需要在职后阶段持续进行。正如唐纳德·弗里曼所说，职前和职后培训项目都有利于增强教师信念的活力（Freeman 1993）。

中小学英语教师的文学素养提升虽然不是一蹴而就的事情，但是在新高考、新课标和新教材的背景下，却是亟待着手解决的问题。

参考文献

[1] Borg, S. *Teacher Cognition and Language Education*[M]. London: Continuum, 2006.
[2] Culler, J. *Structuralist Poetics: Structuralism, Linguistics, and the Study of Literature*[M]. London: Routledge & Kegan Paul, 1975.
[3] Freeman, D. Renaming experience/reconstructing practice: Developing new understandings of teaching[J]. *Teaching and Teacher Education*, 1993, *9*(5/6), 485−497.
[4] Lazar, G. *Literature and Language Teaching*[M]. Cambridge: Cambridge University Press, 1993.
[5] Nuzzaci A, Nirchi S, Luciani L. The "Competent Literary" teacher: The new perspectives of initial teacher training[J]. *Journal of Literature and Art Studies*, 2016, 6(5): 530−548.
[6] Soetaert, R. & A. Mottart. Teaching Literature: Confronting Repertoires[C]. *Symposium on Reading & Interpreting Literary Texts*. Presented at the IAIMTE's Fourth International Conference on Learning and Teaching of Language and Literature, 2003.
[7] 蒋洪新.新时代外语教育改革的几点思考[J].外语界,2019,190(01),13-16.
[8] 中华人民共和国教育部.普通高中英语课程标准(2017年版2020年修订)[S].北京:人民教育出版社,2020.
[9] 中华人民共和国教育部.义务教育英语课程标准(2022年版)[S].北京:人民教育出版社,2022:4.
[10] 教育部考试中心.落实评价体系促进全面发展考查关键能力彰显改革方向——2020年高考英语全国卷试题评析[J].中国考试,2020,(8):35-38.
[11] 王初明.语言习得过程:创造性构建抑或创造性模仿?[J].现代外语,2021,44(5):585−591.

作者单位:华南师范大学外国语言文化学院 广东广州 510631

中学英语特级教师专业成长中的重要他人*

陶 伟

提 要：通过分析15位教师撰写的教育叙事，本文探究了中学英语特级教师专业成长中的重要他人。研究发现，不同类别的重要他人在他们专业成长的不同时期出现和产生影响，共同为他们搭建起贯穿专业成长全程的脚手架：在入学前，家人对他们进行了英语启蒙；在中小学阶段，教师激发了他们的英语学习兴趣；在大学阶段，教师引导他们夯实英语基础，实习导师对他们进行了教学启蒙；在初任教师期，同事帮助他们适应英语教育职业，学生激发了他们的职业动力；在成熟教师期，专家对他们进行了专业引领，领导为他们创设了支撑性环境，青椒非常支持他们的工作，素未谋面的名人通过名言塑造了他们的理念。这些发现为当前和未来英语教师的专业发展提供了启示。

关键词：重要他人；专业成长；英语教师；特级教师

1. 研究背景

"重要他人"指的是"对个体的社会化过程具有重要影响的具体人物"（吴康宁 1998：244）。长期以来，教育领域和外语领域均将教师看成学生成长中的重要他人（Edeburn & Landry 1974；周燕，张洁 2013）。近年来，研究者开始意识到，教师的专业成长也离不开重要他人。教育领域的文献指出，学者专家、行政领导、领袖教师、合作伙伴、学生、家人等重要他人（彭云 2012）对实习教师（张晓辉等 2015）、职初期教师（徐佳丽，周燕 2015）、网络研修教师（李立君，丁新，武丽志 2015）和参与教改教师（Sinclair 2005）的专业成长均有促进作用。外语领域直接聚焦重要他人的零星文献发现，重要他人助推了职前英语教师的专业成长（蒋敏红 2017）以及在职英语教师的教学模式创生（王鸿英，马勇军 2015）；许多关于教师发展的文献也得出了人际因素对英语教师的重要影响（如顾佩娅 2009；崔琳琳 2014；杨鲁新 2016）。上述文献具有理论和实践意义。但整体而言，教育领域和外语领域聚焦影响教师的重要他人的文献还很少，特别鲜见将重要他人与教师专业成长经历相结合的研究。有鉴于此，并考虑到英语学科的特殊性，本文通过分析15位中学英语特级教师叙事，探究他们专业成长中的重要他人。具体回答两个相互交织的研究问题：（1）在这些中学英语特级教师的专业成长中，先后出现了哪些类别的重要他人？（2）这些重要他人在中学英语特级教师的专业成长中产生了怎样的影响？

---

* 基金项目：国家社科青年项目"新文科背景下高校青年外语教师'跨学科研究能力'动态发展研究"（编号22CYY025）。

2. 研究方法

本文采用叙事研究的方法进行。重要他人及其影响融合于中学英语特级教师的专业成长经历。而叙事研究非常关注研究参与者如何使用叙事理解和呈现自身经历，进而探究叙事背后的意义（Barkhuizen, Benson & Chik 2014）。因此，采用叙事研究的方法有助于从中学英语特级教师自身的角度理解和阐释影响他们专业成长的重要他人。

本文数据来源于束定芳，朱彦和吴晓燕（2018）主编的《栉风沐雨，春华秋实——上海市英语特级教师风采录》一书。全书正文共218页，21.4万字，由16篇中小学英语特级教师应邀撰写的教育叙事（即往事回忆录）组成。按照该书主编的介绍，这些教育叙事再现了上海市老中青三代英语特级教师从英语学习者成长为英语名师的经历。本文选取其中15篇中学英语特级教师叙事为研究数据（另1篇为小学英语特级教师叙事，不在本文研究范围）。在15位教师（本文表示为T1到T15）中，6位为男性，9位为女性；仅有8位教师给出了年龄信息，2位出生于20世纪40年代中期，6位出生于20世纪60年代。

研究者首先仔细阅读这15篇教育叙事多遍，对涉及重要他人的表述进行划线标记。而后反复阅读涉及重要他人的表述，并对其进行编码，编码时同时标注重要他人的类别及其产生的影响，例如，T15的如下表述被编码为：学生-带来快乐。继而进一步提炼涉及同类重要他人及其影响的编码，关于学生及其影响的所有编码（学生-提供反馈、学生-激发使命、学生-带来快乐）被进一步提炼为：学生-激发动力。最后将各类重要他人与英语特级教师专业成长经历进行关联分析，以同时回答两个研究问题。

> 享受快乐的还有我，每次走进课堂，缕缕春意拂面而来，犹如是去和老朋友重逢般开心，即使我身体不舒服，或心情烦躁，但只要一踏进那让我倾心的课堂，我就像被魔法棒点过似的精神百倍，我享受着学生和课堂给我带来的快乐。(p.214)

3. 研究发现

数据分析显示，15位中学英语特级教师的专业成长中均出现了多类重要他人，每类重要他人在教师作为学前儿童、中小学生、大学生、初任教师和成熟教师的某个时期出现，不但在那个时期产生重要影响，而且在一些后续时期继续发挥作用。

3.1 学前儿童期：家人-启蒙英语

T1、T5、T8、T13等4位英语特级教师出生于教师或具有浓郁英语背景的家庭，家人是他们学前儿童期的"第一轮师傅"（T13, p.174），产生的主要影响是对他们进行英语启蒙，让他们在不知不觉中形成对英语最原始的好奇心。母亲和多位亲属都是英语教师的T8对此感受颇深。

> 从小在家里就看到很多英语书籍，这在20世纪60年代的家庭还是不多的，大人在说话中也时不时地会带出一些英语单词，譬如：Sunday, Monday, summer, winter, caterpillar,

mosquito 等等,妈妈还教我和弟弟唱英语歌,记得特别牢的是"Twinkle Twinkle Little Star"和"Mary Had a Little Lamb",打小我就特别喜欢学习英语。(p.105)

家人对英语特级教师的影响没有止步于学前儿童期,而是在后续时期继续为他们答疑解惑和提供资料。T1的父母和哥哥英语口语水平很高,当他与家人用英语进行交谈出现很多书面用语而非口语表达时,哥哥会通过文言文间接指出问题(也即间接答疑解惑),例如:"酒,一壶乎?两壶乎?"(p.5)和"菜,一碟乎?两碟乎?"(p.5)。T5的父母是英语教师或有英语专业学习背景,从小给T5提供了《简明英汉词典》和《英语惯用法》等资料,在T5特别需要强化英语训练时,还"做一做妈妈学校里的英语考卷"(p.63)。

3.2　中小学生期:教师-激发兴趣

有10位英语特级教师(T1、T2、T3、T7、T8、T9、T10、T11、T12、T14)提及他们在中小学阶段的教师(9位提及英语教师、1位提及语文教师)。这些教师有的"科班出身,教学也非常认真……语言造诣颇深,上课风趣"(T7,p.92-93),有的"说话节奏适中,和蔼可亲,不带偏见"(T9,p.118),产生的主要影响是激发他们的英语学习兴趣,让他们"在所有学科中比较喜欢英语"(T3,p.32),获得"讲好英语的动力和成就感"(T14,p.182),并"决定也要当一名教师"(T12,p.158)。T2和T11就仍对他们中小学阶段的多位教师记忆犹新,至今还能感受到这些教师对他们的深远影响。

> 记得读高一、高二时,我的英语老师是位穿着打扮挺讲究的中年男教师……英语讲得特别流利、标准、富有磁性,音色很嗲。一手草书英语,在黑板上写得龙飞凤舞,简直把我们迷住了……上高三时,英语老师兼着班主任,更是了得。他是印尼归国华侨。大约四十岁年纪,矮矮的个子,微胖。讲话语速舒缓,声音低沉,沉稳中透着老练。英语讲得流畅清晰。他还会唱很多英语歌曲,那男中音,特动听。(T2,p.14-15)
>
> 英语老师教我们根据发音把一个单词划分成几个部分,如en-joy, win-dow,根据音节来记单词的方法大大提高了背单词的效率,这个阶段我的英语也渐渐地成为仅次于语文的科目……短短的两年高中学习生涯中,英语成为我最喜欢的科目,因为我遇到的两位英语老师都是业务高明、人格贤明、严而有方的人。(T11,p.147-148)

3.3　大学生时期:教师-夯实基础;导师-启蒙教学

有10位英语特级教师(T1、T2、T4、T5、T7、T8、T9、T10、T11、T15)提及他们大学生时期的教师。这些教师产生的主要影响是从不同方面引导和帮助他们夯实英语基础。T9对多位教师的具体做法记忆深刻,有一位教师重视听力训练,"让我们去听力室听原版录音,大部分都是英语故事"(p.119);有一位教师强调背诵记忆,"要求我们反复模仿朗读课文直至和录音一样,然后背诵出来"(p.119);还有一位教师能有效教授让人敬而远之的英语语法,"让我们学到知识却又心情轻松"(p.119)。T5及其同伴在外教方法独特的泛读和文学欣赏课上训练了英语批判性阅读能力,"开始此起彼伏地提问,阐述各自对作品的看法,互相争论不休"(p.65)。T4难以忘记一位教师"多次请我在全班朗读我翻译的英语小诗"(p.45)。T15还记得教师"引导我们通过朗读、理解和运用培养语感"(p.211)。T2所在大学特别注重强化英语语音。

> 老师从纠正我们读英语的语音语调入手,每天要求大家听录音,一字一句地模仿语音权威许天福老先生的发音。袁鹤娟老师则面对面一词一句地领读、纠音。从停顿、连读、不完全爆破到句子的升降调,真的是不厌其烦,耐心细致。而我们则一个个紧张得满头大汗,直到看见老师满意地点点头,露出甜甜笑容,才敢长长地舒出一口气来。(p.16)

还有3位英语特级教师(T8、T10、T11)提及他们大学生时期进行教育实习时的导师,这些来自基础教育一线的教师对他们进行了英语教学上的启蒙。T11将第一节课的教案交给导师后,"第二天拿到修改了16处的错误,大到表达错误,小到标点符号"(p.149)。T10的导师很严厉,会修改T10每个教案,要求他预演每一次授课,然后"把我当天教案中和上课时存在的问题一一指出"(p.134)。T8的导师会在她每次上课后与她谈话,对她进行指导。

> 首先肯定了我备课很认真,同时告诉我上课时要与学生交流,发现学生的问题并及时在课堂上给予指导和解决,还给我很多鼓励,我告诉她我的梦想就是做一名中学英语老师,她很支持我的梦想。后来在指导老师的帮助下,我又上了几次课,一次比一次有进步。(p.108)

3.4 初任教师期:同事-帮助适应;学生-激发动力

共有11位中学英语特级教师(T2、T3、T4、T5、T7、T8、T9、T11、T12、T13、T14)论及作为重要他人的同事(包括本校英语教师、其他学科教师、特定情境认识的外校教师)。这些教师通过不同形式给他们"树立很好的榜样"(T3,p.32),帮助他们适应英语教育职业。T7和T11刚入职时面临教授班级多、教材难度大且衔接不好,或不熟悉教材和学生的问题,他们不得不寻求有经验的同事的"倾心帮助和指导"(T11,p.149)和"向同行请教,向区域内的名师学习"(T7,p.96)。T12也"经常主动去听和我同一备课组的资深老教师厉老师的课"(p.159)。T8和T5不但请教英语学科教师,还积极请教物理、化学、生物、地理等学科的教师,这"丰富了我的知识,改变了单一的知识结构"(T5,p.71)。T5也与自己在重点中学工作的大学同学通过书信探讨英语教学,"搜集和交流练习和试卷,同时共同研究高考命题要求和题型变化等信息"(p.67)。T2在边远地区学习交流时看到那里的同仁坦然面对艰苦的生活,无怨无悔地在落后的教学环境中热情工作,他感触很深,开始培养自己"不怕困难,不甘落后"(p.19)的精神。T9在细数4位同事对他的影响后所做的总结很好地反映了同事在帮助初任教师适应英语教育职业中的重要作用。

> 其实有许多同事在你的成长道路上铺过砖加过瓦,有时候是一块木材,有时候仅仅是一颗螺丝钉,甚或是一根细针,但就是这些大大小小、不计其数的帮助才使得你能成长为一棵参天大树。也许有的同事已经调走,也许有的同事已经谢世,可是他们的点滴功劳却还在你的身上继续延续,还在发着光,散着热。(p.129)

还有9位英语特级教师(T2、T3、T5、T6、T8、T9、T10、T11、T15)叙述了学生如何通过多种途径激发他们的职业动力。T5善于观察学生课堂表现,积极邀请学生发问,也乐于接受学生意见建议,这些"来自学生的反馈也能给我提供一些改进教学的思路"(p.69)。T8提到,"有些学生虽然背了很多单词,但却不能在口语交流或写作时灵活运用"(p.115)的问题激励她不断探索解决方法。T9指出,学生表现下滑时"学生一下子懵了,我也着急万分"(p.123),便带着学生一起反思和转变。T11也曾有过突然被学生反馈点醒的经历,意识到"原来我课堂时间多出来是缺乏必要的反复,对重难点的突出不够,课堂节奏过快"(p.149-150)。T2在家访中看到山区学生拮据的生活影响其学习时,在"潜意识中的朴素情怀"(p.18)作用下"油然感到了一种责任"(p.18)。T3"也从学生渴望知识的期盼中汲取新的动力,尽心尽力地备好每一堂课"(p.33)。T7和T15都很享受学生带来的快乐,这让他们"觉得为这份事业付出的是艰辛,收获的是欢乐和硕果,值!"(T7,p.88)。

3.5 成熟教师期:专家-引领专业;领导-创设环境;青椒-支持工作;名人-塑造理念

有13位英语特级教师(T1、T3、T4、T5、T6、T7、T8、T9、T10、T12、T13、T14、T15)强调了进入成熟期后专家在各种场合中对他们的专业引领。T1经常有机会去请教葛传椝先生,曾在中国特色词英译方面得到其指导,"以音译再加脚注为好,硬译的话,就成了英国人看不懂的中式英语"(p.11)。T6、T12和T15经常讲授示范公开课,"经过专家、同行指点之后"(T12,p.160),这些示范公开课总能成为"美妙地交流学习经历"(T15,p.216),让他们感受到"有追求的教师把这份工作看成是事业"(T6,p.85)。T7和T10都在倾听著名专家讲座中"改变了我对英语教学的认识"(T7,p.96),真正感受到了"什么是精湛、什么是奉献、什么是敬业、什么是务实、什么是与时俱进"(T10,p.136)。T3在参与高考和会考命题时从专家那里学到了测试知识,"初步认识到教学中哪些东西是值得评价的,应该评价到什么程度才是合理与合适的"(p.33)。T4、T8和T13在教改和教研过程中,近距离接触到"精心指导我们进行研究"(T8,p.116)的专家,在专家引领下"力求做好学习者、实践者、研究者、设计者和引领者"(T13,p.178),并在过程中获益匪浅。

> 使我从他们身上学到了宝贵的东西,包括教学理念、学术主张以及谦虚博学、忘我工作、极端负责等高尚品格,也使我对课程改革所倡导的教学理念有了较为深入的学习和理解,对初中英语教学的目标和要求也更为清晰,促使我对自己的教学观念和教学方法不断地进行回顾、审视和反思,从而极大地促进了我的专业发展。(T4,p.56)

有7位英语特级教师(T2、T3、T4、T8、T13、T14、T15)提及领导以不同形式为他们创设的支撑性环境。T3所在学校的一位领导对英语教学有独到见解,经常听她的课和带着她听其他老师的课并与她讨论分析,提出过"教师应该加大课容量和为学生提供多种语言实践机会的目标"(p.33),这为她提升教学质量提供了启发。T15所在学校领导"给了我许多学习提升的机会"(p.214),多次赴国外学习交流。T2和T14实施了分层教学、小班化教学和双语教学等多种创新探索,而这得到"学校领导的高度重视和具体指导"(T2,p.26)。T4牵头每年在学校举办展示学生学习成果的"英语节",这也得到了"学校领导的大力支持"(p.55)。T13较详细地陈述了她所在学校领导为教师发展所做的各种努力。

> 虽然地处郊区，但历任校长和学校领导尤其注重师资队伍建设，他们支持青年教师参加县级、市级、国家级骨干教师进修，甚至出国进修和研究生学历学习；又利用市内德高望重、具有丰富教育教学经验的专家和老教师资源，制定了合同制、师徒制、导师制和专家引领等带教形式，使青年教师通过不同级别的带教，在师德修养、教育教学理论与实践能力以及教科研能力等各方面有显著进步，并逐渐成熟起来。(p.176)

随着各位英语特级教师走上更能引领青椒（即青年教师）发展的岗位，他们指导青椒的工作得到了支持，这也反过来助推他们进一步实现专业成长，有6位教师（T2、T3、T4、T7、T8、T15）提及这一感受。T7与身边的青椒相处融洽，"在教学中，他们有时向我请教，我有时也向他们寻求帮助"(p.98)。T8与其作为主持人的名师基地学员"努力打造一个学习、实践、研究、发展的共同体"(p.113)。T15带着其作为主持人的两个名师基地的教师撰写教研著作，"将针对初中英语阅读教学的思考和实践成果付诸笔下"(p.217)。看到"与我朝夕相处的年轻同事，英姿勃勃，一个个成长为市、区、校教学骨干"(p.30)，T2为之感到骄傲。T3在主持高考英语上海卷的改革时得到了"一线教师的支持配合"(p.36)。T4对培养青椒中的专业成长感受最深。

> 培养青年教师的经历从来都是"教学相长"的过程。我们一起研讨教材、讨论教法、相互听课、修改教案和课件，大到材料选择、教学框架、活动设计，小到课堂用语，乃至教案和PPT上的哪怕一个标点符号，都毫无保留地交换意见。(p.56-57)

值得一提的是，有12位英语特级教师（T1、T2、T4、T6、T7、T9、T10、T11、T12、T13、T14、T15）提及素未谋面的名人通过名言塑造了他们的教育理念、发展理念和人生理念。例如，T6就很受陶行知先生及其名言的影响，比如教育学生时"不要带入自己的情绪，要有爱心，要平等公正地对待自己的学生"(p.78)。T10教授词汇时充分结合语境，因为他完全认同吕叔湘先生的观点，"词语要嵌在上下文里头才有生命，才容易记住，才知道用法"(p.141)。在康德"使每一个人都得到他所能达到的充分完善，这是教育的目的"(p.155)观点的驱动下，T11一直积极参与教学改革试点。笛卡尔和波斯纳关于思考和反思的名言让T1和T12养成了"多思"(T1, p.6)的习惯，多了一份"研究气"(T12, p.161)。虽然总会接到紧张而忙碌的任务，但T15总能享受过程，因为她非常理解赵宪初先生所说的"终日忙忙，不甘碌碌；常年辛辛，不觉苦苦"(p.215)。

4. 讨论与启示

上述分析表明，不同类别的重要他人在中学英语特级教师专业成长的不同时期出现和产生影响，共同为他们搭建起贯穿专业成长全程的脚手架（见图1）：在学前儿童期，家人对他们进行了英语启蒙；在中小学生期，教师激发了他们的英语学习兴趣；在大学生时期，教师引导他们夯实英语基础,实习导师对他们进行了教学启蒙;在初任教师期,同事帮助他们适应英语教育职业,学生激发了他们的职业动力;在成熟教师期,专家对他们进行了专业引领,领导为他们创设了支撑性环境,青椒非常支持他们的工作,素未谋面的名人通过名言塑造了他们的理念。

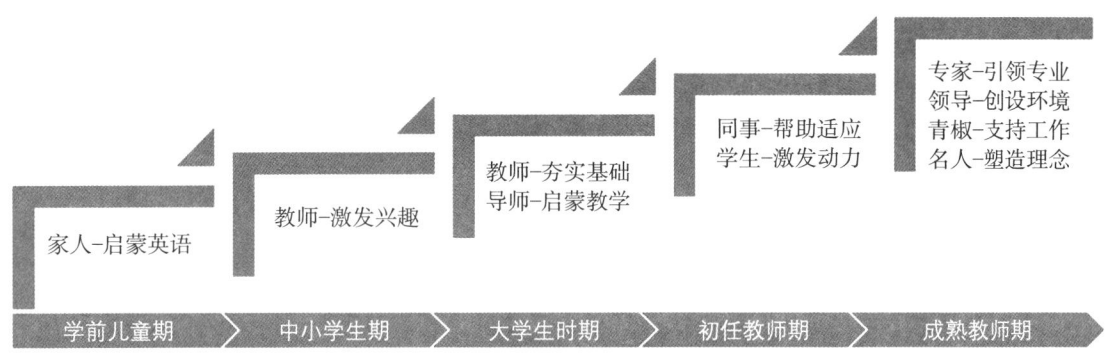

图1 英语特级教师专业成长中的重要他人类别及其影响

上述发现为当前和未来英语教师的专业发展提供了启示。首先,英语教师承担着三重责任。一是主动追求自身发展。本文中的教师都主动地寻求支持,故而得到许多重要他人的帮助。因此,为了更有效地实现专业发展,英语教师应该主动寻求专家引领、领导支持、同事帮助和学生反馈,并养成广泛阅读书籍的习惯。二是积极支持同事发展。本文中的许多教师都积极支持青年教师发展并实现了教学相长。因此,进入成熟期的教师,特别是兼任名师基地主持人等身份的教师,应该积极支持青年教师发展,帮助他们适应英语教育职业,并不断走向卓越。三是热心培养未来教师。本文中的教师均深受学生时代的教师影响,埋下了成为教师的种子。因此,英语教师应该树立培养未来英语教师的意识,通过自己的专业特长和人格魅力感染学生,并认真启蒙来校实习的大学生。

其次,英语教师周边的重要他人也要有所作为。一是专家应该用专业知识为英语教师提供引领。从本文教师的专业成长来看,他们在各种场合接触的专家都发挥了引领作用。所以,与一线英语教师有所接触的专家应该发挥自身在专业知识上的优势,切实为他们提供指导。二是领导应该为英语教师创设优良环境。本文多位教师的学习进修和教学创新离不开学校领导的大力支持。所以,领导应该争取、创造和充分利用各种资源,为一线英语教师创设优良的教学和发展环境。三是学生应该积极向英语教师提供反馈。本文多位教师的教学反思、教学情感和教学改进源于学生反馈。所以,学生应该转变仅到课堂接受知识的传统观念,积极为英语教师提供反馈,以有效推动教师发展和间接促进自身英语学习。

总之,重要他人是中学英语特级教师专业成长中的重要推力。其他英语教师应该充分认识和高度重视重要他人的作用,承担起主动追求自身发展、积极支持同事发展和热心培养未来教师的三重责任。英语教师周边的重要他人,如专家、领导和学生,也要有所作为。本文的不足之处在于:数据来源于固定资源,可能存在代表性不强的问题;作者没有继续追问的机会,可能部分信息没有在数据中显现。后续研究可以通过深度访谈数据进行补充分析。

参考文献

[1] Barkhuizen, G., Benson, P. & Chik, A. *Narrative Inquiry in Language Teaching and Learning Research*[M]. New York: Routledge. 2014.

[2] Edeburn, C. E. & Landry, R. G. Self-concepts of students and a significant other, the teacher[J]. *Psychological Reports*, 1974, 35(1): 505-506.

[3] Sinclair, K. Significant others, teacher expertise and education reform[J]. *Change: Transformations in Education*, 2005, 8(1): 56-70.

[4] 崔琳琳. 理解教师学习：关于四位新手中学外语教师的叙事探究[M]. 北京：外语教学与研究出版社, 2014.

[5] 顾佩娅. 优秀外语教师成长案例研究[M]. 北京：外语教学与研究出版社, 2009.

[6] 蒋敏红. 实习日记与自我概念：职前小学英语教师的个案研究[J]. 教育学术月刊, 2017 (3): 88-94.

[7] 李立君, 丁新, 武丽志. 教师工作坊网络研修的"重要他人"研究——人类发展生态学的视角[J]. 中国电化教学, 2015, (2): 90-95.

[8] 彭云. 重要他人：教师专业发展的促进者[J]. 当代教育科学, 2012(15): 20-22.

[9] 束定芳, 朱彦, 吴晓燕. 栉风沐雨, 春华秋实——上海市英语特级教师风采录[M]. 上海：上海外语教育出版社, 2018.

[10] 王鸿英, 马勇军. 重要他人：中小学教师教学模式创生的影响因素研究——基于F中学J英语老师的教学模式创生个案分析[J]. 教育导刊, 2015, (17): 68-71.

[11] 吴康宁. 教育社会学[M]. 北京：人民教育出版社, 1998.

[12] 徐佳丽, 周燕. "重要他人"对上岗适应期幼儿教师专业发展的影响[J]. 教育评论, 2015 (4): 90-92.

[13] 杨鲁新. 集体备课对中学英语教师教学理念和实践的影响——四位新手教师的个案研究[J]. 山东外语教学, 2016(3): 62-70.

[14] 张晓辉, 闾邱意淳, 赵宏玉, 齐婷婷, 李庆安. 教育实习对师范生职业发展的影响：基于典型个案的质性研究[J]. 教师教育研究, 2015(6): 52-58.

[15] 周燕, 张洁. 外语教师的课堂角色——重要他者[J]. 中国外语, 2013(6): 96-102.

作者单位：浙江外国语学院英语语言文化学院 浙江杭州 310023

教学实践

指向学科大概念的表现性任务开发和评估
——基于GRASPS视角

周鑫源　吴　斌

提　要：课程评价是教学活动的重要组成部分，二者如影随形，协同并进，为促进学生学习，改善教学效果以及提升教学质量贡献力量。然而，纵观中小学英语课堂教学环节，评价环节却差强人意。一是评价太过标准考试化，无法准确测量学生在过程中的学习经验；二是重视师评，轻视互评与自评；三是侧重结果分析，忽略学生的优劣势反馈。本文围绕学科大概念，采用逆向教学中GRASPS模型，以人教版英语必修一 Unit 3 中 Project 为例尝试开发表现性任务，对标表现性评价，从而为质性评价量表的多元化发展添砖加瓦，促进英语学科核心素养落实落地。

关键词：学科大概念；逆向教学；表现性评价；GRASPS

1. 背景

　　新一轮课程改革后，《普通高中英语课程标准（2017年版 2020年修订）》（以下简称《新课标》）提出英语学科核心素养。核心素养首次突破了传统三维目标的学科限制，体现了育人价值和功能，旨在使学生形成跨学科、跨情境且顺应社会和个人发展的必备品格和关键能力。鉴于此，英语学科核心素养以理解迁移为基点，将以人为本和素质教育落到实处。《新课标》中明确指出，英语课程评价要重视核心素养的评价，以评促学，以评促教。贯彻目标性评价原则，评价内容和手段必须与教学目标保持高度一致性。落实主体性原则，牢记学生是学习主体，促使学生真正参与表现性评价。遵循过程性原则，在过程中实时对教学进行评价，在循环重复中对教学进行检测，以改进教学，把握学生个性差异，动态追踪学习过程，获得一手反馈（中华人民共和国教育部 2020）。

　　评价是教学环节中的重要一环，是教与学的手段，而不是教与学的目的（中华人民共和国教育部 2020：134）。而当前很多教师对教学评价存在理解"误区"，造成评价环节脱离教学活动本身，教学评一体化成为"空中楼阁"。一是评价太过标准考试化，无法准确测量学生在过程中的学习经验。评价以终结性评价为主，形式多为书面测试和口头问答等，成绩以分数的形式来呈现并反馈。由此一来，学生的主体被忽视，所以无法真实切身参与到评价活动中去，违背了教学评价的过程性原则。二是重视师评，轻视互评与自评。传统的评价实施者侧重于教师，由教师制定评价方案和判定标准，轻视了学生才是评价的主体。三是侧重结果分析,忽略学生的优劣势反馈。传统的评价侧重分数,违背了教学评价的发展性原则。教学评价的根本目的在于以发展的眼光去看待学生。正视学生的优势和劣势,肯定学生的进步和创新,在重视学生过去的同时,还要着眼于学生的现在和未来。

UbD(Understanding by Design)在国外由来已久,译为追求理解的教学设计,实质是基于大概念的逆向教学(格兰特·威金斯、杰伊·麦克泰格 2017)。逆向教学将评价前置,在预设学习目标后随即寻求评价依据,将评价置于教学"核心位置",既与教学预期目标保持高度一致性,在教学活动开展前充分了解学生能力水平,做到"未雨绸缪",又能够在教学过程中高效发挥目标的导向性,外显评价的实质意义。UbD以情境为依托,基于学科大概念,设计表现性任务,对标表现性评价。本文在UbD逆向教学的宏观指导下,基于UbD中GRASPS模型,选取人教版高中英语必修一教材Unit 3中Project模块,开发表现性任务及评估量表,总结GRASPS模型的优势和局限性,为核心素养下英语学科表现性任务设计和评估提供全新的思考方式和借鉴意义。

2. 相关概念界定

2.1 UbD的内涵

UbD(Understanding by design)逆向教学起源于美国,由Grant Wiggins和Jay McTighe在"概念为本,理解性学习"的思潮下首次提出。20世纪90年代末,"理解为先"教育思想在美国教育界掀起热潮。理解性教学通过将二维课程模式和三维课程模式进行比较,认为传统的二维模式即知识本位不能满足学生获得概念性思考,知识习得仅仅停留在事实和技能层面,进而形成"一寸深,一里宽"的现象。而三维课程模式以概念为本位,学生能够在事实和技能的基础上进行概念性思考,并对复杂事实进行可持续再加工,实现可迁移性理解(林恩·埃里克森、洛伊斯·兰宁 2018:19-20)。1998年,哈佛大学课程教研所专家Grant Wiggins和Jay McTighe首次在理解性教学思想的启蒙下提出UbD逆向教学理论。UbD理论在概念为本的教学理念下将三维课程模式与具体课堂实践相结合,提出逆向教学设计方案,对概念为本教学模式进行细化并落实。UbD追求以概念为本的教学,重视以核心大概念为教学导向,从逆向的角度将教学评价提前,形成如图1所示的"预期教学目标—明确评价依据—设计教学活动"的三步骤教学框架(Wiggins & McTighe 2005:20-22)。

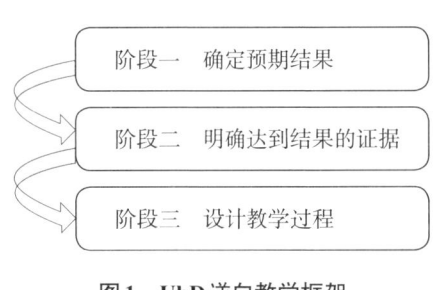

图1 UbD逆向教学框架

之所以称之为逆向教学,在于传统教学设计通常从设计教学过程出发,再进行教学评价来检验与教学目标的达成度。而在UbD逆向教学中,教师首先根据教学大纲、教学内容、学情等确定预期教学目标,随后思考教师如何教,学生如何学才能够达成这些目标?有哪些证据能够证明实现预期教学目标?最后根据阶段二中的"评估依据"依次设计教学活动。因此,UbD逆向教学聚焦于三大核心要素,分别是1)结果:学生学习后习得哪些知识,达成什么水平。2)证据：预期目标达成需要哪些证据的加持，比如评价任务、评价量规和标准等等。3）过程：教师根据"证据"设计教学过程，在过程中引导学生去发掘证据，建构核心大概念。UbD逆向教学模式如表1所示（Wiggins & McTighe 2005：23）。

表1　UbD逆向教学模式

阶段一：预期教学目标	阶段二：明确评价依据	阶段三：设计教学活动
如果预期结果是让学生……	什么证据证明学生能够……	学习活动需要……
学生能够理解……（核心大概念） 学生能够知道……（事实性知识） 学生能够会做……（迁移创新）	表现性任务 评价量规 其他证据（书面测试题、口答题） 学生自评	基于大概念，设计问题链，围绕问题链设计环环相扣的课堂活动，在活动中实现意义建构

2.2　大概念的内涵

大概念在教育领域崭露头角最早是在20世纪初期。杜威当时认为教学应该以心理学为锚点，形成大概念，让学生脱离事实性知识的束缚（Dewey 1916）。接着布鲁纳在1960年提出知识获取在于理解，理解的前提需要搭建学科基本框架，而大概念就是此"框架"的核心结构。（转引自 Wiggins G & McTighe J 2005：69）。此后，Phenix（1964）在 *Realms of Meaning* 一书中首次提出大概念的雏形——代表观念。他认为学科知识数量日益增长，如果有一个或多个具体的特征概念能够代表整个学科体系，那么理解这些概念就能理解整个学科知识，这在某种意义上能够提高学习效率。21世纪初，Erickson（2001）对大概念提出操作定义，他认为大概念抽象且广泛，能够用一到两个词汇进行表征，并具有永恒性，能够贯穿于人的一生。在我国，近年来众多学者对大概念进行定义。王喜斌（2018）指出大概念是一座桥梁，既连接学科主要内容，又连接教学核心任务，能够对学科进行强有力的解释和考察。宗德柱（2019）认为大概念具有很强的概括性和包容性，是能够解释学科内容的统一命题。崔超（2020）将大概念同英语单元教学相结合，他认为大概念是单元内核，能够统摄整个单元内容，并作为"中枢"将单元间各部分教学过程联系起来。

那么何为大概念？大概念中的"大"，并非概念本身庞大，而是具有高度统摄性和概括性，能够统揽起所学知识内容并助力搭建知识体系的基础核心概念。大概念是基于学科的本质属性，从学科核心思想和教学基本内容出发，逻辑性地串联关键概念并反射出学科内核的辐射网。大概念是宏观的，它是仅仅用一两个抽象词汇或基本问题来表征；大概念又是微观的，它能够作为概念工具和主题探究的方向来指导教学，使学生能够获得持久性的理解。因此大概念是知识获取的必要条件。以概念为本的教学就是以科学大概念为核心，不局限于事实性知识的学习，而是要在事实性知识和概念性知识中交替作用，形成"协同思考"，在意义建构中实现迁移理解（Wiggins G & McTighe J 2005）。立足大概念的UbD逆向教学聚焦学生建构知识自主学习能力的培养，在学习中获得批判思维和创新思维，这也顺应了学科核心素养的要求和趋势。

3. 指向大概念的表现性任务

《新课标》指出"以大概念为核心，使课程内容结构化，以主题为引领，使课程内容情境化，促进学科核心素养落实。"(中华人民共和国教育部 2020)据此，课程内容不再孤立零散而存在，而是在学科大概念这个核心"中枢调度"的指导下，变得"有血有肉"，对标主题探究，实施情境学习。Erikson(2014)将表现性任务定义为：表现性任务会事先给学生抛出一个问题，问题与教学情境密切相关，同时设定一个具有挑战性的真实的目标。随后教师设计评估标准和表现标准，并呈现给学生，学生带着问题进行真实项目探究，完成既定目标。综上，表现性任务以情境为依托，以意义为中心，以目标为方向，这与大概念教学不谋而合。

大概念指引下的表现性任务目标更为明确，探究更为深入。传统情境化教学中表现性任务仅仅是为了满足情境创设而开展，学生沉浸在"道"的乐趣中，殊不知忘却了学习"术"才是本质。有了大概念作为导引，表现性任务实施和开展多了一个"罗盘"，学生在充分参与其中时也会朝向"大概念"这个终极目标靠近，主题探究更加深入，深度学习效果凸显。

4. 基于GRASPS工具开发表现性任务

4.1 GRASPS工具特征

表现性任务是指教师设计或选取一个真实情境，学生在情境中通过任务完成来实现教学目标。UbD逆向教学中使用GRASPS架构表现性任务，其中六个字母分别对应一个任务要素(Wiggins & McTighe 2005：177-178)，教师可根据GRASPS框架来构建和开发表现性任务。G对应目标(Goal)，即学生将达成什么目标？实现目标过程中会遇到什么挑战和困难？R对应角色(Role)，即学生在此表现性活动中扮演什么角色？或是什么身份？职责是什么？A对应受众(Audience)，即学生所做的任务面向的目标受众是谁？将会对什么人群开展任务？S对应情境(Situation)，即所定任务发生在什么情境下？参与者将会面临什么情境？P对应表现和产品(Performance/Product)，即任务完成后有什么成果？参与者表现如何？S对应标准(Standards)，即任务结束后如何对表现进行评价？评价标准是什么？有哪些指标？GRASPS元素及含义如表2所示：

表2 GRASPS元素及含义分析

组成要素	含义	设计提示
G(Goal)目标	你的任务是什么	你将完成什么任务？目标是？困难和挑战是？
R(Role)角色	你在任务中是什么角色	你是？你被要求去做……？
A(Audience)对象	你将对谁开展任务	你的服务对象是？你需要说服？

续 表

组成要素	含 义	设计提示
S(Situation)情境	任务发生在什么情境下	你所处的情境是？如何处理？
P(Product & Performance)产品和表现	任务结束后有哪些成果,通过什么方式(如汇报,实验报告等)来展示成果	你将创建一个……为了……？你需要开发……
S(Standard)成功标准	对表现进行评估的指标	你的工作表现需要以……等指标来评判

4.2 GRASPS工具构建表现性任务

逆向教学第二步为明确评价依据,根据阶段一中的预期目标和大概念,阶段二教师需要设计指向大概念的表现性任务来验证学生是否达成目标。以人教版英语必修一Unit 3 Sports and Fitness中Project为例,该单元主题语境为人与社会,话题为体育和健康,因此根据教学大纲和语篇内容确立单元大概念为"认识体育项目,学习体育精神,形成健身意识"。该单元的Project(项目式活动)是"问卷调查学生的体育爱好和需求",目的是帮助学生树立正确的健康观,将体育当作生活中的爱好和不可或缺的一部分。根据GRASPS工具,以本单元Project为主题来构建表现性任务。教师首先以单元主题创设整体情境,背景为省运会将在我市举办,省运会筹备委员会将在近期招募青年志愿者,候选人将通过层层选拔最终成为青年志愿者的一员。本次问卷调查活动也是选拔环节之一,为考察报名者的调查研究能力。

第一,目标(Goal)。本项目活动为问卷调查,内容是调查学生体育爱好和需求,教师依据学生的能力水平,兴趣差异等将其进行分组,在班级内部组与组之间进行问卷调查。那么活动目的是了解他人的体育爱好,以达成树立正确健康意识的目标。因此G(目标)是：你将在班级内部开展问卷调查,目标是依据问卷调查的问题,询问其他小组三名(及以上)同学,并将答案记录下来。

第二,角色(Role)。在该问卷调查活动中,教师先在大概念的指引下创设情境,情境主题为省运会志愿者招募。省运会将在学生所在城市举办,学生将通过层层筛选,最终成为省运会青年志愿者的一员。志愿者要同时具备多方面的才能和智慧,因此本次活动即考察志愿者候选人的调查和研究的能力。因此R(角色)是：你是一名志愿者候选人,你的工作是采用问卷去调查学生的体育爱好和需求。

第三,对象(Audience)。在此次活动中,学生需要跨小组进行调查,因此学生在此次活动中充当不同的角色。作为活动实施主体,学生是一名调查员,为检验自己的调查研究能力。在面对他人采访时,自己是一名普通群众。因此A(对象)是：你的服务对象是普通群众,需要向他们征集你所需要的信息。

第四,情境(Situation)。本次活动是志愿者选拔的其中一项考核,因此学生需要快速地在有限时间内问卷调查尽可能多的同学,并对调查结果进行分析,完成调查报告。因此S(情境)是：你是一名调查员,同时也是本次选拔赛中的选手,在有限的时间内你需要调查尽可能多的学生,完成最出色的调查报告,从而公平合理与其他选手竞争,成为志愿者的一员。

第五,产品和表现(Product & Performance)。问卷调查结束后,学生需要按要求完成调查报告，成为志愿者进一步考核材料和评估依据。因此P（产品和表现）是：你需要完成一份调查报告书，以成为本轮考核的直接依据。报告书的内容应包括时间、调查目标、调查对象、调查问题、结果、建议六部分内容。

第六，成功标准（Standard）。标准就是量规，是由一系列指标所构成的评价指南，用以判断学生的表现，并区分学生之间的质量水平和熟练程度等。S（标准）是：你需要全程用英文进行问卷调查，问卷调查的题目至少包括5道，调查对象至少需要3人，问卷调查报告需要按要求进行撰写。

5. GRASPS架构表现性评价量表

5.1 根据S（标准）开发评估量规

评估量规，又称评估标准、评估量表，是指用于评估学生学业成就方面的结构化指南，主要由表现指标、具体等级和内容要求等组成，尤其适用于表现性评价（张所帅 2019）。表现性评估量规具有目标导向性。首先，评估量规依托课程标准和教学大纲要求，落实综合性评价原则，把学生能力和思维评价放在首位。其次，对于教师来说，评估量规可以帮助寻找教学突破点，进一步指导教学过程，完善教学设计。最后，对于学生来说，评估量规有利于学习动态反馈，激发自省能力，提高元认知水平。表现性评估量规还具备真实可操作性。传统的教学评价依赖书面测试或教师问答，主抓学生的语言知识，疏忽学生的综合能力。而表现性评估量规将知识能力和迁移运用"两把抓"，在真实的语言情景中从不同角度对学生进行多元化能力评估，使教学摆脱"高分低能"的怪圈（刘笛月 2016）。

根据GRASPS中最后一项S（标准）要素，以本单元Project: Make a survey on sports interests and needs为主题设计评估量规，作为本单元大概念"认识体育项目，学习体育精神，形成健身意识"的验证依据。评估量规如表3所示：

表3 评 估 量 规

表现性任务名称：体育爱好和需求的相关问卷调查					
班级：		姓名：	时间：		
评估板块	分值	内 容 要 求			互评	师评
调查过程	90–100	1. 能在20分钟之内全英文且流利地采访3名及以上同学。 2. 问卷题目数量为5道及以上。 3. 问卷题型包含三大主题，分别是体育项目、体育精神、健身意识。 4. 具有创新思维，能开拓除三大主题以外的其他问题。				
	80–90	1. 能在课堂有限时间内用英文较为流畅地采访3名同学。 2. 问卷题目数量不少于5道。 3. 问卷题型聚焦于体育项目。				

续 表

评估板块	分值	内容要求	互评	师评
问卷调查报告	80以下	未在规定时间内完成以上要求。		
	90-100	1. 在规定时间内完成报告。 2. 结构清晰,包含调查时间、调查目标、调查对象、调查问题、结果、建议六部分内容。 3. 字迹规整,书写整齐。 4. 无语言错误,并有自己的见解。		
	80-90	1. 在规定时间内完成报告。 2. 结构较清晰,调查报告成分仅有一至二部分残缺。 3. 书写清晰。 4. 有1-3处语言错误,但不影响全文理解。		
	80以下	不能规定时间内按要求完成报告。		
总评满分100分	总分计算规则:(过程互评×60%+过程师评×40%)×70%+(报告互评×60%+报告师评×40%)×30%			

5.2 基于GRASPS研制学生自评量表

表现性任务结束后,学生自评也是十分重要的一大环节。自我评价贯彻落实以学生为主体,有利于激发学生的内驱力,促进学生全面发展。在自评后,能对自己的表现有清晰的认识,并及时调整改进自己的学习过程,提升元认知能力。相较于传统的学生自评缺乏系统性和严谨性,UbD 逆向教学中用GRASPS架构表现性任务,并贯穿于整个表现性活动。鉴于此,本文尝试在实际教学中基于GRASPS研制学生自评量表,将评价要素与表现性任务构建要素一一呼应,真正落实学有所评,以评促学。GRASPS学生自评量表如表4所示:

表4 GRASPS学生自评量表

GRASPS自我评估表	
活动主题 _____ 小组 _____ 姓名 _____ 组长 _____ 完成时间 _____	
目标	我完成的任务是 _____。 我克服了 _____这些困难。
角色	本次活动我是 _____的角色。 我完成了 _____这些工作。
对象	我在本次活动中调查的对象有几位 _____ 分别是 _____。
情境	本次活动背景是 _____。 我做了 _____这些工作。

续　表

GRASPS自我评估表	
产品和表现	我完成了一份＿＿＿＿＿＿＿＿＿＿＿＿＿＿＿＿＿＿＿。 并且通过教师和学生评价获得＿＿＿＿＿＿＿＿＿＿＿＿＿分。
标准	我的表现达到了这些指标＿＿＿＿＿＿＿＿＿＿＿＿＿＿＿。 我的报告书符合＿＿＿＿＿＿＿＿＿＿＿＿＿＿＿这些要求。

5.3　GRASPS评估量表效果分析

GRASPS评估量表跳出传统单一的纸笔测试，融合多元化评价模式，将评价指标与表现性活动要素一一对应，使得整个教学过程处于依托于评价，又不脱离评价的动态平衡中。首先，教师评价意识更加深入。逆向教学设计将评价设计置于预期目标和教学活动之间，在确立预期目标之后，教师思考学生如何达成这些目标，以及如何证明学生达成目标，在明确评估依据后，根据评估依据设计教学活动。因此，在逆向教学中，基于GRASPS开发的表现性评估量表处于"咽喉要道"的核心位置，既是教学目标的具体化和细化，也是教学活动开展的参考系。其次，学生主体意识得到增强。GRASPS学生自评量表与表现性任务活动元素相一致，一方面体现出更加系统完善的多维度评价机制，另一方面真正落实以学生为主体原则，学生通过使用GRASPS评估量表进行自我检测，自我认知更加深刻，角色分配更加完善，执行力度也随机提升，合作探究活动也不再是"空中楼阁"，课堂效率实现剧增。最后，GRASPS评估重视过程，呼应形成性评价，在教学过程中对学生进行动态追踪，时刻以预期教学目标为参照收集学生目标达成证据，给予教师一手反馈，促进教与学的完善（刘笛月 2016）。

但是，GRASPS理念毕竟属于"舶来品"，在根据S（标准）要素设计评估量规时，评价板块与分值的设定主观性较强，缺乏严格意义上的理论依据。与此同时，学生自评量表是否具有普适性还需要进一步在教学实践中得到验证。基于此，教师在今后理论学习时需要不断思考，批判性看待GRASPS模型，结合我国教学实际情况去粗取精，去伪存真。教师要改变既有的教学资源"拿来主义"，以学生为主体，聚焦学生真实体验。在尝试新的教学资源时，教师要充分考虑学生的认知发展水平，合理规范且科学地加工现有资源，确保一切以促进学生学习为目的。在教学实施前，教师还要充分预测新的教学资源下学生知识的生成能力和目标达成度，做到防患未然，以避免人力物力的浪费，实现效率最高化，意义最大化。研究者建议教师在今后尝试逆向教学中，首先根据学生的认知能力对GRASPS量表进行深加工，使其符合学生实际需要；同时结合我国新课标要求，科学重组GRASPS学生自评工具，给予学生最佳学习体验。

6. 结语

UbD逆向教学追求理解，以情境为依托，表现性任务为工具，并将学生的理解纳入评价之内，充分印证了学科核心素养下的学科本质及育人价值。鉴于此，评价理念亟待转变。一方面要以学生为主体，用发展的视角去评判学生，跳出课本知识和考试分数，更要从根本上制定评价依据来重现学生概念的理解和迁移能力是否达标。另一方面,评价者应采取多样化的方式,主观客观相结合,定性为主,定量为辅。GRASPS模型重视课堂真实的情境化反馈,采取与课堂情境相关的评价方式,真正落实"师评、他评、互评"三位一体,把握真实情境中教师和学生的主体性与互动性,实现评价改革的个性化和综合性。通过使用GRASPS模型开发表现性任务,学生在真实情境中激活原有认知图式,创造性地思考活动任务,打破思维瓶颈。在表现性任务中,学习者能不断发现问题并解决问题,在新旧知识之间持续思考,并伴随事实性知识和概念理解的相互作用,思维受到激发,创新意识进一步得到增强。在指向大概念的任务学习驱动下,学生主体意识得到凸显,由被动学习转变为主动学习,在学习过程中实现协同思考,逐渐在大脑中已有的认知结构里建构起新图式,达成意义建构,实现深度学习。然而,GRASPS模型毕竟属于"进口产品",今后需要研究者不断地进行实践反思并循环重复,在迂回前进中不断改进,最终找到符合本土需求的GRASPS模型。

参考文献

[1] Dewey, J. *Democracy and Education: An Introduction to the Philosophy of Education*[M]. New York: Macmillan, 1916.

[2] Erickson, H. L. *Stirring the Head, Heart, and Soul: Redefining Curriculum and Instruction(2nd ed.)*[M]. Thousand Oaks: Corwin Press, 2001.

[3] Erickson, H. L. *Concept-based Curriculum and Instruction for the Thinking Classroom*[M]. Thousand Oaks, CA: Corwin Press, 2007.

[4] Erickson, H. L. *Concept-based Curriculum and Instruction: Teaching Beyond the Tacts*[M]. Thousand Oaks, CA: Corwin Press, 1998.

[5] Erickson, H. L. *Transitioning to Concept-Based Curriculum and Instruction: How to Bring Content and Process Together*[M]. New York: Corwin Press, 2014: 23−32.

[6] Phenix, P. *Realms of Meaning*[M]. New York: McGraw-Hill, 1964.

[7] Smith, J., Girod, M & Dewey, J. Psychologizing the subject-matter: Big ideas, ambitious teaching, and teacher education[J]. *Teaching and Teacher Education*, 2003, 19(3): 295−307.

[8] Wiggins, G. & McTighe, J. *Understanding by Design (expanded 2nd ed.)*[M]. Alexandria: Association for Supervision and Curriculum Development, 2005.

[9] 崔超.大概念视角下英语单元教学的重构[J].教学与管理,2020(04):42-45.

[10] 高琼.逆向设计视角下运用表现性评价提升学生语用能力[J].上海教育,2022(Z1):68-69.

[11] 格兰特·威金斯,杰伊·麦克泰格.追求理解的教学设计[M].闫寒冰,宋雪莲,赖平译.上海:华东师范大学出版社,2017.

[12] 教育部基础教育课程教材专家工作委员会组.普通高中英语课程标准解读(2017年版 2020年修订)[M].北京:高等教育出版社,2020.

[13] 林恩·埃里克森,洛伊斯·兰宁著.以概念为本的课程与教学:培养核心素养的绝佳实践[M].鲁效孔译.上海:华东师范大学出版社,2018.

[14] 刘笛月.表现性评价的内涵、功能及设计框架[J].教育测量与评价,2016(05):44-47,62.

[15] 宗德柱.大观念教学的意义、困境与实现路径[J].当代教育科学,2019(5):25-28.

[16] 王蔷,周密,蒋京丽,闫赤兵.基于大观念的英语学科教学设计探析[J].课程.教材.教法,2020,40(11):99-108.

[17] 王喜斌.学科"大概念"的内涵、意义及获取途径[J].教学与管理,2018(24):86-88.

[18] 肖龙海,管颐.新课堂:表现性学习与评估一体化[J].课程.教材.教法,2017,37(03):18-23.

[19] 张所帅.评价量表的内涵、特点及开发[J].教学与管理,2019(09):122-124.

[20] 中华人民共和国教育部.普通高中英语课程标准(2017年版 2020年修订)[M].北京:人民教育出版社,2020.

[21] 周文叶,董泽华.表现性评价质量框架的构建与应用[J].课程·教材·教法,2021,41(10):120-127.

[22] 周英鹏.例析基于GRASPS的表现性任务设计和评价[J].中学生物教学,2022(07):23-26.

作者单位:周鑫源 湖北省十堰市柳林中学 湖北十堰442000
　　　　　吴　斌 湖北省大冶市第二中学 湖北大冶435119

在概要写作中建构结构化知识的深度学习路径探究

陈 茜

提 要：发展学生深度学习能力是实现英语学科核心素养的重要路径，而建构结构化知识则是实现深度学习的关键。本文结合当下概要写作碎片式教学现状，依据结构化知识这一核心概念，提出建立写作专题，搭建概要写作知识框架；设计思维活动，深入研读概要写作语篇；鼓励反思性评估，升华主题意义，以形成概要写作中建构结构化知识的深度学习路径。

关键词：结构化知识；深度学习；高中英语概要写作

1. 引言

概要写作是上海高考新题型，要求学生在阅读一篇400字以内的语篇后，基于理解用自己的语言在60字以内概括出该语篇的主要内容和思想。它是综合写作任务的一种，将阅读与写作结合，要求学生通过阅读提炼文章要点，并使用自己的语言对其进行准确且连贯的概括，有助于培养学生在阅读的基础上进行分析、概括、综合、建构等高阶思维能力（陈康，张洁 2019）。而日常教学中，教师延续了"以传递知识和发展技能为主的传统教学模式"，采用以练代教、就题讲题的教学方式，导致学生因梳理不清原文的逻辑关系，写作逻辑紊乱；因无法区分关键信息与次要信息，关键信息遗漏。

本文针对上述学习现状，提出以语篇为依托，建立写作专题，搭建知识框架；以活动为途径，设计研读活动，发展思维能力；以评估为抓手，在自我评价反思中，升华主题意义，形成促进学生深度学习的概要写作学习路径。

2. 核心概念界定

2.1 结构化知识

结构化知识是指从因到果、从主到次、从整体到部分、从抽象到具体、从现象到本质、从具体到一般等，语篇的这种内在逻辑关系就是结构化知识（张秋会，王蔷 2016）。而《普通高中英语课程标准（2017年版2020年修订）》（以下简称《新课标》）以立德树人和学科育人为根本目的，提出了"以主题为引领，语篇为依托，活动为途径的新教学模式"（王蔷等 2019）。这种新模式要求教师围绕某个特定主题，通过设计探究活动帮助学生建构结构化知识，升华对主题意义的理解和认识。不难发现，链接主题意义探究和语篇研读关系的重要中介就是结构化知识（赵连杰 2020）。

2.2 深度学习

深度学习是在理解的基础上,学习者能够批判地学习新思想和事实,并将它们融入已有的认知结构中,能够在众多思想间进行联系,并能够将已有的知识迁移到新的情境中,做出决策和解决问题的学习(张晓玲,殷刚魁 2018)。可见,深度学习指向对学生迁移创新、解决问题等高阶思维能力的培养。概要写作要求学生在阅读的基础上分析、提炼、概括,是学生深度学习能力的体现。

2.3 结构化知识与深度学习的关系

Jensen & Nickelsen(2010)提出了教师培养学生深度学习的七种策略并称之为"深度学习路线"(Deeper Learning Cycle,简称DELC)。这七种策略分别为:设计标准与课程、预评估(学情)、营造积极的学习文化(即学习氛围)、预备与激活先期知识、获取新知识、深度加工知识和评价学生的学习。其中获取新知识和深度加工知识是实现深度学习的关键。学生获取新知并深度加工的过程就是知识结构化的过程。

因此,分析梳理语篇内在逻辑关系,建构结构化知识有助于学生语篇研读能力的提高,加深对主题意义的解读,促进学生深度学习。

3. 立足整体结构,建立写作专题

语篇体裁一般分为说明文、记叙文和议论文。Hoey(1983)在此基础上进一步总结出了多种篇章模式,第一种是"问题-解决型(problem-solution pattern)",包括"情景-问题-反应/解决-评价/结果",第二种是"总述-分述型(general-specific pattern)",第三种是"主张-反主张模式(claim-counterclaim pattern)"(转自徐继田,丁振月 2018)。读前,教师从语篇整体结构出发,根据语篇体裁与语篇主题,建立概要写作专题,引导学生梳理总结语篇要素,助力学生形成学习策略。

教师从语篇体裁入手,将新授与练习相结合,让学生在"做中学",即语篇研读中感受不同体裁语篇的特征与模式。每一堂新授课,配有三份相关跟踪训练以巩固提升。以议论文为例。教师呈现一篇议论文语篇,带领学生阅读梳理,找出主旨句与相关分论点,用不同记号标出;又划出分论点相关支撑性的信息。学生发现该语篇为总述-分述型(general-specific pattern),教师引导学生从语篇类型入手,总结议论文概要写作步骤(见图1):按主旨罗列要点——用自己的话解释一遍——增加连词提高逻辑性与连贯性。

Steps for argumentative summary writing:

1. Underline the topic sentence.
Paraphrase:
_____
_____

2. Underline the 1st Point. Circle out details supporting the 1_{st} point.
Paraphrase:

3. Underline the 2nd Point. Circle out details supporting the 2nd Point.
Paraphrase:
_____
_____

4. Underline the 3rd Point. Circle out details supporting the 3rd Point.
Paraphrase:
_____
_____

5. Add transitional words to form a paragraph.

Simple transitional words:

connections	How they are used
Besides, what's more, furthermore,	To add another thought
In addition, for example, for instance, in other words	To add an example
in fact, as a matter of fact	To add emphasis to an idea
therefore, consequently	To highlight what follows
Of course, though, still, however, on the other hand nevertheless, rather	To grant an exception
First, next, finally, meanwhile, later, afterwards, nearby	To arrange ideas in order, time, or space
eventually, above, behind, in short, in brief, to sum up, in summary, in conclusion	To sum up several ideas

图1 议论文概要写作步骤

由于说明文话题陌生，语言难度高，教师又从语篇主题角度入手，将说明文主题分为社会现象类、新事物新话题、科学实验类。同样，教师呈现不同类型的语篇，带领学生梳理整合，从语篇类型入手，提炼语篇要素。比如学生发现社会现象类说明文常通过一个社会现象引出话题，文章包含社会现象及其具体表现；产生该现象的原因；解决方法；评价。不难发现，这些要素组合的方式符合问题—解决型（problem-solution）语篇模式（见图2）。社会现象就是待解决的问题；造成现象的原因有助于找出解决方法，可归为解决方法；对社会现象的评价包含了对解决方法的评估。

教师以语篇为依托，从主题与体裁入手，借助语篇模式，引导学生梳理总结语篇要素以及要素之间的逻辑关系，有利于促进学生将碎片化信息转码为结构化知识，是引发学生深度学习的第一步。

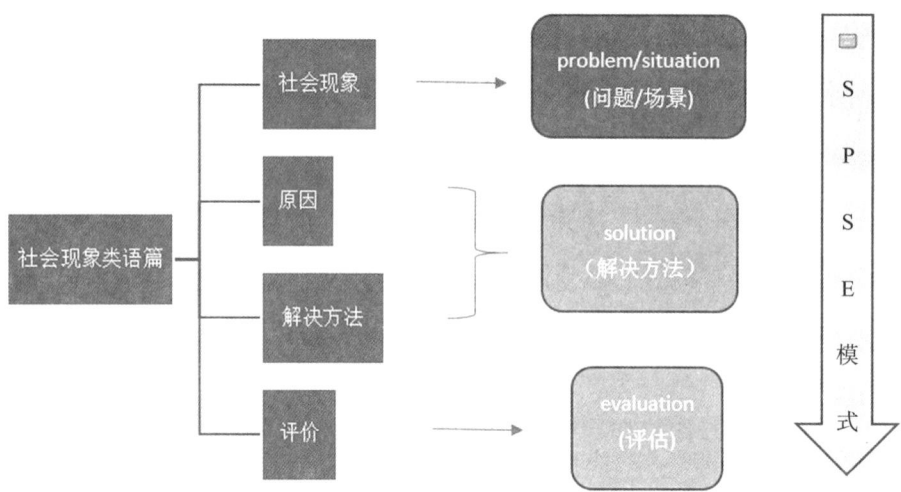

图2　社会现象类说明文语篇模式及要素

4. 设计思维活动,深度剖析语篇

《新课标》将思维品质从低阶到高阶分为辨识与分类、分析与推断、概括与建构和批判与创新(中华人民共和国教育部 2020)。这四个层面体现了信息获取、处理和输出的整个过程,符合学生的认知规律,有助于教师开展相应的思维活动。在阅读教学中,教师要培养学生的思维品质,必须关注教学设计中的问题导向,注重信息的逻辑关联,要善于提出从理解到应用,从分析到评价等有层次的问题,方能引导学生的思维从低阶到高阶稳步发展(何亚男、应晓球 2021)。

此处将高中英语(上外版)2AU3记叙文阅读A作为概要写作文本。语篇内容为南极探险家欧内斯特·沙克尔顿以及其队员克服艰难险阻,探索南极的故事。主题意义在于培养学生在学习生活中向沙克尔顿学习——敢于迎接挑战,不畏艰难险阻,努力取得成功。

4.1 以语篇要素与地图为支架,促进学习理解

(1)激活旧知,预测要素

由于前两个单元语篇都是记叙文,教师从语篇要素入手,建立新旧知识的联系,展开导入活动以激活学生已有的语篇知识,并明确记叙文六要素为理解本语篇的支架。

- 回顾记叙文六要素:Since we have learned several narrative stories this semester, we are all familiar with six elements. What are they?
- 根据标题预测:Read the title *Endurance — The story of Ernest Shackleton, Hero of The Antarctic* and predict who, where, what, how.

(2)借助地图,理清路线

本文为探险故事,记叙文开始往往先介绍故事发生的背景,故教师要求学生阅读课文1—2两段,厘清探险的背景——最初路线及招募人数。教师通过标注地图,将原文"He planned to cross the Antarctic from the Weddell Sea to the Ross Sea via the South Pole."意思具象,拉近语篇与学生的距离。

课文3—9段,即故事的过程中,描述了探险路上的重重困难。由于地名陌生、细节繁多——时间、地点、事件错综复杂,教师要求学生快速阅读3—9段,圈划出他们所经过的地点(where),并同样在地图上画出。通过图示,学生即刻得出结论,沙克尔顿并没有实现他的愿望。

【设计意图】

用地图将路线可视化,在学生眼前展现出预想与实际两条不同的路线,加深学生对语篇的理解;本环节只抓取地点(where)这个要素,教会学生通过突出重点梳理繁杂信息。

4.2 将问题链与思维图交织,实现深度阅读

在厘清路线之后,学生按地点分段复读。教师提出针对文本事实信息的展示型问题,旨在突出文本重点,帮助学生梳理,如在阅读3—4段时,划出表示时间节点的词,圈出表示事件发生的动词,并借助思维导图(见图3)梳理。又如阅读6—7两段时,圈出数字以感受从Elephant Island到South Georgia旅途的艰难。正是通过这样的品读,学生才能回答问题5"沙克尔顿为什么只带5名队员前往South Georgia"。问题5(见表1)是参阅型问题,需要学生结合生活经验回答,语篇中并无答案。而本文的评估型问题——评价沙克尔顿,则指向学生对文本的深度理解与感悟。

表1 问题链

段 落	问 题 链	问题类型
Paras 3–4	1. What happened during their stay in the Weddell Sea?	展示型
	2. How long did they stay?	展示型
Para 5	3. How long did it take them to get there?	展示型
	4. Why did they leave Elephant Island?	事实型
	5. Critical thinking: According to the text, we know that Shackleton chose 5 men to go with him. Why? (Let me give you a hint. How long was the journey to South Georgia?)	参阅型
Paras 6–7	6. How was the journey to South Georgia? Was it their last stop?	展示型
	7. What kind of person was Shackleton? As an explorer and leader?	评估型
Paras 8–9	8. How many people died during the expedition?	展示型
	9. Although Shackleton failed to reach Antarctica, he returned. Why?	参阅型

【设计意图】

本环节,教师要求学生按地点复读,旨在突出重点,便于学生梳理细节。此外,教师在每环节突出不同重点,比如3—4段(the Weddell Sea)抓时间与事件(动作)、第5段(Elephant Island)抓人物品质、6—7段(South Georgia)抓数字,为了避免复读时流程化、机械化,让语篇真正走进学生心中。而这些重点也由教师手绘思维图(见图3)体现,为后续概要写作做铺垫。

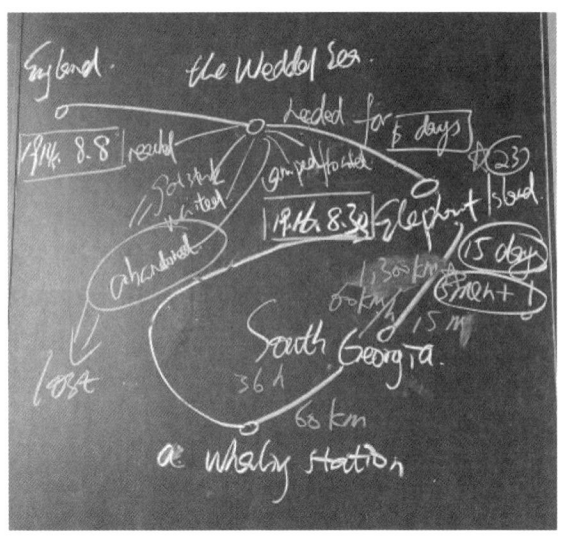

图3 教师板书

教师以活动为途径,从记叙文六要素入手,要求学生结合地图与时间轴梳理语篇信息,训练辨识、分析等低阶思维能力。在梳理过程中,教师通过不断追问,引导学生深度阅读,推断人物心理,概括人物品质,训练了推断、建构等高阶思维能力。教学活动是建构结构化知识的重要过程,也是学生深度学习的重要体现。

5. 鼓励写后反思,加深主题理解

通常而言,概要写作评分时主要从以下几个方面考虑:主旨概括是否客观全面;要点呈现是否主次分明;语言表达是否言简意赅;篇章结构是否紧凑贯通。王文静(2005)认为学生自我评价是学生成长发展中的主线,有利于激发学生内在学习动力,并通过对自我行为的评价,形成自我反思调整的有效机制。可见,学生自我评价的重要性。教师一般会提供自我评价表(见表2),供学生自评参考。但自评表功能仅停留在自查上,对学生建构某一主题的知识作用有限。

表2 学生自评表

Checklist			
All the elements of the story are covered in your own words.	1	2	3
Your summary is within 60 words.	1	2	3
Clauses are used to make your summary more concise.	1	2	3
Cohesive words are used to make your summary more logical.	1	2	3
Your summary is written in the past tense.	1	2	3

Richard Paul 和 Linda Elder（2016）认为对写作的反思能提升表达能力，加深理解。他们设计了4个问题作为反思抓手，1）我是否说清了我的观点？ 2）我是否解释清楚了我的论点？ 3）我提供的个人经历是否足以论证我的观点？ 4）我能否用一个类比或隐喻阐明我的观点？结合概要写作可见前两个问题有助于梳理反思概要内容与逻辑；后两个问题能加深学生对语篇主题意义的理解。

为使语篇脉络清晰，结构完整，"总-分-总"是常见的语篇类型。学生因此认为"主题句就是文章中的段首句或段尾句"。以一篇讲述机械记忆法（Rote Learning）的语篇为例。该语篇起始段引出话题并下定义；第二段描述机械记忆法现在不被推崇的原因；第三段强调了机械记忆法的重要性；第四段提出了作者的观点——机械记忆法能加深我们对核心概念的理解；科技发展给无趣的机械记忆法增加了趣味。在初稿中，学生将第一段机械记忆法的定义（Rote learning means mechanical memorization.）作为文章的主旨，这显然是不恰当的。

学生围绕 Richard Paul 和 Linda Elder 设计的前两个问题开展写后自评。比较写作与原文的内在逻辑后，发现原文各段落都是围绕作者观点"机械记忆法不被推崇，但它的重要性不可忽视"展开，而不是围绕"机械记忆法"这一话题。原文语篇类型符合问题-解决型，包含了现象-原因-评价这些要素。因此概要的主旨句需改为"机械记忆法很重要，尽管科学进步削弱了它的重要性（Rote learning, which means memorizing basic knowledge mechanically, is important, when it comes to learning a new subject, although technology has quickened its decline.）"。

由于学生不了解该语篇的话题词——机械记忆法（Rote Learning），因此在语篇研读时会出现隔膜感。在讲述机械记忆法重要性的时候，作者说了这样一句话"当然，死记硬背并不会加深你对某个概念的理解，但没有死记硬背，你也无法进入深度理解环节（Of course, being able to recall things will not further your understanding of those things, but without memorizing these foundation elements, you cannot progress to a deeper understanding of a subject.）"。这句话非常拗口，不易使学生理解。

为了加深学生理解，教师可建议学生围绕 Richard Paul 和 Linda Elder 设计的后两个问题展开思考——"结合自身经历，谈谈机械记忆法的好处。""打个比方，来说明机械记忆法对学习的重要性。"学生描绘自身学习经历，比如背诵英语单词与深度研读语篇的关系，发现整个学习过程的确如作者所说的一样，记住英语单词并不能提高语篇分析能力，但缺乏核心词汇量是语篇分析最大的阻碍。这一过程加深了学生对机械记忆法的理解，有利于对写作信息的重新梳理与整合。

教师以评估为抓手，在学生自评表的基础上，要求学生开展反思性评价。对比原文与写作逻辑，调整写作内容，提升写作逻辑；结合自身经历与打比方，加深对语篇主题的理解，对理清写作逻辑、取舍整合信息起到反拨作用。以评促学进一步开展深度学习，内化知识。

6. 结语

本文围绕概要写作教学现状，提出了基于语篇结构，架构整体知识框架；基于语篇内容，培养深度研读思维；基于写作反思，加深主题意义理解，形成了概要写作中建构结构化知识的深度学习策略。当然,建构结构化知识并不是深度学习的全部。学生获取结构化知识是为了更好深化拓展对主题的认识,将建构的知识迁移运用至新问题新情境中,是开展深度学习的关键基石。因此,如何创设合适的情境与活动,促进学生迁移应用甚至创新解决,值得后续进一步深入探索。

参考文献

［1］ Jensen & Nickelsen. 深度学习的7种有力策略［M］. 温暖译. 上海:华东师范大学出版社,2010.
［2］ Paul, R. & Elder, L. *How to Write a Paragraph: The Art of Substantive Writing*［M］. 北京:外语教学与研究出版社,2016.
［3］ 陈康,张洁. 高中生英语概要写作质量评价研究［J］. 中小学外语教学,2019,42(9):1-7.
［4］ 何亚男,应晓球. 落实学科核心素养在课堂·高中英语阅读教学［M］. 上海:上海教学出版社,2021.
［5］ 中华人民共和国教育部. 普通高中英语课程标准(2017年版2020年修订)［S］. 北京:人民教育出版社,2020.
［6］ 王蔷,钱小芳,周敏. 英语教学中语篇研读的意义与方法［J］. 外语教育研究前沿,2019,(2):40-47.
［7］ 王文静. 学生自我评价流程分析［J］. 中国教育学刊,2005(03):50-52,56.
［8］ 徐继田,丁振月. 基于语篇分析的读后输出设计［J］. 英语学习,2018(12):9-15.
［9］ 赵连杰. 英语学习理解活动中结构化知识的建构方法及启示［J］. 中小学外语教学(中学篇),2020,43(09):28-32.
［10］ 张秋会,王蔷. 文本解读的五个角度［J］. 中小学外语教学(中学篇),2016(11):11-16.

作者单位:上海市奉贤中学 上海 201411

高中英语视频课教学中培养
高阶思维品质的路径探索

罗建军

提　要：本文以上教版某个单元的视频课为例，结合视频语篇内容分析和学情分析，设计层层递进的"看-思-评"课堂教学活动（以开放性问题导入、"看"默片猜测视频内容、"看"框架梳理视频语篇结构、"看"细节勾画视频语篇全貌、补充视频语篇内容、评价视频语篇主题），从而培养和提升学生分析、推断、概括、建构、创新和批判等高阶思维品质。

关键词：高阶思维；高中英语视频课；"看"技能；思维品质培养

1. 引言

《普通高中英语课程标准（2017年版2020年修订）》（以下简称为《课标》）把英语语言技能拓展到了五项，在原有的听说读写的基础上，增加了"看"的技能。这顺应了互联网快速膨胀、信息技术高速发展、移动终端迅速普及的时代要求。正如梅德明和王蔷（2020）指出，现代技术的发展使语言表达的方式更加丰富，多模态形式的语篇在当今已属常见，伴随语篇文字的还常有图例、表格、视频、动画或其他符号等表达方式，需要我们去观察和理解后，才能有效地理解多模态形式的语篇，"看"的技能便应运而生。

应运而生的各版英语新教材均不约而同地增加了 video/viewing section，可见视频课已经成为了新课标新教材的一大亮点。然而，视频课教学目前处于起步阶段，尚存在如下问题：1）对视频语篇的内容浅尝辄止，对其内涵挖掘不深；2）对视频语篇的结构视而不见，对其阐释驱动不足；3）对视频语篇的立意无动于衷，对其外延全盘接收。以视频课教学为切入点，发展学生的高阶思维的论述也并不多见。梅德明和王蔷（2020）指出，未经过思维的系统训练和培养的学生，最多是借助以往的经验或迁移其他学科中积累的思维方式，这样的思维存在着很大的局限性和非系统性。语篇的理解大多局限于表层信息的获取，以及零碎的主题判断和简单的深层意义的推断，缺乏对思维系统训练的设计。

本文以上教版选择性必修一 Unit 3 "Paying the price" 的第8课时 Video: Does smell sell? 为例，探究在高中英语视频课中系统性地培养高阶思维品质的范式：结合视频语篇内容分析和学情分析，设计层层递进的"看-思-评"课堂教学活动（以开放性问题导入、"看"默片——猜测视频内容、"看"框架——梳理视频语篇结构、"看"细节——勾画视频语篇全貌、思考完整性——补充视频语篇内容、思考合理性——评价视频语篇主题），从而培养学生分析、推断、概括、建构、创新和批判等高阶思维，提升思维品质。

2. 相关概念界定

2.1 "看"技能

《课标》指出，语言技能中的看通常指利用多模态语篇中的图形、表格、动画、符号以及视频等理解意义的技能（中华人民共和国教育部 2020）。而且，这里的"理解意义"既包含获取表层意义，也包含"看"出深层意义，如言者或笔者没有直接表达的意图、情感态度、价值取向等（梅德明，王蔷 2020）。"看"不只是纯粹传统意义上的"主动使视线接触人或物"（刘振铎 2002），而且是学习者主动地对多模态信息进行观察、判断，进行感知认知，并做出思维反应、构建意义的过程（邓奕贤，王宗迎 2021）。

2.2 高阶思维

《课标》对思维品质的三个级别，按照辨识与分类、分析与推断、概括与建构和批判与创新四个层面做了具体的内容描述。四个层面描述的次序符合布卢姆（B. S. Bloom）的记忆、理解、应用、分析、评价、创新这六层由低到高的认知目标（梅德明，王蔷 2020）。学界通常把记忆、理解、应用划为低阶思维（lower order thinking），而把分析、评价、创新划为高阶思维（higher order thinking）（陈雪燕 2018）。其中，分析对应逻辑思维，评价对应批判性思维，创造对应创新思维（曹铭仁 2019）。由此可得，分析与推断、概括与建构和批判与创新则对应于高阶思维。

分析是将观察对象的整体分为各个部分，并分别加以考察的认知活动；推断是根据事实或前提进行推理、判断事实的因果关系的心智活动；概括是指从许多个别的事物中概括出一般性概念、原则或结论的思维方法；建构是把所感知的事物的共同本质特点抽象出来，加以概括，形成概念式思维惯性。上述四点所讨论的都属于逻辑思维。批判性思维是一种反思性思维，依据一定的标准评价思维，进而改善思维，探究客观事实。创新思维是指以现有的思维模式，利用现有的知识和物质，在特定的环境中，提出有别于常规或常人思路的见解和方法（梅德明，王蔷 2020）。

根据《课标》所划分的思维品质素养级别的表述中可以得出，分析与推断是指根据环境条件，分析信息间的关联与差异，发现原因，推断逻辑关系。概括与建构是指根据所获得的信息，概括共同特征，建构新概念，处理新问题，多视角认识世界。批判与创新是指针对所获取的信息，提出批判性问题，判断信息的价值，作出评价，形成自己的观点。

以新课程标准为依据修订的新教材对培养学生高阶思维品质有明显的指向性，且贯穿于新教材所选择的语篇内容中。就视频课板块而言，教师可以研读教材，分析视频语篇内容，挖掘视频语篇对于培养高阶思维品质的价值，在"看"的环节中，设计指向高阶思维的问题和任务，培养高阶思维技能；在"思考-评价"的环节中，迁移创新，培养高级思维，从而发展学生高阶思维品质，提升学生英语学科核心素养。

3. 培养高阶思维品质的高中英语视频课教学设计与实践

3.1 视频语篇内容分析

本课时的教学内容是上教版选择性必修一Unit 3 Paying the price中的第8课时Video: Does smell sell?语篇内容以超市购物为背景，以记者采访的形式，从顾客、超市经理、专家三个角度，以轻松愉快的氛围，阐述了气味营销的运作情况、经济效益、情感效果和工作原理。

视频画面背景是学生们熟悉的超市，是真实的生活场景。视频中的人物也是真实生活中的人物，他们在真实的语境中使用语言，有口语生活化的顾客、口语标准化的采访者和超市经理，还有口语专业化的专家，他们的面部表情和肢体语言也符合各自角色，能向观看者提供有效直观的信息。

视频语篇内容脉络清晰，从对两位顾客的提问中引发观者思考，引出香氛机的画面，引起观者好奇，然后陈述香氛机的功能、位置等方面的信息，通过超市经理的语言传递香氛机的运作情况和经济效益信息，通过专家的语言普及香氛机的情感效果和工作原理。以上信息事实清楚、逻辑严密，可供教师在课堂上用于指向推断、分析、概括、建构等思维的教学活动。而视频中对于第五个香氛机的留白又可供教师用于指向创造性思维的教学活动。最后，话题（气味营销）本身的合理性非常适合进行指向批判性思维的教学活动。

3.2 学情分析

本课时的授课对象是我校2021级1班的36位学生。该班学生大多性格开朗，有些学生思维活泼跳跃。他们英语学习热情较高，喜欢讨论问题和分享想法。总体来说，他们的听力水平较高，基本能听懂视频语篇内容，并加以简要复述；能抓住视频语篇中的重要信息，以了解人物的看法和观点；但是概括、归纳、分析视频语篇的能力一般，创新思维和批判性思维能力有待提升。

3.3 思维品质维度的教学目标设定

课堂教学目标是课堂教学的出发点、准绳和归宿，它直接影响教学环节的设计和课堂教学的效果（李玉梅，陈静波 2010）。教师以课标为指导，关注学生发展，通过深入研究视频语篇教材和分析学生学情，制定有针对性的高阶思维品质维度的教学目标：

（1）以学生"看"图片和回答问题的形式，引导学生迅速进入主题语境，启发学生信息关联思维和发散性思维；让学生"看"默片，把学生带入视频语篇，引发学生预测性思维。

（2）泛"看"与精"看"相结合，"看"清视频语篇结构框架与逻辑关系，"看"懂视频语篇的具体内容与细节，获取视频语篇的要点和详细信息，发展概括性和建构性思维，锻造思维的逻辑性和层次性。

（3）启发学生思考视频语篇的完整性和合理性，引导学生补全视频语篇内容，评价视频语篇主题，养成思维的创造意识和批判意识。

3.4 教学理念

在英语学习中，学生以主题意义探究为目的，以语篇为载体，在理解与表达的语言实践活动中，融合知识学习和技能发展，通过感知、预测、获取、分析、概括、比较、评价、创新等思维活动，建构结构化知识，在分析问题和解决问题的过程中，发展思维品质（王蔷 2015）。本课时以视频语篇为载体，以问题为语言实践活动的中心，以引发学生高阶思维活动为导向，旨在让学生在分析问题和解决问题过程中，培养分析、推断、概括、建构、创新等批判性思维意识与能力。

3.5 教学过程与分析

（1）关联单元主题，以开放性问题导入，激发发散性思维，为课堂暖场

根据教材编排，视频课一般放在本单元的最后一个课时的位置，但也是单元整体教学设计中的一个有机环节，应该为单元主题服务。崔允漷（2019）指出，几个相互关联的子主题构成单元整体教学，强调整合性与整体性。而导入环节是思维的开始，该环节教学活动的创设是教师启动学生先行认知的关键，能够增强学生新旧知识之间的联系（桑力华 2016）。

以情景为载体引导学生探索性学习，可以提高学生分析和解决实际问题的能力（Richards & Rodgers 2001）。教师结合本单元主题语篇 The influencers 中隐形营销（stealth marketing）的话题，衔接之前的单元教学内容，借助视频中的一个葡萄柚的画面，预设情景，以开放性问题（Imagine you were the sales manager of a supermarket. How would you sell these grapefruits in a stealth way?）导入。学生仔细"看"葡萄柚画面，观察和分析图片中的内容、形状和色彩，基于本单元的 Reading and interaction 部分所学到的隐形营销的方法，进行发散性思维，形成自己的设想，表达自己的观点，为课堂教学暖场。

经过思考之后，部分学生发言整理如下：

S1: I would pile the biggest or the most beautiful ones on the surface to attract the customers.

S2: I would promote it with a combination of price reduction and deadline warning, which can create a purchasing desire as well as an anxiety about the deadline.

教师肯定了学生们对隐秘营销的熟练掌握与运用，并指出还有一种被证明更加隐秘更加高效的营销方式，即今天要看的视频内容，引发学生们的好奇心。

【设计意图】

结合单元主题语篇"隐形营销"的话题，以开放性问题引发"隐形营销"的实践活动。在内容上，衔接了前知识的复习，激活了前知识的储备，锻炼了前知识的运用，为即将学习的新知识做了铺垫。在思维上，让学生重新组织已有的知识经验，提出新的方案或程序，并创造出新的思维成果（张厚粲 2002），从而培养学生的迁移创新能力和发散性思维。

（2）播放默片，"看"影像，猜测视频内容，培养分析与推断思维

教师以默片形式播放视频的开头部分，要求学生"看"无声影像，猜测视频主要内容。视频默片最后定格在一架黑色机器的画面处。教师以这架机器为切入点，要求学生猜测它是什么，有什么用途。

学生需要通过仔细地"看"视频默片，结合题目 Does smell sell？，观察并分析对话发生的

场所环境、物品摆放、人物的服装配饰、表情动作、社交距离，以及视频镜头的移动线路和切换逻辑，推断所在场所、人物关系、谈话主题，得出视频所涉及的大概内容。

随着学生们群策群力的推进和信息的不断积累与甄别，学生们的分析与推断从简单粗暴慢慢走向了有理有据，不断接近真相。

S1: It may be the entrance or exit part of the 通风系统。（教师提供语言支持并板书"ventilation system"）

S2: I guess it's a fan because according to what those people wear, it's summer. But it's quite small.

S3: I agree with him that it's a fan, but I don't think it's to lower the temperature. It should have something to do with smell, because the title is "Does smell sell?"

S4: So I think it's a fan which can send out some pleasant smell similar to that of the products to trick people into buying them, because some customers are smelling the products in the video.

教师肯定了S4的猜测，趁机追问Then, can you guess the topic of the video? 学生们根据本单元主课文话题stealth marketing，结合默片中的人物表情动作、设备位置、货品摆放等信息，经过分析、推理、判断，大部分得出了smell marketing的结论。教师不失时机地给予语言支持并板书"scent marketing"。

【设计意图】

本环节通过提供学生影像模态信息（默片），结合文字模态信息（视频标题），要求学生仔细"看"视频影像，观察视频中的场所、物件、人物，获得各种信息，综合分析各种信息之间的内在关联，梳理内在关联的原因，从中推断出信息间的逻辑关系，得出接近真相的结论。该环节在训练看、听、说等语言技能，提升语言能力的同时，培养的正是学生们的分析与推断的思维。

（3）"看"框架，梳理视频语篇结构，培养概括思维

进入正式"看"的环节，教师播放第1遍完整视频。学生最好只带着一个任务，尽全力去"看"，全身心去理解视频语篇所传递的信息。因此，在播放之前，教师只提一个主问题：What is the video mainly discussing about scent marketing?，同时提供两个衍生出来的子问题：1) How many kinds of characters are there in the video? 2) What are they doing respectively?，为学生搭好支架，引导学生在仔细"看"视频的同时或者之后，归纳和概括视频中的主要人物和主要事项，最后形成视频语篇的主要框架，以达成解答主问题的最终目标。

学生们带着问题，通过仔细地"看"，获取到视频中不同的角色：采访者、顾客、卖场经理和心理专家。根据获取的综合信息，归纳信息中的共同要素，概括出不同人物的各自事项，形成视频语篇的主要框架。

学生们先各自独立地完成"看"和梳理概括的任务。然后，教师要求学生进行对子活动，在讨论中相互唤醒记忆，相互甄别并完善内容，得出令自己较为满意的结果。以下是一对同桌的发言。

The video is mainly about a merchandise store installing some scent air machines to increase the sales. A reporter interviews some customers about their experiences and feelings in the store, who react positively to the scents. The reporter also interviews the market manager about the machines' effect on their sales, which are currently promising. An expert explains why and how the machines work on people's purchasing desire.

【设计意图】

本环节通过提供学生第一遍完整的视频模态信息,要求学生只带着一个目的仔细"看"视频。学生借助两个子问题作为脚手架,根据所获取的综合信息,归纳共同要素,概括视频语篇结构,形成主要框架。该环节在训练看、听、说等语言技能,提升语言能力,增强对子合作意识的同时,培养的是学生们的概括性思维。

(4)"看"细节,勾画视频语篇全貌,培养建构思维

经过第一遍的粗略观看视频之后,学生理解并获取了视频语篇的主要框架,对视频语篇内容有了一个大概的了解,知道该视频主要是从四个角色角度向观众展示气味营销。这对于学生们来说是个比较新的领域、新的知识。教师需要提供学生们更多的观看机会,提供一些支架让他们在这一领域建构起相关的知识,了解气味营销的how与why,挖掘更多与主题相关的细节。

针对"how does smell sell?",教师根据视频内容,设计指引性问题How many scent air machines are there in this supermarket? Where are they installed? What smells do they pipe out? How do customers comment on them?这些问题涵盖了视频中的很多主要细节,但是,如果就这么一股脑儿地堆砌给学生,学生们会有一种无所适从之感。这时,教师可以适时地指引学生,对于方面繁多、形式相同、内容相异的文本,可以进行表格记录和整理。然后,根据视频文字内容的难易程度设计表格,如下表所示:

No.	Locations	Smells	Comments
1	_____ section	grapefruit	
2	_____ aisle		
3	_____	rosemary focaccia	
4	_____		

表格的设计是在教师指引学生思考"如何记录和整理形式相同、内容相异的文本"的前提下引发出来的,并不是直接给予学生的。表格中的词汇考虑了生词aisle、rosemary focaccia和已知词汇grapefruit、section。表格中的最后一行留出空白,由学生自己添加可能的项,以完成问题How many scent air machines are there in this supermarket?然后,教师第2次播放完整视频,让学生完成"how does smell sell?"的知识建构。

之后,教师继续追问"how much does smell sell?""why does smell sell?",并提供多个思维导图模板(见图1),供学生根据视频中涉及的相关内容进行知识建构。然后教师第3次播放相关的部分视频(1分12秒-2分24秒)。

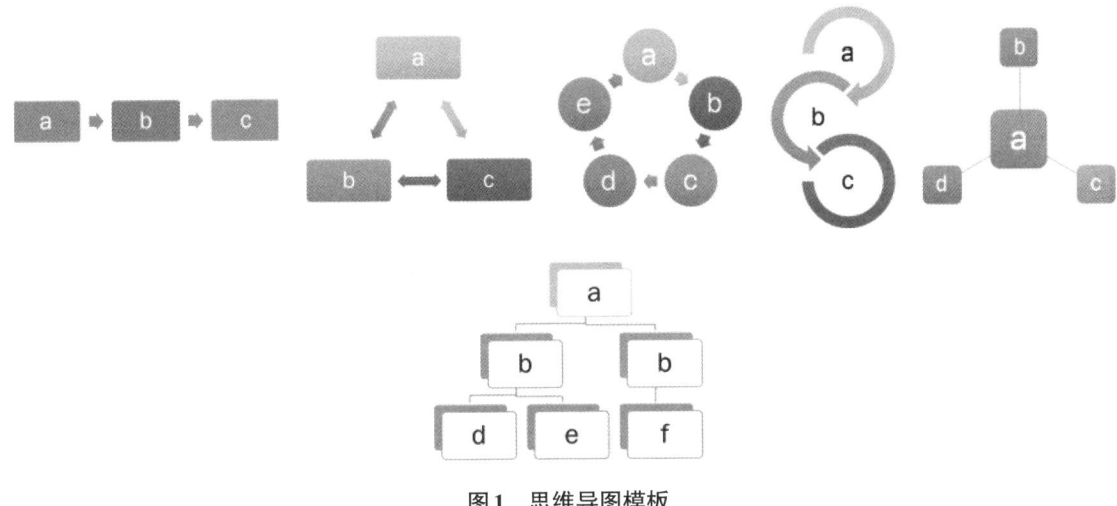

图 1　思维导图模板

学生们再次观看部分视频之后,根据所获取的细节知识之间的逻辑关系,选择恰当的思维导图模板,完成各自的细节知识建构。以下是其中两位学生的思维导图作品(见图2)。

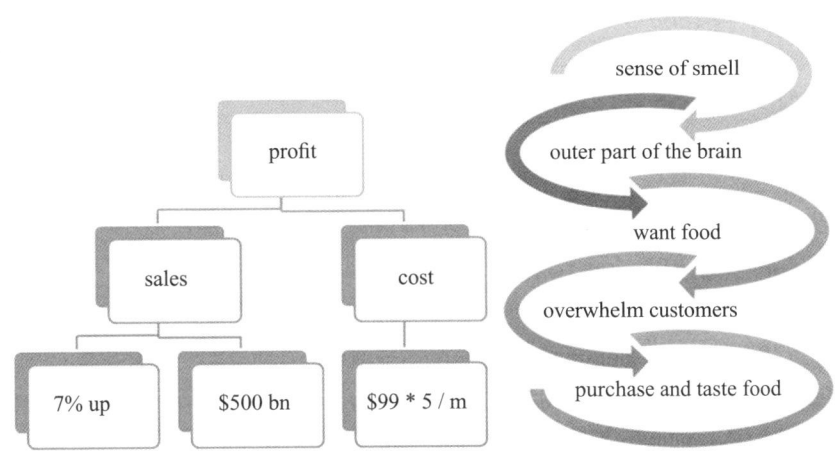

图 2　学生思维导图作品

【设计意图】

本环节其实由两个活动部分组成,主要解决的是气味营销的新知识建构。教师根据视频模态信息的分布情况,活动一播放的是完整的视频,而活动二只播放了部分视频。活动一解决的是"how does smell sell?"。在主问题的引领下,教师通过指引性问题,诱发学生对知识建构模式的思考,找到使用表格的形式进行知识梳理。活动二解决的是"how much does smell sell?""why does smell sell?"。教师提供了思维导图的模板,让学生根据需要,选择合适的模板进行知识建构。学生们在完成了一个表格和两个思维导图之后,就基本上完成了视频语篇的全貌勾画。这一环节中,学生借助表格和思维导图,使思维可视化,简要而完整地呈现气味营销的相关知识,在实践中,培养建构思维。

(5) 思考视频语篇的完整度, 补充视频语篇内容, 培养创新思维

到此为止, 学生们对视频语篇内容已经基本掌握, 对气味营销的 what, why, how 已经能简要而完整地阐述, 因此, "看"的任务基本完成。但是教学活动不能到此就结束。正如梅德明和王蔷(2020)指出, 教师既要关注具体技能的训练, 也要关注技能的综合运用。要让学生能够在语言实践活动中思考和再现个人的生活和经历, 表达个人的情感和观点, 在发展语言技能的同时, 提高分析问题和解决问题、批判与创新的能力。

在下一环节, 教师首先呈现一张前一环节的表格(如下表所示), 提醒学生们注意 "How many scent air machines are there in this supermarket?" 之后故意做一个停顿, 诱发学生的思考。反应快的同学会自发地进行批判性思考, 提出问题 "Where is the fifth scent air machine?" (视频中, 超市经理说有五个香氛机)此时, 教师适时地抛出下一个任务, 让学生们扮演超市营销人员, 开会讨论决定 Where to put the last scent air machine? What smell to pump out? Why?

No.	Locations	Smells	Comments
1	Produce section	grapefruit	It's a possibility.
2	Candy aisle	chocolate	Improve happy mood.
3	Bakery	rosemary focaccia	Smell like at home.
4	Meat section	Smoked meat	It's working.

思维的创新性侧重于求异、求新, 不墨守成规, 要敢于想象, 善于改变, 推陈出新(梅德明, 王蔷 2020)。教师要运用恰当的教学方法, 设计合理的创新思维教学活动, 将创新思维的培养和英语学科知识的学习融在一起, 从而带动学生创新思维的发展(Daniels 2013)。事实证明, 学生的创新思维能创造出许多新奇的想法, 出乎教师预料。大部分学生在香氛机所针对的产品上思考问题, 如乳制品、磨坊制品、婴儿用品等; 也有部分学生在香氛机的位置方面思考问题, 如超市入口附近释放令人愉悦的芳香可以吸引客流; 还有学生更是打破思维限制框架, 提出结合超市销售的大数据分析, 灵活调整香氛机的使用。学生们的创新思维再一次得到了锻炼。

【设计意图】

在这一环节中, 教师让学生们讨论的问题是开放式的: 学生们需要先对视频内容进行咀嚼反思, 熟悉香氛机的原理和工作情况; 然后根据个人的生活经历, 在大脑中把超市的布局梳理一遍, 把可能与气味有关的产品挑选出来; 依据投入与产出的原理进行分析、对比、论证, 得出个人见解; 在小组讨论中, 再进行评价与批判, 反思与改良, 从而达到解决问题的目的。整个过程就是在原有的知识内容基础上, 综合运用必要技能, 进行融会贯通, 推陈出新, 创造新内容, 补充完善视频语篇。这一环节是在思考与实践中培养学生的创造性思维。

(6) 思考视频语篇的合理性, 评价视频语篇主题, 培养批判性思维

随着隐形营销的不断更新迭代, 刻意的气味营销已经进入了大众的生活中。对于新鲜事物, 人们很容易产生不同的看法。"质疑的态度和行为, 不茫然接受一种观点, 也不武断地拒绝

一种思想"（梅德明，王蔷 2020）正是批判性思维的核心所在。批判性思维的认知技能包括阐释、分析、评价、推理、说明和自我校正（Facione 1990）。批判性思维就是通过一定的标准对事物进行理解、分析和评估，进而完善观点，提高思维。批判性思维是一种反思性思维，它既是思维技能，也是思维倾向。教师可以在锻炼学生批判性思维技能的基础上，培养学生的批判性思维意识。

在解决了第五香氛机的安置之后，学生们对气味营销已经有了一些深入的了解和粗浅的实践。下一环节，教师引领着学生跳出气味营销的圈，站在局外去审视气味营销，从不同的角度（超市经理和顾客）去评价气味营销的优缺点、功与过，甚至上升到其是否为欺骗的道德层面。How do you comment on scent marketing? Do you think it's cheating? Why or why not?

在超市方和顾客方的两个角度下，学生们的批判思维从片面性切入，为各自的立场分析优与劣、是与非；通过整理产出内容，得出较为全面、客观的观点与论据；然后，在这个"公说公有理，婆说婆有理"的时刻，有学生会自然而然地让问题再上一个层次：谁应该来解决这个问题？如何解决？ What does the government need to do to regulate scent marketing? 作为学生，我们又可以做什么来督促政府去解决这个问题。

【设计意图】

以培养批判性思维为导向，学生们从英语课堂中的虚拟场景中，走回到了真正的现实生活中；角色从教室里的一个学习者转变为了一个有担当、负责任的社会一员；他们的批判性思维也从课堂操练的思维技能，渐渐地往批判性思维倾向转化，在潜移默化中慢慢习得了批判性思维意识。在以后的生活中，既能够从不同角度思考问题，又能够跳出常规的思维模式，站在局外进行理解、分析和评价的批判性思考。

4. 教学反思

此次指向高阶思维的高中英语视频课教学设计，以视频语篇为载体，以教师为主导，以学生为主体，以思维活动为导向，采用问题-解决教学模式进行课堂教学，设计"看-思考-评价"的教学环节链，培养学生高阶思维。其教学效果有如下两个方面：

（1）学生课堂学习情绪高涨，积极参与课堂活动，高阶思维活动频繁，在分析问题和解决问题中，培养高阶思维意识，提高高阶思维能力。

（2）课堂教学环节紧密相扣，层层递进，步步建构，在逐渐丰富气味营销的知识的同时，逐步提升思维层次，锻造思维品质。

5. 结语

新课标提出了提升学生思维品质的基本理念。同时，新教材专门开辟了视频课板块，为课堂注入了视听体验，有意识地培养学生"看"的技能。因此，在视频课中，教师要善于解读视频语料文本，挖掘视频语料价值，理解和发现语料中显性和隐性的高阶思维培养特征，充分利用语料设计激发学生高阶思维的教学活动，巧设问题培养学生高阶思维技能，注重锻炼学生的分析、推断、概括、建构、创新和批判性思维意识。在"看"的环节中，提供思维支架，增强学生的逻辑思维；在"思"的环节中，提醒视频中缺失的角度，引发学生创新思维；在"评"的环节中，超越视频语篇理解，注重培养学生的批判性思维，使学生在提升语言能力的同时，提升思维品质，从而发展英语学科核心素养，实现学科育人目标。

参考文献

[1] Daniels, S. Facilitating creativity in the classroom: Professional development for K12 teachers[A]. In M. B. Gregerson, J. C. Kaufman & H. T. Snyder (Eds.), *Teaching Creatively and Teaching Creativity*[C]. Singapore: Springer, 2013, 3–14.

[2] Facione, P. A. *Critical Thinking: A Statement of Expert Consensus for Purposes of Educational Assessment and Instruction*[M]. Millbrae: The California Academies Press, 1990.

[3] Richards, J. C. & Rodgers, T. S. *Approaches and Methods in Language Teaching* (2nd edition)[M]. Cambridge: Cambridge University Press, 2001.

[4] 曹铭仁. 高中英语阅读教学中培养学生高阶思维品质的途径探索[J]. 中小学外语教学（中学篇），2019(6): 53-57.

[5] 陈雪燕. 指向发展高阶思维的ISEP高中英语阅读教学模式[J]. 基础教育外语教学研究，2018(6): 75-78.

[6] 崔允漷. 如何开展指向学科核心素养的大单元设计[J]. 北京教育（普教版），2019(2): 11-15.

[7] 邓奕贤，王宗迎. 多模态视域下电影之"看"与高阶思维培养[J]. 中小学英语教学与研究，2021(3): 17-21.

[8] 李玉梅，陈静波. 高中英语课堂教学目标设计中的常见问题与对策[J]. 中小学外语教学（中学篇），2010(3): 17-20.

[9] 刘振铎. 现代汉语辞海[M]. 延吉：延边教育出版社，2002.

[10] 梅德明，王蔷. 普通高中英语课程标准（2017年版2020年修订）解读[M]. 北京：高等教育出版社，2020.

[11] 桑力华. 初中英语阅读教学中培养学生思维能力的探索[J]. 中小学外语教学（中学篇），2016(2): 60-64.

[12] 王蔷. 从综合语言运用能力到英语学科核心素养——高中英语课程改革的新挑战[J]. 英语教师，2015(16): 6-7.

[13] 张厚粲. 心理学[M]. 天津：南开大学出版社，2002.

[14] 中华人民共和国教育部.《普通高中英语课程标准（2017年版2020年修订）》[S]. 北京：人民教育出版社，2020.

备注：本课时的教学视频可参看由笔者执教的空中课堂录像课：上教版选择性必修一 Unit 3 Paying the price 中的第8课时 Video: Does smell sell?

作者单位：上海市育才中学 上海 201801

产出导向法指导下的高中英语读写教学设计
——以人教版高中英语教材 Book 3 Unit 1 Reading for Writing 为例

贾晨陆　余泽超

提　要：目前我国外语读写教学中"学用分离"和"文道分离"问题比较严重，学生写作兴趣较低，写作水平有限。为克服上述问题，本文尝试以产出导向法（POA）理论体系为基础，结合教材实例，践行"始于产出，止于产出"的理念，构建"驱动-促成-评价"的教学流程，尝试设计一节完整的读写教学课，旨在提高学生的综合语言运用能力。

关键词：产出导向法；读写教学设计；输入；输出

1. 引言

目前，越来越多的省份加入到英语新高考的行列中。新高考中的读后续写题型将阅读与写作紧密结合，旨在考查学生的综合语言运用能力。但是，在传统的英语读写教学中，阅读和写作分离，课堂缺乏连贯性，学生产出的语言和内容缺乏准确性、逻辑性和丰富性。另外，教学过程往往只关注教师的教和学生的学，缺乏对"学习过程"和"学的成效"的关注，导致低效或无效课堂（王蔷等 2019）。《普通高中英语课程标准（2017年版2020年修订）》（以下简称《新课标》）明确要求：在教学中应将理解性技能和表达性技能同时使用，要"设计看听说结合、看读写结合、看读说写结合等综合性语言运用活动"，完整的教学活动还应当包括教、学、评三方面（中华人民共和国教育部 2020）。读写结合能够帮助学生在理解文本内容的基础上提高作品产出的质量，在提高阅读效率的同时提高写作能力。在现有的读后续写考试中，记叙文出现的概率较大。本文将以一节记叙文的读写教学设计为例，具体阐述POA理论运用于高中英语读写教学的可行性与有效性。

2. 产出导向法（POA）

产出导向法（Production-oriented Approach, POA）是北京外国语大学中国外语教育研究中心文秋芳带领POA课题组提出的具有中国特色的教学理论。该理论借鉴国外外语教学理论和实践的精华，旨在解决我国外语教学中"重学轻用"或"重用轻学"的不良倾向（文秋芳 2013, 2015；张文娟 2016）；它强调学中用，用中学，边学边用，边用边学，学用无缝对接（文秋芳 2018）。POA理论由教学理念、教学假设和教学流程三部分构成（见图1）。

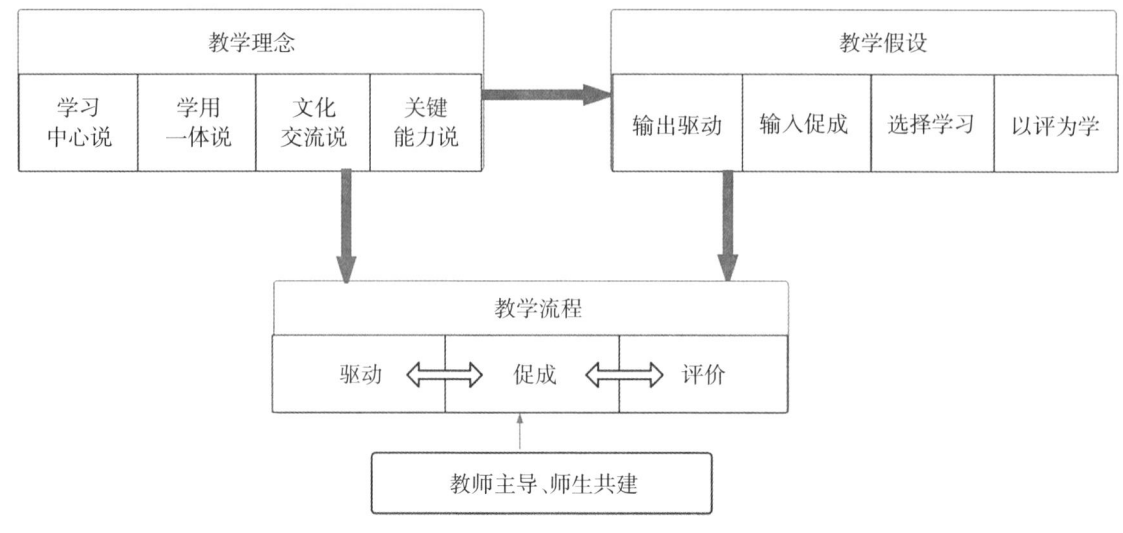

图1 POA的理论体系(文秋芳 2018)

2.1 教学理念

教学理念包含学习中心说、学用一体说、文化交流说和关键能力说。"学习中心说"强调一切教学活动都围绕"学习"展开。"学用一体说"强调教学过程中输入与输出的一体化。"文化交流说"指出文化交流须以语言为载体,旨在处理目的语文化与本土文化之间的关系。"关键能力说"强调外语教学必须培养21世纪人人都需要的解决复杂问题的关键能力(褚宏启 2016)。"学习中心"与"学用一体"指向教学流程,便于教师更能抓住教育本质;"文化交流"是教学内容;"关键能力"是教学目标。

2.2 教学假设

教学假设包含输出驱动、输入促成、选择学习、以评为学四部分。POA教学假设主张产出既是语言学习的驱动力,又是语言学习的目标,逆转"先输入后输出"的教学过程,提出输出-输入-输出模式,其理论依据在于,初始的输出就是为学生提供"知不足"和"知困"的机会,为学生创造"饥饿感",激发学生的学习动力,使其目标性更强(高学良 2006)。

2.3 教学流程

POA提出的教学流程是由驱动—促成—评价组成的无限循环的过程。驱动环节的主要任务是通过产出使学生认识到自己的不足,从而调动他们的学习积极性,刺激学习欲望(文秋芳 2018)。促成环节的主要任务是要帮助学生"逢山开路、遇水架桥",有针对性地为学生完成产出任务提供脚手架(转引自文秋芳 2018)。"评价"可分为即时评价和延时评价。即时评价是指在教学过程中针对学生的产出随时作出评价。延时评价是针对学生课下完成的书面或口头的产出进行的评价,其包括复习性产出和迁移性产出。

3. 基于POA的高中英语读写教学设计

运用POA理论,可以在英语读写教学过程中设置具有交际性的场景或具有认知挑战性的话题,让学生认识到自我语言不足,产生学习愿望;可以帮助学生清楚了解产出任务的类型与内容,使学生能够从输入中选择产出任务所需的内容、语言形式或话语结构;可以对学生的产出给予指导,帮助学生将选择性学习的结果立即运用到产出任务中。最后,师生共同对学生产出做出评价,可使读写教学得到升华。下文按教学内容与学情、教学目标、教学流程三部分,具体呈现教学设计与过程。

3.1 教学内容与学情

本课选自人教版高中英语必修三第一单元的第二篇阅读课文My Amazing Naadam Experience。该文为记叙文,属于人与社会之下的社会习俗子话题。课文介绍了内蒙古人民庆祝那达慕节的一些活动以及作者对这些活动的真实感受;第一自然段点明文章主题,介绍了那达慕节;第二、三、四自然段详细介绍了作者的经历与真实感受;最后一自然段简要总结经历。课文以文化习俗为主题,以时间顺序展开描写,情节脉络清晰;学生对该话题较熟悉,适合教师采用POA理论,引导学生学用一体,提高学生的综合语言运用能力。高一学生有扎实的英语基础,并对文化习俗等话题有一定的了解,可以简单表述常见的节日活动和一些日常感受。但是,他们不太熟悉少数民族的节日和活动,缺少与少数民族相关的文化知识,也缺乏对活动经历真实感受的表达技巧。因此,在本节课中,教师可以先设置具有认知挑战性的场景,鼓励学生尝试表达,使其认识到自身语言不足,产生学习欲望。阅读过程中需要进行选择性学习,使输入更具有针对性、促成性,使产出更丰富、更聚焦。

3.2 教学目标

根据对教学内容和教学对象的具体分析,将本节课的教学目标设定如下:
(1)了解内蒙古那达慕节的一些习俗及庆祝活动;
(2)总结概括文章结构,分析段落之间的关系;
(3)借助话题词汇和文本内容,条理清晰、逻辑连贯地表达自身经历及真实感受;
(4)树立积极的英语阅读和写作态度;
(5)体验和欣赏中国优秀的传统节日和民族文化。

3.3 教学流程

具体教学流程按三大步进行:1)产出驱动,激发求知欲;2)输入促成,选择性学习;3)评价升华,强化所学。分别详述如下:

(1)产出驱动,激发求知欲

头脑风暴,预测话题。上课伊始,教师组织小组PK赛:学生自由表达任何有关节日名称或节日活动的词汇,激发学生的学习热情,激活和补充学生头脑中关于节日的背景知识,引出the Naadam Festival及相关的活动,并识读wrestle, horse race, set off等生词,为后续阅读活动扫清部分语言障碍。

场景设计，输出驱动。教师设置具有交际性的场景：端午节来临之际，为帮助国际友人更好地融入中国的节日习俗中，校网开始征集优秀作品介绍端午节。请你就此写一篇记叙文描述你印象最深刻的一次端午节经历及感受。

在学生了解产出任务后，教师设问引发思考：

Q1：What will you write?

Q2：How can you organize your expression to make it clearer?

[设计意图]

交际真实性是场景（scenario）设计的基本要求（文秋芳，孙曙光 2020）。教师从场景设计四要素入手，设置具有"产出目标达成性"和"认知挑战性"的产出任务，帮助学生意识到在产出内容、语言形式、语言结构等方面的不足，使其产生"饥饿感"，为下一步选择性学习做铺垫。

（2）输入促成，选择性学习

在"促成"环节，教师需充分发挥脚手架作用，为学生呈现阅读材料，帮助学生选择性学习，弥补自身认知空缺；引导学生积极地产出练习并给予适时的指导与检查。在此过程中，教师要有意识地逐步减弱自己的脚手架作用，培养学生的自主学习能力。

分析语篇，结构促成。教师引导学生分析语篇结构，总结概括文章大意，为其产出作品搭好结构框架。

Q1：What's the structure of this passage?

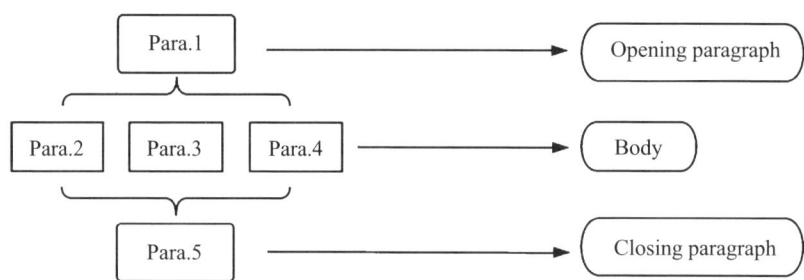

Q2：Can you summarize the main idea of each paragraph?

结　　构	段　　落	大　　意
Opening Paragraph	Para. 1	Topic
Body	Paras. 2–4	Festival activities and feelings
Closing Paragraph	Para. 5	Brief summary

梳理文本，内容促成。教师引导学生了解文本内容，关注内容的表达

Task 1：Read the first paragraph first to grasp the general information.

What topic	the Naadam Festival
Where	China's Inner Mongolia Autonomous Region
When	the 4th day of the 6th month of the lunar calendar
What events	horse racing, wrestling, archery
How long	three days

Task 2: Read Paras. 2-4 to receive the detailed information.

	Activities	Feelings	Evidence
Preparation	the opening ceremony	excited, surprised	fancy, amazing...
Event 1	wrestling competition	shocked, moved	as if..., moved
Event 2	archery	satisfied	enjoyed
Event 3	horse race	delighted, worried	favourite, surprised...

赏析语篇，语言促成。教师引导学生品读语篇细节，体悟语篇的语言形式和话语结构，并通过多种教学手段帮助学练记叙文写作技巧，尝试产出。

Task 1: Paraphrasing

转述文本开头句，为学生输入记叙文写作中应如何引出话题。

原文：I experienced the Naadam Festival in China's Inner Mongolia Autonomous Region for the first time this year.

产出：**This was my first time spending** the Naadam Festival in China's Inner Mongolia Autonomous Region and it was...

I will never forget my experience in China's Inner Mongolia Autonomous Region **because** I experienced the Naadam Festival for the first time...

Task 2: Imitating

分析作者情绪表达方式，内化动词的现在分词和过去分词的不同用法。

原文：...which are all so **exciting** to watch.

　　　After the opening ceremony and some **amazing** performances...

　　　I was quite **moved** by their show...

　　　I was **surprised** to see...

产出：高兴：be extremely happy/**delighted**；absolutely enjoy...

　　　满意：sth. is satisfactory; feel a sense of satisfaction...

　　　期望：be eager/**dying** to do sth.；long to do sth. ...

回应任务,尝试产出。教师设置产出任务,引导学生学以致用,做到学用结合。学生回应产出任务,迁移创新选择性学习的成果,解决现实生活中的问题,有助于学生在做事情过程中体验语言、感受语言、探究语言,从而学习和掌握语言(中华人民共和国教育部 2020)。

教师提供具有交际性的场景供学生选择:

Task 1:向全班同学描述你印象最深刻的一次节日经历;

Task 2:向因故缺席你生日派对的朋友描述当日的活动。

[设计意图]

"内容要创造,语言要模仿,创造与模仿要紧密结合。"(王初明 2014)基于记叙文写作的特点,通过问题引导学生总结文本篇章结构;通过 What、Where、When、How 等梳理文本,理清事情发展脉络,继而准确把握文章主旨;通过改述、模仿体悟文本的语言形式、话语结构;通过产出练习检查学生选择性学习的成效。

(3)评价升华,强化所学

POA 中的"驱动"是学习的启动阶段,"促成"是教学的初级阶段,"评价"是教学的升华阶段(文秋芳 2016)。评价活动的目的是利用有效的反馈、反思与评估,帮助学生规划和调整学习方式,提高学习效率,并发展自主学习能力。因此,可通过一系列的评价活动,达到"评学结合、评教结合、评升结合",实现以评促学,以评为学,以评促教(薛海燕 2021)。

师生合作,设定标准。师生共同学习评价标准,标准要表述清楚,便于学生理解,同时也要有利于他们对照检查自己执行的情况(文秋芳 2015),之后教师选取样本示教。

学生自评,完善初稿。

Self-check Questions	Yes/No
Q1. Is the writing well organized?	
Q2. Is there an opening sentence in the first paragraph?	
Q3. Does each paragraph include the necessary details?	
Q4. Do you describe your feelings and emotions?	
Q5. Are there any grammar, spelling or punctuation mistakes?	

同伴互评,共同成长。

Please tick the score in each aspect						Revision Suggestions
Structure	5	4	3	2	1	
Content	5	4	3	2	1	
Language	5	4	3	2	1	

加工产出,反馈升格。

1. Required: Polish your essay.
2. Optional: Post it on our school website.

[设计意图]

在评价过程中,教师起到引导、组织和建议的作用,帮助学生深度加工产出内容,深化所学;学生自评活动在帮助学生检查产出练习,完善初稿的同时,可以锻炼和提升其元认知能力;同伴互评可以提高学生的合作学习能力,帮助学生从同伴的作品中取长补短,相互学习;作业设计鼓励学生利用反馈提升产出作品深度,使评价效果最大化。

4. 反思与建议

相关实证研究(如张文娟 2016;张运桥 2020;薛海燕 2021)也表明,将POA理论运用到高中英语读写课教学中不但可行,还有助于提高学生综合语言运用能力。这与《新课标》提倡设计应具有综合性、关联性和实践性特点的英语学习活动的理念相一致,也与新高考考察学生综合语言运用能力的目的相吻合。为了将POA理论更好地运用于高中英语读写教学,本文提出以下几点教学建议:

(1)教师要创设具有交际性的场景。场景中的话题要具有认知挑战性,包含语言和交际两类目标,话题可以从学生的亲身经历切入,引起学生情感上的共鸣,也可以结合近期的热点话题,激发学生的阅读兴趣,还可以从学生常见的话题和预期的矛盾点切入,激发学生的表达欲望等。根据"定向动机流"理论(Dörnyei 2014),具有强烈学习动机的学生更有可能解决学习上的难题。

(2)教师要为学生的选择性输入提供必要的支架。教师可以回顾学生在驱动环节中体现出的不足,为学生选择合适的输入材料,保证学生的输入具有针对性和促成性,在整个教学流程中起"脚手架"作用(张文娟 2016),适当的支架可以促进学生的有效输入,减少他们的写作焦虑。基于"学习区"原则(张文娟 2017)和"认知发展"理论(Tamburrini 1978),在促成学生学习的同时,最好能平衡教师的支架作用和学生的学习主动性。

(3)教师要重视对学生产出结果的有效评价。POA始于产出,止于产出,对学生的产出结果进行有效评价可使整个读写教学活动得以升华。对此教师可以采取TSCA(Teacher-Student Collaborative Assessment,师生合作评价),该评价模式既关注交际目标的实现质量,又考查学生在促成阶段所学的语言形式和话语结构的应用效果(文秋芳 2016)。"师生合作评价"能够打破"学"与"评"的界限,激发学生的高阶思维,培养其元认知能力,养成自主学习的习惯。

参考文献

[1] Dörnyei, Z., Muir, C. & Ibrahim, Z. Directed Motivational Currents: Energising Language Learning Through Creating Intense Motivational Pathways[A]. In: Lasagabaster, D., Doiz, A.,

Sierra J. (Eds.), *Motivation and Foreign Language Learning: From Theory to Practice*[C]. Amsterdam: John Benjamins, 2014.

[2] Tamburrini, J. & Piaget, J. The Grasp of Consciousness. Action and Concept in the Young Child [J]. *British Journal of Educational Studies*, 1978, 26(3).

[3] 褚宏启. 核心素养的国际视野与中国立场——21世纪中国的国民素质提升与教育目标转型[J]. 教育研究,2016(11): 8-18.

[4] 高学良. 学记研究[M]. 北京: 人民教育出版社,2006.

[5] 王初明. 内容要创造 语言要模仿——有效外语教学和学习的基本思路[J]. 外语界,2014(2): 42-48.

[6] 王蔷,李亮. 推动核心素养背景下英语课堂教—学—评一体化: 意义、理论与方法[J]. 课程.教材.教法,2019(5): 114-120.

[7] 文秋芳. 输出驱动假设在大学英语教学中的应用: 思考与建议[J]. 外语界,2013(6): 14-22.

[8] 文秋芳. 构建"产出导向法"理论体系[J]. 外语教学与研究,2015(4): 547-558,640.

[9] 文秋芳. "师生合作评价": "产出导向法"创设的新评价形式[J]. 外语界,2016(5): 37-43.

[10] 文秋芳. "产出导向法"与对外汉语教学[J]. 世界汉语教学,2018,32(3): 387-400.

[11] 文秋芳,孙曙光. "产出导向法"驱动场景设计要素例析[J]. 外语教育研究前沿,2020(2): 4-11,90.

[12] 薛海燕. "产出导向法"在高中英语读写结合教学中的运用研究[J]. 江苏教育,2021(3): 41-44.

[13] 张文娟. 基于"产出导向法"的大学英语课堂教学实践[J]. 外语与外语教学,2016(2): 106-114,147.

[14] 张文娟. "产出导向法"对大学英语写作影响的实验研究[J]. 现代外语,2017b(3): 377-385.

[15] 张运桥. 产出导向法指导下的高中英语写作教学实践[J]. 中小学外语教学(中学篇),2020(5): 1-6.

[16] 中华人民共和国教育部. 普通高中英语课程标准(2017年版2020年修订)[S]. 北京: 人民教育出版社,2020.

作者单位: 安阳市新一中学 河南安阳 455000
　　　　　浙江师范大学外国语学院 浙江金华 321004

五育融合视野下高中英语阅读教学活动的设计与实施

庄晓瑛

提　要："五育融合"作为新时期我国深化教育教学改革的指导方针,旨在通过"融合"的方式实现德、智、体、美、劳全面发展,从而落实"立德树人"的根本任务。本研究以上外版《高中英语》必修三 Unit 2 Art and artists 的阅读教学为例,通过深度挖掘教材中的"五育"元素,开展"探究·互动·体验"模式的五育融合教学,落实"多元·过程·综合"形式的五育融合评价,使"五育"相互渗透、共通融合,实现育人目标、育人过程、育人结果的真正转变。

关键词：五育融合；高中英语；阅读教学

1. 引言

从2019年《关于深化教育教学改革全面提高义务教育质量的意见》要求的"突出德育实效""提升智育水平""强化体育锻炼""增强美育熏陶""加强劳动教育"到《中国教育现代化2035》提出的"促进德育、智育、体育、美育和劳育的有机融合","五育并举,融合育人"的教育理念得到了迅速的发展和推动。"五育融合"不仅强调"五育"之间的协调发展,还更加注重"五育"之间的深度融合(钟柏昌,刘晓凡 2022：86),即将"德、智、体、美、劳"五育通过"融合"的方式构成一个相互渗透、相互促进、相互补充的一个整体,是促进人的全面发展和综合能力提升、实现立德树人的有效途径。

然而,在目前的高中英语阅读教学中,"五育"失衡的现象较为普遍,主要表现在以下三个方面：其一,智育为重,四育缺失。无论是阅读教学的目标设定还是课堂教学活动和课后作业的设计往往以语言知识和技能的教授、操练和运用为主,忽视了其他四育的育人作用。其二,五育割裂,缺乏融合。阅读活动和作业的设计常以一育为目标,缺乏五育之间的相互融合,导致"教育合力"无法形成,大大降低了育人效果。其三,评价重结果,轻过程。阅读中的评价主要以评价量表对学生的成果进行考察,缺少"五育融合"的过程性评价体系。那么,如何将"五育"的各个要素融合在高中英语阅读教学活动的设计中,通过有效的整合充分发挥各自的育人功效,从而真正促进学生的全面发展？

2. 五育融合教学的理念

2.1　五育融合的知识观

五育融合课堂视知识为个体内在自我经验的获得过程,凸显知识的整合性、过程性、动态性、发展性和扩张性,强调知识的获得不是被告知的,而是个体主观参与并对现有事物进行不断改造的能动的创造过程(魏善春 2021:95)。因此,在教学中教师应基于主题知识,通过课前预学活动促使学生以自主、合作、探究的方式开展主题知识的学习和探索,并在课堂的互动交流中进行调整和重构,不断地完善学生的知识体系。在课后通过完成分层作业实现知识的巩固内化和拓展创新,引导学生能动地将知识运用于现实,从而提升对知识的感悟。

2.2 五育融合的教学观

五育融合的教学观指出,教学的前提应是教师对教学内容的深入研究和各育元素的充分挖掘,对五育元素的不断协调、渗透、聚合和取舍,以"任务"和"项目"为统领,为学生提供更多的亲历和体验的机会及情境,强化学生的内在自我体验(魏善春 2021:95)。五育融合的教学观兼顾了知识的工具性和人文性,强调了情境化体验式学习对学生知识掌握、情感升华、人文素养的促进作用,同时体验式学习也有利于打破教学时空的局限,通过课内外不同场景的体验和任务的驱动使学生更好地建构知识体系,实现"做中学,学中思,思中悟"的教学效果。

2.3 五育融合的评价观

五育融合的评价观应从关注学科具体知识的获得、测量学生知识量的多少转向关注学科核心素养以及在素养养成过程中生成的多育融合的效果(魏善春 2021:96)。五育融合的评价观注重发挥过程性评价对学生成长的监控和反拨作用,并突出评价中"五育"元素的融合呈现。因此,教学评价量表的设计既应融入"五育"元素,也应兼顾"过程性评价"和"终结性评价",强调综合性学习任务开展过程中个人或小组的实施过程、个人反思、活动记录等,为终结性评价和师生的教学反思提供参考依据。

3. 五育融合教学理念下高中英语阅读教学活动的设计案例

3.1 注重教材中"五育"元素的深度挖掘与提炼

基于反复阅读和对文本内容与语言的深层解构,不难发现文本中蕴藏着丰富的育人元素。从"德育"的角度分析,在 Unit 2 Art and artists 阅读语篇中,作者通过介绍齐白石从木匠到伟大艺术家的生平经历向读者传递了齐白石的成功之道——天赋与勤奋。教师不仅可以引导学生通过段内线索的查读感悟齐白石成功的原因,也可以鼓励他们结合个人经历进一步交流成功的要素、原因及其落实措施,从而更好地培养学生以积极的人生态度实现自我发展并树立正确的价值观。

从"智育"的视角思考,教师可以通过语言能力、思维品质、文化意识和学习能力四大核心素养予以落实。在"语言能力"方面,教师可以在教学的各环节引导学生关注文本中对齐白石艺术家生平、绘画风格和特色以及作品寓意的介绍中所运用的丰富词汇,从而帮助他们构建艺术话题词汇语义网。如:

介绍画家:couple...with..., be honored with, on display, recognize...as, be known for

介绍绘画风格和特色:develop...style, nature-based, be rich in, shade, heavy ink, energetic stroke, fresh and lively manner

介绍作品的寓意:indicate, remind, show, symbolize, reveal, express, reflect

同时,人物生平介绍类记叙文的语言客观而又形象,详尽地展现了齐白石作品的艺术特色,并通过非谓语动词的灵活运用突显了画家作品的独特艺术内涵。对语篇语言特征的鉴赏和主题词汇的学习为学生之后评价人物经历、成就和社会影响奠定了语言基础。在"思维品质"方面,教师可以运用思维导图帮助学生从整体到局部梳理齐白石的艺术形式、绘画主题、艺术风格和社会影响等细节信息,掌握文章的总–分结构模式、特点和作用。在主题词汇的基础上,教师可以鼓励学生尝试运用不同的形式(采访、微论坛、演讲等)从不同的角度介绍齐白石的人生经历、分析他成功的原因、评价他的艺术成就和绘画作品的艺术价值等,从而有效地发展学生的逻辑思维、批判思维和创新思维。在"文化意识"方面,通过齐白石艺术作品的学习,了解中国画的象征意义和文化内涵,从而提升学生的审美素养,推动国画作品的文化传承。在"学习能力"方面,教师可以结合课前预习任务激发学生的背景知识和学习兴趣,通过拓宽不同的学习渠道获得更多与主题相关的背景信息,从而帮助他们更好地理解齐白石的艺术生平和成就,为他们在课中的讨论交流提供素材,也使学生的自主、探究学习能力得到提升。

从"美育"的层面着手,教师可以利用课前学习资源包和预学案激励学生从齐白石的绘画主题、创作手法和作品寓意等角度尝试了解他不同时期、不同主题的绘画作品,为在课堂上深入理解中国画的象征意义和文化内涵及课后作品的赏析奠定基础,实现内容的思想性和形式的艺术性相统一,使思想分析和艺术鉴赏结合起来(陈文彪 2006:89)。"劳育和体育"的落实可从课后的分层作业着手,这不仅需要考虑语言知识和文本内容的巩固,还要设计"走出课堂,走进艺术"的实践活动,让学生在艺术作品的鉴赏和临摹中感悟国画作品的人文价值,并在微课题的调查研究中将艺术与生活关联,更好地体会艺术的社会价值。课后作业的综合设计不仅有助于培养学生自主、合作和探究式学习能力,也能使学生在实践活动的参与过程中养成吃苦耐劳、坚持不懈、勇于探索的研究精神。

基于教材中"五育"元素的挖掘和提炼,教师制定了以下教学目标:

By the end of the period, students will be able to:

(1)get a general knowledge about Qi Baishi's artworks and social influence by skimming and scanning and accumulate vocabulary of artworks and artists.

(2)introduce Qi Baishi from different aspects by using the general-specific pattern and theme-based vocabulary.

(3)learn to appreciate the value and symbolic meaning of Qi Baishi's artworks and set positive value by analyzing the reasons for Qi's success in art.

3.2 开展"探究·互动·体验"模式的五育融合教学

3.2.1 课前——自主合作学习,探究主题知识

课前,教师分别基于预学案和课前学习资源包引导学生开展"自学、自得、自悟"三阶段的前置性自主学习,并尝试在合作学习中从不同的角度探究主题知识。

本节课的预学案主要包括三个部分，第一部分是预习目标，让学生知晓本次预习在语言、知识和技能方面需达成的目标。第二部分是预习建议，针对不同的预习任务给学生提供学习指南，协助他们顺利地完成预学案。第三部分是预习任务，主要是由词汇学习和课文理解构成的基础型任务，为之后文本的阅读扫除文字障碍，并从艺术形式、绘画主题、艺术风格和社会影响力四个层面引领学生梳理齐白石的艺术特色。拓展型任务是以小组合作的形式，围绕齐白石这一人物，分别从他的生活经历、恩师-知己-门人、不同时期的绘画特色和手法、美学思想、"红花墨叶派"、绘画作品的审美价值等角度进行分类探究，旨在引导学生全面地了解主人公的生平和艺术生涯，为之后更好地欣赏他的艺术画作奠定基础。

同时，教师将与"齐白石"相关的课前学习资源包发至班级QQ群文件，激励学生通过线上资源的自主学习深入了解主题知识，为课文理解和课中的深入探讨奠定基础。课前学习资源包主要是由"纪录片"和"研究论文"组成的多模态资源，内容涉及齐白石的"人生经历""绘画作品介绍""书画鉴赏""艺术发展"和"艺术之友"，以促进学生多角度地构建对艺术家齐白石的认识和了解。

3.2.2 课中——多维互动交流，渗透五育元素

在导入环节，教师向学生展现齐白石不同时期的典型画作，如"虾、螃蟹、花卉、果蔬、鱼、鸽子"，让学生猜出其作者并鼓励学生用一个词表达对这些画的感受，旨在自然地引出主题人物"齐白石"，并通过大师著作的视觉呈现激发学生对艺术欣赏的浓厚兴趣。随后，快速扫读全教师组织学生文并勾出文中所涉及的主要内容，意在帮助学生了解文本的主要内容，如图1所示：

1. What does the text tell us about Qi Baishi? Tick (✓) the items that are mentioned in the text.

   ☐ his works of art   ☐ his areas of interest   ☐ his family
   ☐ his artistic expressions   ☐ his artistic style   ☐ his friendships
   ☐ his social influences   ☐ his life in old age   ☐ his educational background

图1　文本理解题

接着，教师要求学生再次快速扫读全文每一段的句首并尝试解构语篇"总-分"的结构，如：

Questions:

1) Could you find out the general statement and the supporting sentences?
2) How is the whole passage organized?

在表层阅读阶段，教师通过问题链和表格的形式，带领学生从"齐白石的简介"（Para 1）、"齐白石的艺术作品"（Paras 2-5）到"齐白石的社会影响力"（Paras 8-9）进行细节信息的梳理并同步罗列相关的词汇表达，帮助学生理解文本细节的同时建构主题词汇网，为拓展阶段的人物介绍奠定基础，见表1：

表1 文本概要梳理

Qi's artworks	Art forms	paintings 3 ___*seal carvings*___ 4 ___*poems*___	**Language expressions** recognize...as be famous for
	Common 2 *subjects*	5 _*shrimps, crabs and fish/aquatic life*_ flowers and vegetables doves	**Language expressions** indicate, remind, show, symbolize, reveal, express, reflect(**v-ing**)
	Artistic style	rich in 6 _*expression and detail*_ fresh and 7 __*lively*__ reflecting a trend of modern art in a typical Chinese way	**Language expressions** develop...style, nature-based, be rich in shade, heavy ink, energetic stroke, fresh and lively manner
Qi's social 1_*influences*_		expressing ordinary Chinese people's wishes taking on more 8___*responsibilities*_____ being awarded the international Peace Prize	

在深层理解阶段，教师组织学生以小组为单位，深入研读Paras 2-5，并结合齐白石著作"虾、螃蟹、花卉、鱼、鸽子"探究齐白石画作的象征意义和传递的文化内涵，如：

Questions:

1）What symbolic meanings do Qi's paintings express?
2）What cultural connotation do Qi's paintings aim to convey?

学生可以结合文本中作者的解答和课前学习资源包中"齐白石绘画作品鉴赏"论文的研读体会，围绕齐白石不同时期经典画作的象征意义进行探讨，从美育的角度理解艺术的文化意蕴，提升自身对艺术作品的鉴赏素养。最后，教师鼓励学生共同探讨齐白石的成功之道，学生不仅可以从文本的第1段和第7段中获得线索，也可以结合课前学习资源包中"齐白石的艺术之友"论文和齐白石从木匠到巨匠的人物传记纪录片，总结出人民艺术家齐白石的成功之道，并激励学生联系自我，探究成功的不同路径和举措，从而使学生形成正确的价值观和积极向上的人生态度，真正地将德育渗透在师生、生生的互动交流中。

在拓展阶段，教师鼓励学生以小组为单位，运用"总-分"结构和相关主题词汇以采访、微论坛、演讲等形式介绍"我眼中的齐白石"。每个小组可以围绕课前拓展型任务的主题进行介绍，突出对齐白石艺术生涯的评价、经典画作的赏析和成功之道的见解，这不仅可以促使学生巩固主题词汇的运用、加深对文本的理解，也可以让他们在评鉴中获得思维能力、语言能力和文化意识的提升，实现智育的有效落实。

3.2.3 课后——深入艺术体验，感悟艺术价值

课后，教师通过分层性的作业设计从智育、德育、美育、体育、劳育的角度强化语言知识、加深德育渗透、提升审美品位、树立精神品质。基础型作业通过词汇填空、句子翻译和写作的形

式加深学生对核心词汇的灵活运用和课文内涵的深入理解,在强化语言能力的同时促进他们对齐白石艺术生涯、绘画创作和精神品质的深入思考。研究型作业旨在鼓励学生"走出文本,走进艺术",在实践中尽量去感受美、鉴赏美和创造美,使学生逐步培养和形成审美感受和一定的审美力(陈文彪 2006:89)。学生通过阅读中国写意画书籍、观看临摹视频和参观画展,从写意画的构图、技法和赏析的角度进行自主学习、临摹画作并交流学习和观摩体会。基于课前资源包的学习,学生已经对齐白石的绘画作品有了初步的认识,因此课后通过专业书籍的阅读不仅能帮助学生从美术的角度全面了解不同主题写意绘画的技巧和相关术语,也能从齐白石的画集中学习经典画作"花鸟、果蔬、虾蟹、山水人物"等的创作技法。基于专业书籍的阅读,学生结合齐白石绘画的临摹视频进行初步的临摹尝试,从中获得艺术临摹的体验并感悟艺术作品传达的思想意蕴。学生也可以参观各种中国写意画展,多角度地走入中国国画的世界并在体验中感悟艺术作品的深刻立意,分享观展心得。拓展型作业倡导学生"走出艺术,走进生活",在实践研究中感悟艺术的现实价值。教师组织学生以小组为单位围绕"中国书画艺术元素在现代生活中的运用"的主题自拟题目开展微课题研究,最后以研究报告的形式进行汇报交流。通过大量阅读文献,学生学习了调查研究的基本步骤、各种调查方法的运用、数据统计的方法、研究报告的撰写格式等;在实地观察、数据分析和访谈实录中深入了解了中国书画艺术元素在商业中的不同运用及其效果,也在实践体验中更好地体会了艺术与生活的关联及其社会价值。学生在调查研究中既提升了自主学习、合作创新、沟通交流的能力,也养成了吃苦耐劳、坚持不懈、勇于探索的研究精神。

3.3 落实"多元·过程·综合"形式的五育融合评价

五育融合的评价不仅提倡从多元化的角度开展"过程性评价"和"终结性评价",也注重在评价指标中融入"五育"元素,从而实现具有多元性、过程性和综合性的评价特性。针对基础型作业,教师主要设计了2份评价表格,一份是针对词汇练习的评价表(见表2);另一份是针对写作的评价表(见表3)。基于词汇练习的评价表,教师可以根据学生在核心词汇意义理解和运用中的得分率及主要的错题,对学生进行反馈并提出针对性学习建议。基于写作的评价表,教师可以从语篇结构、语言和立意的角度对学生的作文进行评价并给予肯定和建议。通过这2份评价表,不仅能摆脱机械死板的评价方式,丰富评价的内容,其中的评价指标也体现了对本课中语言知识、语言技能和语篇知识的考察及思想情感的内化和深化,使德育和智育真正落实到评价中。

表2 词汇练习评价表

题 型	考 察 重 点	得 分 率
词汇填空题	核心词汇意义的理解和正确的运用	
翻译练习题	核心词汇在不同语境中的正确使用	
词汇填空题答题情况反馈:		

续 表

题 型	考 察 重 点	得 分 率
翻译练习题答题情况反馈:		
核心词汇巩固练习的建议:		

表3 写作练习评价表

评价项目	项 目 内 容	评 分
语篇结构	1 正确使用"总-分"结构,有明确的主题句和详细的支撑句。	☆☆☆☆☆
语篇表达	2 灵活且正确使用主题词汇介绍齐白石的某一方面。	☆☆☆☆☆
语篇立意	3 能体现对齐白石艺术成就的欣赏和精神品质的学习。	☆☆☆☆☆
语篇的亮点:		
语篇的建议:		

针对拓展型作业,教师可以组织学生对此次实地研究从调查过程和研究报告两方面进行评估。在调查过程方面,教师鼓励每个小组的成员和组长根据每天小组调查研究的情况完成《个人每日调查研究记录表》和《小组每日调查情况汇总表》(见表4、5),通过记录表的填写激励每位学生在每日参与研究之余学会自我反思和总结;而组长也需认真汇总组员的记录表,从中把握小组研究的整体进程和存在的问题或困难,并及时向老师提出相应的求助,促使小组研究顺利进行。

表4 个人每日调查研究记录表

基 本 信 息				
姓 名			日 期	
调查任务		调查方法	完成度(%)	
个人每日研究情况				
1.简要描述调查研究的过程(任务、方法、步骤) 2.今天调查研究的收获是什么?				

续　表

个人每日研究情况
3. 今日的调查研究还存在哪些不足？计划如何解决？
4. 近日的调查研究是否存在困难？希望得到什么样的支持？
5. 对自己今天的表现如何评价？

表5　小组每日调查情况汇总表

基　本　信　息					
组　　长		小组成员		日　　期	
调查任务		调查方法		小组完成度（％）	
小组每日研究情况					
1. 简要描述小组各成员今日调查研究的具体分工、所用方法、完成情况和存在的困难。					
2. 简要总结今日小组调查研究的整体收获。					
3. 简要评价今日小组调查研究的进展和不足并说明后续改进的方法。					
4. 简要陈述小组成员在调查研究中存在的困难和希望得到的支持。					

针对研究报告，教师组织学生以问题为导向，从参与度、完成度、创新度、合作度等角度对研究过程进行个人反思和小组自评，见表6、7：

表6　调查研究个人评价表

基　本　信　息				
姓　　名		小组成员	研究日期	__月__日~__月__日
研究主题				
研究方法				

续 表

自 我 反 思
1. 你在小组研究中主要负责什么工作？   2. 你是如何完成你的研究任务的？（可从研究前、中、后三个阶段简要描述）   3. 你在研究中遇到什么问题？你是如何解决的？效果如何？   4. 你对小组研究的贡献有哪些？   5. 你从本次研究中收获了什么？（知识、能力、技能等）   6. 除了知识、能力和技能方面的收获，在本次研究中你是否还有其他的思想感悟？
自 我 评 估
1. 你对自己在本次研究中的表现如何评价？   2. 针对本次研究的参与你觉得自己有需要改进的地方吗？如有，下次你想如何改善？

表7 调查研究小组自评表

基 本 信 息				
小组组长		小组成员	研究日期	__月__日~ __月__日
研究主题				
研究方法				
小组自我评估				

1. 小组成果
- 你们小组研究的成果是什么？

- 你如何评价你们小组的成果？请说明理由。

- 你们小组研究结果的意义是什么？

- 你们小组研究的创新之处是什么？

续 表

小组自我评估
2. 小组合作 ● 你们小组每位组员的具体分工是什么? ● 在研究的三个阶段小组成员是如何相互合作的? ● 如何评价小组合作的有效性?请给出具体的理由。
小组自我提升
1. 你们小组调查研究的优势和不足是什么? 2. 你觉得小组研究中哪一个部分需要改进?如有第二次机会,你们小组会如何进行改进? 3. 你们小组研究的挑战是什么?

通过过程性和终结性的评价,结合定性与定量的评估指标,不仅发挥了多元评价对学生综合能力发展的监控作用,培养他们自我反思、相互学习、共同进步的意识,也使五育元素渗透其中,这既是五育融合在课外的延伸,也是一种润物无声的升华。

4. 五育融合教学理念下高中英语阅读教学活动的实践反思

五育融合的教学理念促使教师教学观念和方式的转变。首先,教师需要树立"五育融合"的教学观。课前,教师需要加大备课力度,从文本入手深挖教材中的"五育"元素,并基于对学情的分析,在教学目标和课堂教学任务设计中充分体现五育元素的整合。课中,在文本学习的基础上引领学生以"任务"为导向,通过交流互动、合作探究共同深入理解文本、感悟文本的主题意义。从知识的认知、理解过渡到深层解构、分析和评价,实现语言和思维能力的提升及情感价值观的内化,让德育、智育和美育渗透在生生探究和互动中。课后,多样化的作业任务设计不仅能满足不同学生的学习需求,还能帮助他们在语言知识的巩固运用和主题知识的拓展探究中感受美育的价值和劳育、体育传递的精神品质,真正实现五育元素在课后的延伸。

其次,教师需注重评价方式的改变,设计多元性、过程性和综合性的评价体系。无论是课前的预习、课中的讨论与展示还是课后的作业,教师不仅应基于教学主题,将五育元素融入评价的指标中,也应兼顾质与量的结合、过程与结果的并重。例如,教师在给予等第之余多给学生一些可行的学习建议和指导,这样既能让学生了解等第的由来,也能为他们之后的学习指明方向,使评价更具指导作用。在学生的课题研究中,教师可以鼓励学生开展每日研究反思和小组组长每日研究汇总,这种过程性的自评不仅可以培养学生自我反思的能力,还能为之后综合性自评和互评奠定基础。

5. 结语

　　五育融合教学侧重在课前、课中、课后以及评价中渗透"五育"元素,通过"体验式"教学延伸教学时空,引导学生在自主、探究、互动中主动构建主题知识,内化主题意义;在五育融合的过程性评价中促进教学的反思和知识结构的完善,从而更好地落实学生德、智、体、美、劳的全面发展。教师作为教育的引导者,应秉承"五育融合"的知识观、教学观和评价观,在充分挖掘教材育人元素的同时,将"五育"融入教学活动中,在多形态、多路径、多主体的共同作用下真正实现"五育"立德树人的育人目标。

参考文献

［1］陈文彪.浅谈英语教学中的美育教学［J］.上海教育科研,2006(4):88-89.
［2］魏善春.基于五育融合的课堂教学重构:样态、理念与实施［J］.中国教育科学,2021(3):91-100.
［3］钟柏昌,刘晓凡.论"五育融合教育"［J］.中国电化教育,2022(1):86-94.
［4］中共中央、国务院.中国教育现代化2035［N］.人民日报,2019-02-24.
［5］中共中央、国务院.关于深化教育教学改革全面提高义务教育质量的意见［N］.人民日报,2019-07-09(1).

作者单位:上海中医药大学附属浦江高级中学 上海 201112

高中英语听说课思辨能力培养
——以一节高中英语听说课为例

姚玉莹

提　要：思辨能力是现代社会十分重要的能力，也是被广泛认可的重要的教育目标之一。本文通过对一节高中英语听说课的分析来探讨听说课思辨能力培养的途径。在高中英语听说教学中，教师可以通过努力营造思辨氛围、培养思辨习惯、传授思辨方法、结合情境设计多维度的问题，以及重视思辨能力的情感维度的培养等途径来实现对学生思辨能力的培养。

关键词：思辨能力；核心素养；教学设计

1. 引言

　　思辨能力在现代社会的重要性毋庸置疑，已经成为很多国家和经济体倡导的培养目标之一。《普通高中英语课程标准（2017年版 2020年修订）》和《义务教育英语课程标准（2022年版）》都将"思维品质"作为学生核心素养的一个重要维度，这充分体现了我国教育主管部门十分重视在基础教育阶段培养学生的思辨能力。然而，目前学术界关于思辨能力培养的研究主要聚焦于阅读和写作教学，关于在听说课堂中如何培养学生思辨能力的探讨还比较少，并且很多教师对思辨能力的具体内涵理解不够全面、深入，导致在实践中可能存在一定的局限性。基于此，本文拟从思辨能力的界定和相关研究入手，结合一节高中英语听说课的案例来探讨培养外语学习者思辨能力的途径。

2. 思辨能力的界定及相关研究

　　思辨能力对应英文中的critical thinking。critical源于希腊语的两个词根，一个是kriticos，意为"有眼力的判断"，另一个是criterion，意为"标准"，其含义是："运用恰当的评价标准，进行有意识的思考，最终做出有理有据的判断"（马利红等 2020）。思辨能力有助于人们辩证地看待和处理问题。在资讯空前发达的21世纪，思辨能力是一项必备能力，因此成为很多国家、地区、组织和经济体核心素养模型的重要组成部分，也是不同层次教育的重要目标之一。

　　近几十年来，学界十分重视对思辨能力的研究，包括思辨能力的分项能力构成、思辨能力的测量工具以及思辨能力培养的途径及有效性等方面。目前学界较为认可的思辨结构模型包括：美国德尔斐项目组（The Delphi Project）(1989)构建的思辨能力的双维结构模型，Paul和Elder(2006)提出的三元结构模型，林崇德教授(2006)提出的三棱结构模型，以及文秋芳教授

(2009)提出的层级理论模型等。

双维结构模型将思辨能力界定为认知能力(cognitive skills)与情感特质(affective dispositions)两个维度。认知维度可分解为六项能力：阐释、分析、评价、推理、解释、自我调适。情感维度包括好奇、自信、开朗、灵活、公正、诚实、谨慎、好学、善解人意等。

三元结构模型即思维元素(elements)、标准(standards)和智力特质(intellectual traits)，认为思维应围绕由目的、问题、信息、基本概念、假设、视角、推理、启示这八个元素形成思维循环链，每个思维元素都应运用十条标准，包括清晰性、准确性、相关性、逻辑性等去衡量或者检验。人的智力特质必须随着思维元素的发展而发展，具备如谦恭、独立、正直、勇敢等品质，否则高超的思维能力只能让人愈加狭隘，成为利己主义者，甚至对社会而言是有害或者危险的。

三棱结构模型包括六个因素：思维的目的、思维的过程、思维的材料、思维的监控、思维的品质、思维活动中的非智力因素。层级理论模型将思辨能力分为元思辨能力和思辨能力两个层级，元思辨能力指对思辨行为进行计划、检查、调整与评估的技能，元思辨能力监控和统管思辨能力，思辨能力涵盖认知和情感两部分，这一分层模型突出了主观能动性在思辨过程中的作用，并将认知和情感元素在双维模型的基础上进行了简化。

总体来说，以上理论都认同思辨能力包含认知和情感两个维度，并且强调主观能动性在思辨能力发展中的调控作用。认知和情感需要协同发展，思辨能力离不开正向情感的调控和支撑，否则思辨能力将不能发生，或者无法产生有意义的结果，甚至对社会来说将是危险和有害的。三维模型中的标准，即清晰、精准、完整、理据、逻辑、广度、深度等，都可用于评价思维能力。

20世纪60年代开始，思辨能力的培养被引入到写作教学、阅读教学等语言教学领域，思辨能力发展与语言能力发展的关系得到广泛和深入的研究，如语言能力和思维能力之间的相互作用，在语言教学中培养高层次思维技能的重要性和可行性等。研究表明，思辨能力能够拓展学习者的学习经历，使语言活动更有意义，能让学习者反思和调整自己的学习策略，创造性地分析问题和解决问题，从而更好地达成学习目标(Shirkhani & Fahim, 2011)。黄源深(2010)、孙有中(2011)等研究了高等教育中思辨能力的培养，尤其是在英语专业学生中开展思辨能力教学的必要性和相应的课程和教学改革等问题。随着《普通高中英语课程标准(2017年版2020年修订)》以及《义务教育英语课程标准(2022年版)》的颁布，思维品质被设定为学生核心素养的一个重要维度，思辨能力培养的议题开始向基础教育延伸。

目前基础教育阶段关于思辨能力培养的研究主要聚焦于阅读教学和写作教学。王小棠(2011)就高中英语阅读教学中思辨能力的培养提出了通过深入分析教材内容、创设思辨氛围、突破思维定势等途径来培养学生的思辨能力；陈则航等学者(2020)依据双维结构模型构建了思辨技能分析框架，分析了阅读任务中思辨技能的考查方式。赵勇、兰春寿等(2022)构建了英语读写思辨能力框架，编制了英语读写思辨能力量表。王雪松等(2019)通过文献计量分析发现，针对思辨能力研究比较常见的课型为写作、阅读、演讲，针对听说课堂的较少，专门针对听力课堂的研究尚未见到。朱凌轶(2022)通过文献研究发现，国内在初中英语听说教学中发展学生思辨能力的研究数量、质量方面均处于起步阶段，尤其缺乏对已有教学策略有效性的实证研究。

听的过程并不是被动接受信息的过程，而是一个积极的解码过程，意义的获取受情境的影响,由听者在破解意义的过程中建构(Nation 2009)。说作为一项表达性技能,主要体现在通过清晰的交流达成社交目的、有逻辑地表达观点并用有力的证据支撑观点等方面,这些都需要通过思辨能力来实现,然而,对听说课堂中思辨能力培养研究的忽视,限制了思辨能力在课堂教学中的全面应用。

3. 案例分析

笔者有幸观摩了上海市某高中的一节英语听说课,这节课的主题是成为街头的机敏行人(Being streetwise),听力素材出自《高中英语》(上教版)必修第三册第三单元 The way we are 的听说板块。该单元围绕不同文化背景的人对美的认知以及不同的行为和生活方式展开,话题具有一定的思辨性。听力文本的内容是:人类学家 Diane Walker 博士参加一档名为 Human Animal 的访谈节目,博士和主持人在伦敦街头观察行人,就两名行人的穿着、走路方式、对周围环境的反应等方面展开评论,判断他们是否是街头机敏的行人,并分别给出了适应城市生活的建议。教材听说板块共设计了四个活动,详见表1。

表1 教材中的活动设计

活动	活动内容	活动目的
1	听录音,选出录音中提到的生存技能的具体名称——Being streetwise	泛听活动,听出关键词 Streetwise 指向的内容是一项生存技能
2	听录音,选出符合 Being streetwise 的描述	泛听活动,归纳对话中的关键信息
3	听录音,填空完成表格(表格对信息进行了分类:从外表、走路方式、对周围人的反应、博士的建议四个方面来归纳两位行人的相关信息)	精听活动,记录对话中的重点细节信息
4	小组合作,调查三位同学的街头表现、判断他们是否做到了 Being streetwise,并给出建议。	口语表达活动,旨在将听力中获取的内容、语言和技能等进行迁移运用

从教材中的活动设计可以看出,教材编者关注了思辨能力的不同维度和水平,包括认知维度,如理解、归纳、分析、综合、评价和运用等,也关注了情感维度,引导学生更从容地面对城市生活。活动形式包括个人活动和小组活动,体现了自主学习和合作学习。以下具体说明教师的教学设计。

3.1 教学目标

本节课教师设定的教学目标为:(1)听懂材料的主旨和细节;(2)基于听到的材料归纳 Being streetwise 的主要特征;(3)结合视频谈谈对 Being campus-wise 的看法;(4)反思在城市和校园中的生存技能。从教学目标的设定,可以看出教师在教学设计中围绕听说技能训练,对学生思辨能力的培养从理解、归纳、建议、评价到反思,层层推进,并且注重在情感维度对学生进行引导。

3.2 教学过程

首先是导入活动。教师先让学生猜测streetwise的含义。这个单词由street(街道)和wise(明智的)构成,对学生来说猜出单词的表面词义不难。较多学生给出了类似"to be smart in the street"等猜测,但这个词的具体内涵学生还不了解,需要通过听力材料来验证和明确。活动的主要目的是激活学生的背景知识,激发学生对即将要听的材料的好奇心。

第二个活动聚焦主旨。在播放录音前,教师首先提出两个问题:(1)根据专家的说法,什么样的人是街头机敏的行人?(What kind of people are streetwise according to the expert?)(2)对话是在什么时候、哪里发生的?(When and where does the conversation take place?)这两个问题指向听力材料的主要内容和情境。同时,问题一也呼应了导入活动的问题,即streetwise的内涵。学生通过听力材料明确了Being streetwise的基本要素,如"关注周围环境、时刻保持警惕,危险因素出现时能及时保护自己"等。

第三个活动聚焦细节。教师在听前布置两个问题:(1)机敏行人包含哪几个方面?(2)为什么要成为机敏的行人?然后先让学生听对话的第一部分,回答上述问题。在这个活动中,学生需要对听到的信息进行归纳和概括,即通过Diane Walker的描述,归纳出可以从外在形象、走路姿势和对周围环境的反应这三个方面判断一个人是否是机敏的行人。

第四个活动继续聚焦细节。教师先让学生思考该如何就机敏行人的三个方面来描述行人,然后让学生听录音,验证自己的预测。在预测时,学生都能说出通过外貌特征、服饰来描述一个人的外在形象,走路方式包括速度、姿势。而对环境的反应,学生的表达便有些模棱两可。听录音后,学生获知对环境的反应包括是否留意周围环境,是否与周围人有目光交流等。在这个活动中,教师给学生提供了表格(见表2),此活动完成表格的Observation(观察)和Impression(印象)部分。Observation是对看到事实的客观描述(fact),Impression则是基于看到的事实所形成的观点(opinion),如Diane Walker谈到男生走路时一直关注周围并勇于和周围的行人保持目光交流,所以认为他很自信,甚至有一点攻击性。前半句是Observation,后半句是Impression。这个活动帮助学生学会在听的过程中区分事实与观点。

表2 Worksheet(听录音,完成表格)

How streetwise are they?			
		The boy	The girl
Observation	The way one looks (appearance, clothing)		
	The way one walks and reacts to people		
Impression			
Suggestions			

第五个活动仍然聚焦细节,同时为后续开展说的活动作铺垫。教师首先让学生根据此前听到的内容,即Diane Walker博士对两个人的观察和评价,给两位行人以建议,然后再让学生

听Diane Walker给两位行人提供了怎样的建议,完成表格最后一栏Suggestions。

第六个活动是说的活动。教师让学生观看一段视频(教师自己拍摄,内容是两个学生在校园中的表现),然后分组从观察、印象和建议三个方面来讨论视频中的两个学生是否校园机敏(campus-wise,教师根据streetwise"创造"的新词),最后小组汇报。从反馈看,学生基本能做到从三个方面有逻辑、有依据地描述自己观察的结果,发表观点,最后给出建议。口语活动的成功开展体现了前面教学活动目标的达成。

最后教师布置的作业是让学生在班级微信群中发布一条语音信息,从外在形象、如何对周围人做出反应两个方面谈谈某一个同学的校园表现,并给他/她提出建议。

3.3 案例反思

从教学设计看,教师并未完全照用教材中的活动,而是对活动进行了调整和细化。活动设计循序渐进,每一个步骤都为下一个步骤的活动作铺垫,引导学生运用思辨能力中的不同分项能力来讨论、分析和解决问题。例如,教材原听力活动3的表格中列出了听力对话的所有重要内容,仅对个别信息挖空,对学生的要求类似听写练习。教师重新设计后的表格对信息进行了精简,让学生概括所听内容,引导学生区分事实与观点,并呈现了后续口语活动所需的逻辑框架。

教学过程中听和说并行。教师在每次播放录音前都提出讨论的问题,这些问题既有澄清概念类的问题,也有预测性的问题,以及让学生发表观点或看法的问题。听、说活动相结合,学生不断在两种技能间转换,因而能够保持思维处于积极活跃的状态,有助于思辨能力的发展。教师重新设计的口语活动更贴近学生的实际经历,能够更好地与学生自身生活相关联,提升了学生参与活动的热情,启发学生对自己的校园表现进行反思,引导学生发展自信、开朗、诚实和善解人意等正向的情感特质。

整体来看,这节课较好地兼顾了语言发展与思辨能力的培养。在这些活动的基础上,教师还可以增加一些反思类的活动和更为开放的讨论,如引导学生关注对话的情境和文化背景等。以本节课为例,访谈节目的名称是Human Animal,访谈地点是拥挤的伦敦街头,这些因素对访谈内容有怎样的影响?如果换一个地点,如上海的街头,Diane Walker博士的观点是否还成立?Being streetwise作为一项城市生存技能,还可以包含哪些方面?这样可以引导学生从不同的维度去思考,认识到事件的发生与其社会文化背景有密切的联系,同时也能更好地达成教学目标的第四点,即反思在城市中的生存技能。

在开展口语活动之前,可以组织学生讨论和明确Being campus-wise需要包含哪些因素。首先,引导学生区分street和campus在情境上存在哪些不同之处,这些不同导致Being campus-wise与Being streetwise的要求也不同,由此可以帮助学生先明晰概念,以便更好地将听力活动中所学习的内容进行迁移和运用。进而以此为依据来开展充分的讨论,让学生学会综合权衡,从而建构自己的观点,更好地达成反思校园生存技能的目标,同时也有助于学生更好地完成教师布置的课后作业。

4. 高中英语听说课思辨能力培养的途径

首先,在听说课堂上培养学生的思辨能力需要引导学生养成思辨的习惯,掌握思辨的方法。Tishman认为在课堂和校园中创造一种好的、有利于思辨能力发展的思维文化倾向很重要。好的思维文化倾向的标准之一就是提供好的推理行为的模式,对学生模仿推理的经验加以结构化,帮助学生在日常生活中识别推理行为(罗清旭 2002)。在本节听说课中,教师就呈现了一种结构化的模式,如通过列表的形式对访谈内容进行概括和归纳,这也是后面口语表达的框架。在实际教学中,教师可以根据不同听力材料的体裁和内容特点,逐步引导学生提炼结构化的模式,做到"授人以渔"。需要特别指出的是,教师需要关注结构化模式的合理性和普遍性。

其次,对话和互动是听说课最明显的特征,因此设计有价值的、多维度且有层次的问题是培养思辨能力的重要途径。在思辨能力研究中,常能见到苏格拉底问答法的影子。从生活中的观念出发,揭露思维的矛盾,发现对立意见的冲突,进而发现真理,是苏格拉底问答法的基础思想。有人甚至提出苏格拉底问答法应成为当今思辨能力教学的主要方法(罗清旭 2002)。在案例中,教师在每个任务开始前都设置了问题,或让学生发表自己的看法,或让学生带着问题思考,体现了思辨能力的培养。在教学中,教师还可以改变单纯由教师提出问题的模式,鼓励学生来发现和提出问题,问答形式也可以更加多样,如由教师问学生答,转变为学生问教师答,或者学生之间互相问答。Paul(1993)给出的问题框架可以为教师开展课堂互动提供参考:

- Questions of clarification(澄清类问题)
- Questions that probe assumptions(探讨前设的问题)
- Questions that probe reasons and evidence(探究原因和证据的问题)
- Questions about viewpoints or perspectives(关于观点和视角的问题)
- Questions that probe implications and consequences(探究启发和后果的问题)
- Questions about the question(分解和明确问题的问题)

此外,以所学内容为基础,结合情境和文化背景开展深入的分析和讨论有助于学生的思辨能力向纵深发展。Ritchhart提出了思辨教学程序性活动,包括:追问"What makes you say that?"让学生用证据进行阐释,深度探索活动(Think-Puzzle-Explore);多视角看问题;审视多种主张等(郁馨洁 2022),这些都是适合听说课培养思辨能力的活动。在本案例中,教师可以进一步结合访谈的情境和文化背景开展深入的讨论,使概念更加明晰,也有利于培养学生多视角看问题的习惯。只有对内容进行深入的剖析,学生的思辨能力才可能得到充分的施展、运用和发展。

再次,及时的反馈对于思辨能力的培养也十分重要。通过教师反馈和同伴反馈,学生可以及时发现自己认知方面的长处与局限,从而不断优化思维模式。积极的反馈也是对思维的一种激励,可以进一步促进学生深入思考,提升其发展思辨能力的积极性。

最后,情感维度是培养思辨能力不可忽视的一环。激发学生的好奇心,培养自信、开朗、灵活等性格特征,鼓励诚实、善解人意等品质,这些对于思辨能力的发展有着重要的导引作用。在案例中,教师将最后的口语活动的情境转变为校园,意图就是拉近与学生的距离,提升学生的参与度,引导学生认识到乐于助人、积极向上等品质的重要性。在一线教学中,情感维度的培养常被作为一种价值观培养的标签式活动,常流于形式。教师要意识到情感培养的重大意义,使情感的培养和引导自然融入教学和交流活动,使学生在有意义的交流中潜移默化地受到积极的影响,养成正向的情感特质,这样才能更好地促进思辨能力的发展。

5. 结语

在外语教学中,培养学生的思辨能力能够带动语言能力的发展,提升学生的问题解决能力,促进终身学习能力的形成,实现身心的平衡发展。本文结合案例探讨了在高中英语听说教学中培养学生思辨能力的途径,由于相关研究的案例较少,本文所提及的这些培养途径还有待进一步通过实践来检验。语言与思辨的关系十分密切,有人说语言就是思维。根据王雪松(2019)的研究,我国2000至2017年间大比重的思辨能力研究集中于外语教学中的思辨能力培养策略方面,可见外语教学是培养思辨能力的重要战场。如何在高中英语听说教学中培养和发展学生思辨能力值得我们进一步探索。

参考文献

[1] Nation, I. S. P. & Newton, J. *Teaching ESL/EFL Listening and Speaking*[M]. Routledge, Taylor & Francis Group, NEW YORK, 2009.

[2] PAUL R. *Critical Thinking: How to Prepare Students for a Rapidly Changing World*[M]. Tomales: Foundation for Critical Thinking, 1993.

[3] Paul R & Elder L. *Critical Thinking: Learn the Tools the Best Thinkers Use*[M]. New Jersey: Pearson Prentice Hall, 2006.

[4] Shirkhani, S. & Fahim, M. Enhancing Critical Thinking in Foreign Language Learners. International Conference on Education and Educational Psychology[R]. (ICEEPSY 2011).

[5] Tishman, S. & Patricia Palmer, P. Visible thinking[J]. *Leadership Compass*, 2005(4): 2-4.

[6] 陈则航,邹敏,苏晓俐.中学英语教材阅读中的思辨能力培养:基于中德两套教材的对比[J].外语教育研究前沿,2020,3(03).

[7] 黄源深.英语专业课程必须彻底改革——再谈"思辨缺席"[J].外语界,2010(1):11-16.

[8] 林崇德.思维心理学研究的几点回顾[J].北京师范大学学报(社会科学版),2006(5):35-42.

[9] 林雅雍.高中英语听说课Being streetwise[Z].上海市大同中学,2021.5.

[10] 罗清旭.批判性思维理论及其测评技术研究[D].南京师范大学.2002.

[11] 马利红,魏锐,刘坚,马鸣燕,刘妍,甘秋玲,康翠萍,徐冠兴.审辨思维:21世纪核心素养5C模型之二[J].华东师范大学学报(教育科学版),2020(2):45-56.

[12] 孙有中.突出思辨能力培养,将英语专业教学改革引向深入[J].中国外语,2011(3):49-58.

[13] 王小棠.高中英语阅读教学中学生批判性思维能力的培养[J].中小学外语教学(中学篇),2011(6):31-34.

[14] 王雪松,左丹云,郝杰.国内批判性思维研究(2000—2017)可视化分析与反思[J].教育现代化,2019(77):262-265.

[15] 文秋芳,王建卿,赵彩然,刘艳萍,王海妹.构建我国外语类大学生思辨能力量具的理论框架

[J].外语界,2009(1):37-43.

［16］ 郁馨洁.思辨能力视角下高中英语教材任务研究［D］.华东师范大学,2022.

［17］ 赵勇,兰春寿,杨成林.基于核心素养的英语读写思辨能力框架建构与量表编制［J］.外国语言文学,2022(5):112-125,136.

［18］ 中华人民共和国教育部.普通高中英语课程标准(2017年版2020年修订)［S］.北京:人民教育出版社,2020.

［19］ 中华人民共和国教育部.义务教育英语课程标准(2022年版)［S］.北京:北京师范大学出版社,2022.

［20］ 朱凌轶.国内关于在初中英语听说课中发展学生思维能力的研究综述［J］.英语教师,2022(9):14-18.

［21］ 邹为诚.普通高中教科书英语必修第三册［M］.上海:上海教育出版社,2021.

作者单位:上海教育出版社 上海 201100

"自然拼读法"助力小学生英语词汇学习的实践研究

尹晓红　祝丽君

提　要：词汇教学是小学英语学习的重要组成部分，是学好英语的基础和关键。但在英语教学中，教师普遍存在重词汇的反复操练、轻读音规则意识培养的问题，学生在词汇学习和识记过程中，通常面临较大困难。本文基于问卷调查和访谈结果，提出从"唱、讲、画、编、读"五个方面，阐述如何利用"自然拼读法"助力学生轻松学单词，快乐享阅读。

关键词：小学英语；自然拼读法；词汇学习

1. 研究背景

语言知识包括语音、词汇、语法、语篇和语用知识，是发展语言技能的重要基础（中华人民共和国教育部 2022）。在全民阅读的大背景下，小学英语阅读在我市正在艰难开展。我们虽有丰富的阅读资源，有教育主管部门的政策支持，但阅读教学效果却差强人意。一是受制于现有的课程计划，教师难以另行安排课时进行阅读指导和检测，所以教师组织课外阅读的积极性不高；二是小学生词汇量有限，加之于缺乏自主拼读生词的能力，在没有阅读指导的前提下，难以进行英语自主阅读。部分学生囿于词汇学习的困难，逐渐失去英语学习兴趣，最终成为英语后进生，从而影响了学生的长期发展。为促使教师重视学生的词汇学习，我市教研部门实施了具体的方案，如连续组织了四届小学生英语"词汇达人"选拔赛。但整体而言，此类活动对学生的英语词汇难以起到明显推动作用。因此，继续深入探索小学生词汇学习的有效途径十分必要。

2018年9月，针对我市小学英语词汇教学现状，我们组织了市级层面的问卷调查。本研究共发放教师问卷180份，参加问卷调查的人数接近我市小学英语教师总额的一半。其中城区教师80人、镇区和乡村教师各50人。参考《江苏省义务教育学生学业质量监测》，教师问卷主要围绕以下几个方面：教师对词汇教学的认识、词汇教学的方法、对学生词汇学习的检测和评价形式、词汇教学中最大的困惑以及期待获得何种形式的帮助。同时发放学生问卷4000份，中年级段和高年级段各2000名学生参加问卷调查。学生问卷的内容指向于了解学生学习词汇的主要方法和存在的困难。随后，本研究对教师和学生进行了访谈。基于此，本研究获得了我市小学英语词汇教学的客观资料。

2. 小学英语词汇教与学的现状

2.1 问卷调查结果

表1 小学英语词汇学习问卷调查结果

教师问卷					学生问卷				
题号	选项				题号	选项			
	A	B	C	D		A	B	C	D
1	34%	66%	/	/	1	55%	21%	10%	14%
2	23%	45%	32%	/	2	2%	32%	66%	/
3	71%	22%	5%	2%	3	46%	35%	19%	/
4	41%	36%	22%	1%	4	36%	29%	28%	7%
5	1%	53%	2%	44%	5	57%	43%	/	/
6	38%	32%	24%	6%	6	8%	64%	28%	/
7	23%	62%	10%	5%	7	49%	12%	39%	/

教师问卷调查的结果表明：教师认为学生的课前预习对课中词汇教学的帮助不大。此外，66%的教师通常不会要求学生课前预习单词，由此忽视了课前的自主学习在词汇教学中的作用。并且71%的教师倾向于在课堂上花费大量时间教授生词。此外，超过一半的教师要求学生按字母组合或拼读规则去记忆单词。学生问卷调查的结果显示，在英语学习中，学生遇到的最大困难是词汇记忆，例如不能运用有效的记忆方法去掌握词汇，进而难以进行自主阅读。

2.2 访谈结果

根据问卷调查结果，我们组织了教师和学生代表的访谈。访谈围绕如下三个方面：学生在词汇学习中的主要困难、学生期待获得怎样的帮助，以及教师在词汇教学中如何系统渗透拼读规则。得出结论如下：

学生在词汇学习中的主要困难在于无法自主拼读生词，只能通过数遍的读来机械地记住单词发音。这种死记硬背的方法耗费学生很多精力，吃力又无趣。学生们希望学到更为有效的词汇学习方法。

教师认为词汇学习直接着影响学生的英语学习兴趣和学习效果。他们已充分认识到系统的拼读规则对学生词汇学习的积极作用。但何时开始、利用怎样的方式去逐步渗透拼读规则并帮助学生保持持久兴趣则是需解决的主要问题。

基于以上调查结果，并结合实践证明，"自然拼读法"是目前小学生英语词汇学习的有效方法，经过深入的讨论和广泛征求意见，我们决定在实验学校首先启动"自然拼读法"这一词汇教学方法。

3. "自然拼读法"在词汇教学中的应用策略

"自然拼读法"是一种通过学习字母、字母组合、音节的发音来教授读、拼单词的方法。中国香港地区在小学生英语学习中已试行"自然拼读法"若干年，且效果很好。所以笔者鼓励在小学英语词汇教学中运用"自然拼读法"来教授单词，帮助学生建立字母、字母组合和发音间的联系，以期助力学生轻松学单词，快乐享阅读。在实践中，我们主要通过以下形式将"自然拼读法"融入词汇教学中：

3.1 通过"唱"，让学生在歌曲中建立语音意识

字母包括字母名和字母音。选择含有字母名和字母音的歌曲，能有效地帮助学生建立字母与发音之间的联系（陈勤 2017）。因此，在教学26个字母时，通过节奏欢快的歌曲，用亦唱亦动的形式，让学生感知字母的发音。如：通过演唱歌曲A's for Apple、Sounds of ABC song、Phonics song等，让学生在朗朗上口的旋律中记住字母的发音，同时激发学生学习语音的兴趣。为了更好地训练学生发音的准确性，我们倡导教师根据歌曲中的内容，让学生制作卡片。卡片的正面是字母，反面是歌曲中的单词图片，学生唱完歌曲后，用字母卡片玩点名的游戏，如：教师说b,b,b,学生们迅速找到b卡片，起立回答/b/,/b/,/b/。随着学生发音熟练程度的加深，引导和鼓励孩子们说出含有/b/发音的单词，将语音学习和单词积累相结合，一举两得。在学生掌握了字母b的发音后，用新的字母替换b，让学生举一反三，循环巩固，加深对语音和单词的记忆。此外，教师还可通过I sing、You sing、Play cards、Look for friends等歌曲游戏激发学生对语音学习的兴趣，培养他们与他人合作的能力。

学生在唱歌曲和歌曲游戏中，能逐步掌握字母及其对应的发音，为接下来的自然拼读规则的学习奠定基础。

3.2 通过"讲"，让学生在故事中悟得拼读规则

对小学生来说，直观的形象和丰富的语言更能刺激他们的感官，利于长久记忆（高敏 2005）。在字母教学的时候，我们建议教师先把26个字母按照44666的形式书写，由此，a,e,i,o,u就顺其自然地排到了每一队的开头，将属于同一类发音规则的字母用颜色进行标注（见图1）。

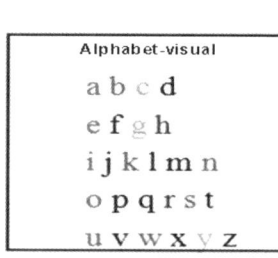

图1

接着，用讲故事的方式告诉学生：红色的字母 a, e, i, o, u 最重要,他们是每一队的统帅,是元首,它们被称作元音。元音通常起着举足轻重的作用,其他的都是"随从",是"小兵",它们辅助元音完成单词发音,我们称它们为辅音。但元音和辅音既分工明确,又相辅相成。只有"统帅",没有"士兵","统帅"就成光杆司令。只有"士兵"而没有"统帅",那士兵便是乌合之众,难成大事。所以,除了 I,独步天下,其他的单词都需元辅共济。特殊的橘色字母 y 元辅一肩挑,可作元音,也可作辅音,在词首时,y 总是甘为辅,在词尾时,它亦可作元。绿色字母 b, k, n, s, w 是害羞的女生,遇到其他辅音就默不作声,如 b 遇到 m, b 就不发音, k 遇到 n 时, w 遇到 r 时,这部分害羞女生都会默默相伴而不吱声,任由其他辅音高调发声。紫色的字母 h 是"明星",追随它的"粉丝"众多,如 t(h), c(h), s(h), p(h), w(h), r(h)。r 是"超级大明星",它的"粉丝"主要是元音字母,如：ar, er, ir, or, ur 等。蓝色字母 c 和 g 有共同爱好,它们在词中择伴发音,如字母 c 遇上 e,会发 /s/,遇到 a 时,会发 /k/；而字母 g 遇上"爱(i)意(e)外(y)"会发 /dʒ/,遇上"哎(a)偶(o)悦(u)",会发 /g/。

通过借助直观的字母图片,生动有趣的字母童趣故事,对部分字母和字母组合的发音进行归类,为自然拼读法规则的运用做好铺垫。

3.3 通过"画",让学生在导图中归纳拼读方法

为帮助学生记住不同字母和不同组合的发音,我们鼓励教师用思维导图的形式帮助学生归纳不同组合的发音规则。如：下面的两张图（图2、图3）能有效帮助学生区分练习字母 c 在单词中的两种发音规则。课上,教师出示导图,让学生记住规则,并通过组织学生进行小组合作探究,写出更多符合规则的单词,有效激发了学生的思维潜能。

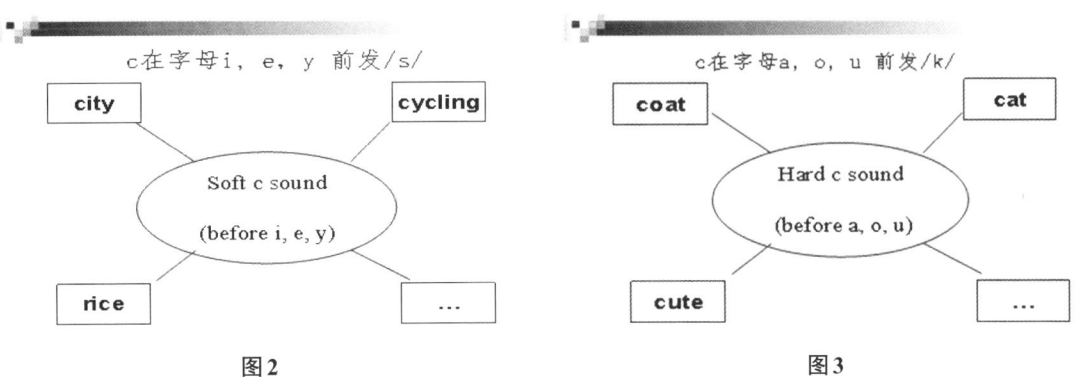

图2　　　　　　　　　　图3

为帮助学生总结和归纳读音规则,教师还可通过图片展示某个含有特定读音的单词。如出示一张棕色的猫头鹰图片,告诉学生：Look, this is an owl. It's brown. It's having a rest now. 学生通过 ow 在 brown, owl, now 中的发音,初步归纳出 ow 的发音之一 /au/。接着,通过小组讨论、竞赛的形式,让学生说出更多含有 ow 发 /au/ 的单词,通过梳理和归纳,学生们会对 ow 的发音有进一步的认识。教师将学生们说出来的单词写在猫头鹰图片周围,一个简单而清晰的导图就形成了（如图4）。思维导图是让知识结构化,思维可视化的一种方式,可以帮助教师更好利用"自然拼读法"开展词汇教学（陈赛赛 2022）。

课上,教师可为学生们作示范,课后,他们便能画出自己的思维导图。学生在画导图的过程中,将零散的语音知识进行梳理和归纳,不仅提升了他们的语音意识,激发了他们的创造性思维,更激发了学生学习语音的积极性和主动性,逐步形成梳理和归纳语音的能力。

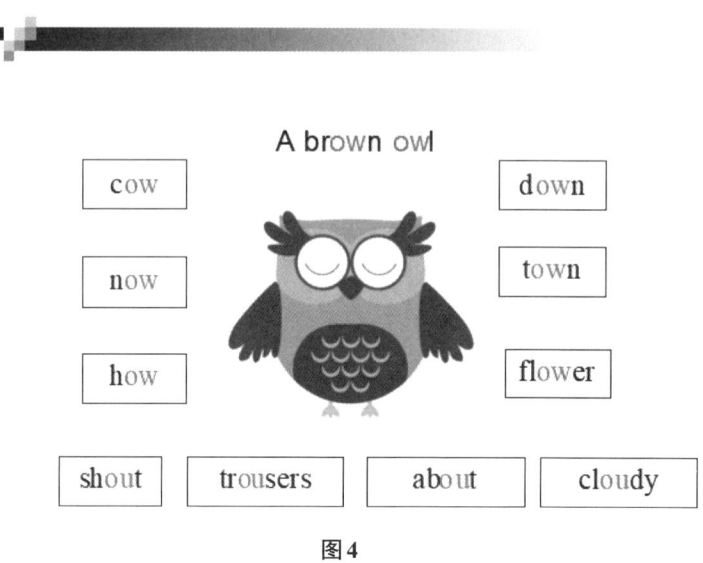

图4

3.4 通过"编",让学生在"三字经"中理解单词含义

英语是拼音文字,用自然拼读的方法虽能帮助学生达成"见词能读,听音能写"的目标,却不能帮助学生了解其中文含义。创编英文"三字经",可将单词的中英文对照起来学习,既朗朗上口,又能有效解决学生只知其音不知其意的问题。如:《译林版小学英语4B》第二单元单词表中出现了 day,today 等含有相同字母组合 ay 且发音相同的单词,先让学生根据"自然拼读法"自主拼读,然后教师将包含有 ay 且发双元音 /ei/ 的单词进行集中拼读训练。如:pay,may,lay,say,play,stay 等。在自然拼读法的帮助下,学生不仅能快速读出这些单词,而且能顺利写出它们。等学生们会拼、会读后,再用英文"三字经"的形式,将单词的发音和意思结合起来,帮助学生了解词意,积累词汇。如:时间 May(五月),天空 gray(灰色),Let's play(玩)。在教师的示范下,学生也对创编英语三字经充满了浓郁的兴趣。学生们也能编出趣味盎然的三字经: I can say(说),hens can lay(下蛋),we can stay(留下来)。

通过英文"三字经"的形式,学生能在押韵的句子中,巩固读音并记住中文意思,一举两得。在平时的教学中,教师需一直有计划地将字母组合拼读规则的教学设为课堂教学目标,用英文"三字经"的形式帮学生理解词义,积累词汇,最终才能提高教学效率并培养学生自主学习单词的能力。

3.5 通过"读",让学生在绘本中提升单词识读能力

绘本的语言具有形象性、简洁性和重复性的特点,把词汇放在绘本中进行朗读,可以做到词不离句,句不离篇,有助于学生内化知识和巩固运用。结合绘本进行拼读规则的训练,不仅能检验学生对自然拼读规则的掌握情况,还可以通过文字和图片帮助学生发散思维,对故事展

开丰富的想象,从而使学生对自然拼读法识读单词始终保持浓厚的兴趣,提升学生单词识读的能力。

例如:在讲授字母o在闭音节中发短元音/ɒ/的时候,为了检验学生识读单词的效果,在课堂拓展环节中,教师可选择类似 *What's going on?* 的绘本进行拓展延伸。绘本中出现了dog,fox,on等单音节单词,也出现了peacock等双音节和多音节单词。教师可让学生先通过听绘本的形式,记录下含有/ɒ/发音的单词;再通过拼读,解决生词问题,最终扫清生词障碍,从而使学生有自主阅读绘本的信心。故事中的图片非常生动,在图片的帮助下,学生很快就能理解故事的内容。在后来的续编环节,教师给学生提供mom,ox,box,log等单词,学生们亦能轻而易举地完成任务,能编写出 The log is on the box. The ox is on the box. Mom is on the ox. 等精彩内容。

实践证明,"唱、讲、画、编、读"是帮助教师借力"自然拼读法"来讲授词汇,从而助力学生突破词汇学习关的有效方法。经过以上教学实践,在2022年春我市小学英语六年级学业质量监测中,学生的词汇默写得分率较2019年同期学生上升4.3个百分点。

4. 结语

通过近年的实践与摸索,我们初步总结出了"自然拼读法"在小学英语词汇教学中的基本方法,即:通过"唱""讲""画""编""读",让学生逐步建立语音意识、悟得拼读规则、归纳拼读方法、理解单词中文含义和提升单词识读能力。我们同时积累了若干实践案例和经验。为推广研究成果,我们编写了"自然拼读"简易读本,从元音字母、元音字母组合、辅音、辅音字母组合的发音入手,引导学生掌握字母音、形对应的规则,从而有助于提高学生单词发音的准确性。本研究认为只要教师们持之以恒地运用"自然拼读法"去讲授单词,终能实现小学生们见到符合读音规则的单词就能读,听到符合读音规则的单词就能写的美好愿景。

参考文献

[1] 陈勤. 小学英语Phonics教学法的探索[J]. 疯狂英语:新策略,2017(2):123-124.
[2] 陈赛赛. 基于主题意义探究的小学英语词汇教学[J]. 中小学外语教学,2022,45(18):7-14.
[3] 高敏. 自然拼读法在小学英语教学中的应用[J]. 山东师范大学外国语学院学报:基础英语教育,2005,7(6):62-6485.
[4] 中华人民共和国教育部. 义务教育英语课程标准(2022年版)[M]. 北京:北京师范大学出版集团,2022.

作者单位:江苏省泰兴市教师发展中心 江苏泰兴 225400
　　　　　江苏省泰兴市泰师附小教育集团 江苏泰兴 225400

PBL教学模式下小学英语教材文本的解读与再构
——以译林版《英语》四下Unit 5和Unit 6复习课为例

于维浩

提 要：新课标背景下的小学英语复习课不仅要关注语言复习的效果，更要注重学科核心素养的达成和学生综合能力的提升，所以简单的单元知识点复习不再适应时代的要求。本文基于PBL教学模式，探索将不同单元的学习内容进行重新梳理与整合，通过项目化学习来提炼主题、整合教学目标、明确探究任务、提出驱动性问题、完成项目制作及展示等环节来开展教学实践，在综合复习和运用语言知识的过程中完成语用能力的培养和综合素养的提升。

关键词：小学英语；复习课；PBL教学模式

1. 引言

《义务教育英语课程标准（2022年版）》明确要求"教师应基于一定的课程目标，以学生的兴趣和直接经验为基础，以与学生学习、生活密切相关的各类现实性和实践性问题为内容，开展英语综合实践活动，把学生的学习从书本引向更广阔的现实世界。"（中华人民共和国教育部，2022）。在译林版《小学英语》教材中，单元复习多集中于Checkout Time板块和Ticking Time板块的教学。教师在处理这两个板块教学的时候通常简单地重复或者串联前面几个板块的内容，既没有密切联系与学生学习、生活相关的各类现实性和实践性问题，也没有把学生带入到更广阔的现实世界。

项目化学习（Project-Based Learning，简称PBL）作为一种将语言使用融入真实问题的解决过程的学习方法，能突破局限于教材语言学习知识的桎梏，且符合真实的语境（钱彦琼，2020）。因此，教师尝试整合不同单元的教学内容和单元主题，使用项目化学习指导学生在真实的情境中完成任务，并在此过程中开展交流与合作，实施探究与实践，促使学生在任务驱动下熟练掌握语言结构，积极构建语言信息，主动习得语言意义，最终实现综合素养的全面提升。

2. 厘清关联话题，提炼适切主题

译林版《小学英语》教材中的每个单元均围绕一个话题展开。跨单元整合复习要求教师基于学生的生活实践经验，探寻不同单元话题之间的联系，找到不同话题之间蕴含的相互关联的教学内容和知识要点。以译林版《英语》四年级下册为例，教师梳理后发现Unit 5 Seasons

和Unit 6 Whose dress is this?在教材中前后相连,且话题都涉及温度与天气,相关度较高。Unit 5 Seasons讲述的是有关季节及气候的表达和相应的季节性活动,在三大主题语境中属于人与自然的范畴;Unit 6 Whose dress is this? 讲述的是常见衣物表达,在三大主题语境中属于人与自我的范畴。

据此,教师以Seasonal Wonderlands in China为主题意义,以项目制作"城市相册"(City Album)为载体,将两个单元的知识点相整合,通过"寻找中国各个季节的最美城市",引导学生通过将零散的知识加以重组、加工后再运用,从"诗、书、礼、乐"四个更加高位的角度来介绍Seasonal wonderlands in China,帮助学生建构知识框架体系。

3. 重组知识要点,整合教学目标

3.1 知识要点的重组

跨单元整合复习要把握好尺度:既要避免重复枯燥的旧知操练,又不能脱离教材无限拓展(任艳,2017)。要基于学生现有的语言基础来梳理知识要点,强调重、难点知识的归纳和复现,合理丰富和拓展教学内容,让学生在真实情景中运用目标语言来完成项目任务,实现在丰富语境中迁移知识、培养技能、提升综合语用素养的目的。教师重新梳理两个单元的知识要点后列表如下(见表1):

表1 知识要点梳理

教学内容	主题单元	Unit 5 Seasons	Unit 6 Whose dress is this?
话题和功能		*Seasons *Weather	*Clothes *Possession
词汇	三会	fly, kite, go boating, go swimming, picnic, go climbing, go skating, fine, hey, whose	too, trousers, glove, so, jeans, shorts, wrong, move, hurt
	四会	season, spring, warm, summer, hot, autumn, cool, winter, cold	dress, party, coat, shirt, sweater, hand
句型与日常用语		In spring, it is warm. We go boating.	Whose…is this/that? Whose…are these/those? It's/They're my father's/… I think so. What's the matter?

从上表可以看出,两个单元的知识点相关度很高。教师在认真分析知识要点以后,根据本节课所设定的Seasonal wonderlands in China主题,将两个单元碎片化的语言知识进行整合与关联,梳理并概括出相关的六个要素(见表2)。

表2　基于主题语境的学习内容解析

内容 六要素	主题：Seasonal Wonderlands in China
主题语境	与四季相关的中国城市
语篇类型	说明文
语言知识	（1）与"季节"相关的形容词：warm, hot, cool, cold等。 （2）与"季节"相关的动词短语：fly kites, go boating, eat ice-creams, go swimming, have picnics, go hiking, make snowmen, go skating等。 （3）拓展语言点：take photos, hear the birds singing, beautiful lights, clear water, need ACs, different colours, play with fire, get into, go skiing, city album等。
文化知识	（1）不同城市的英文表达：Yangzhou, Kunming, Lhasa, Harbin等。 （2）不同城市在不同季节的不同特色及风土人情表达。
语言技能	听、说、读、写、看等五项技能。
学习策略	（1）通过思维导图复习与季节相关的颜色、服装、活动、景色和感觉等相关内容。 （2）通过归类法，使用"诗""书""礼""乐"等方式介绍不同城市。 （3）使用scan reading（扫读）和skim reading（略读）等方式快速查找和定位关键信息。

3.2　教学目标的整合

跨单元复习课的定位取决于教学目标的整合。如果仅将复习课的教学目标定位于知识的再次识记，势必形成缺乏语境的机械式讲评。因此，在跨单元整合复习课中，教师有必要设置一条情景化的任务主线，将不同单元的知识点融合、贯穿，形成一个有序的整体。在确立了主题语境、分析了学习内容之后，教师制定了如下教学目标：

（1）了解项目化学习的实施过程和操作方法，完成项目作品：City Album（城市相册）；

（2）基于制作城市相册的项目任务复现Unit 5 Seasons和Unit 6 Whose dress is this?这两个单元的主要语言知识，为完成项目作品提供语言支架；

（3）在制作项目作品的过程中学会分工合作、归纳总结，培养逻辑思维能力和创新意识；

（4）深入了解中国具有代表性的城市。基于制作"城市相册"的项目情景提升对祖国的热爱之情。

4. 明确探究任务，提出驱动性问题

在小学英语课堂教学中教师通常会提出两种类型的问题：一种是指向封闭式答案的实施性问题，如一般疑问句或者固定范围的特殊疑问句；另一种是没有固定答案的开放式问答。以下面两个问句为例：

Question 1：Which city do you like?

Question 2：Why do you like this city?

很明显,开放式问答需要学生提出自己的观点,并找出证据来证明自己的观点,这种问答方式更有利于引发学生的高阶思维,更能提升学生的自主学习能力和独立思考的意识(王蔷,2020)。在提出驱动性问题的时候,教师要注意以学生为中心,以提升学生综合运用语言知识和综合技能来解决问题的能力为目的。本节课的驱动性问题即采用了开放式的问题设置,设计如下:

(1)如何制作一份城市相册?
(2)有哪些方法来介绍这些城市?
(3)你将介绍哪个城市?为什么?

这三个驱动问题并非简单的罗列或者并列关系。驱动性问题1指向学生的学习理解类活动,驱动性问题2指向学生的应用实践类活动,驱动性问题3指向学生的迁移创新类活动,这三个驱动性问题既相互关联,也层层递进,最终指向学生的深度学习能力的培养。

5. 运用认知策略,开展学习实践

本节课的话题围绕"寻找中国四季最美城市"展开。根据四年级学生的认知特点,教师将本节课的任务以"春""夏""秋""冬"为单位分解成为四个子项目,在引导学生完成四个子项目的过程中要求学生掌握项目实施的基本步骤和完成项目的基本技能,由低阶认知走向高阶认知,从掌握事实性知识提升到运用概念性知识。

Step 1:入项活动

(1)教师播放与四季相关的英文歌曲Four seasons,带领学生进入情境,讨论What can you hear in the song?这个问题复习四季的相关语言点。

(2)利用思维导图(见图1)提供的语言支架,在师生之间Free talk的过程中,从四季的颜色、服装、活动、景色和感觉等方面激活学生的已有图式,为之后的项目探究奠定基础。

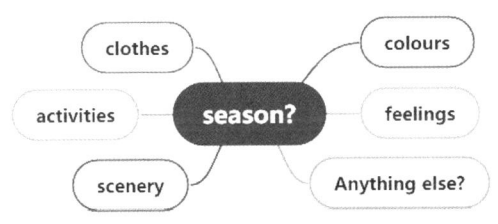

图1 四季相关的思维导图

(3)明确本节课的项目任务,按照"春""夏""秋""冬"分为四个项目小组。

Step 2:知识与能力的构建

在激活学生原有图示的基础上,课堂进入到构建学生知识与能力的项目实施过程。在此过程中,教师没有以传统的项目化学习模式直接抛出驱动性问题,而是通过诗歌演绎、绘本制作、告示栏张贴、歌曲合唱等方式逐步完成本节课的四个子项目,并在此过程中达成对驱动性问题的解答。

(1)项目一:以"诗"为媒,诵读扬州春之韵律

教师以许渊冲先生翻译的英文版本《春晓》为引子,与学生展开对春天的讨论,然后在适当的时机带领学生进入扬州的春天,完成子项目一:使用诗歌来介绍扬州的春天。教学过程如下:

T:(出示 PPT)Here is a poem. Do you know its Chinese name?

Spring Morning

This spring morning in bed I'm lying(躺),

Not to wake(醒来)till birds are singing(鸣叫).

After one night of wind(风)and showers(雨),

How many are the fallen(落下的)flowers?

S: Yes. It's《春晓》.

T: Good. Can you find any rules in the poem?

S: Yes, I can see "lying and singing", "showers and flowers".

T: Well done. We call them rhyming words in the poem.(解释诗歌中韵律词的含义。)

T: Do you know which city is famous for its spring in China?(出示另一首诗:故人西辞黄鹤楼,烟花三月下_____。)

Ss: Yangzhou is famous for its spring.

T: Good! Yangzhou is famous for its spring. What can you see in Yangzhou in spring?

(带领学生掌握 hear the birds singing, fly kites in the park, see flowers on the farm, see beautiful lights at night 等语言点。)

T: Is Yangzhou beautiful in spring?

Ss: Yes.

T: Let's write a poem about Yangzhou. Ok?

Ss: Ok.(学生根据诗歌框架完成项目一:A poem about Yangzhou)

Spring in Yangzhou

Early I get up in the morning. Happily the birds are singing.

See flowers on the farm. Fly kites in the park.

Go boating at night. Love so beautiful lights.

I love spring in Yangzhou. It's like our home.

(2)项目二:以"书"为本,聆听昆明夏之多彩

讨论完春天以后,教师带领学生进入到夏天。根据思维导图讨论夏天的相关语言点以后提出三连问:What is summer like? Do you like summer? Why or Why not? 完成子项目二:制作图书来介绍昆明的夏天。教学过程如下:

T: Do you like summer? Why or Why not?

S_1: Yes, I do. I can go swimming and eat ice creams in summer.

S_2: I don't like summer. It's too hot.

T: I don't like summer either. I often sweat a lot. So which city is not hot in summer?

Ss: ...(回答不出来)

T:（出示地图）Kunming is not hot in summer. Do you know what Kunming is like in summer?

Ss: No.

T: OK. I have a friend in Kunming and I'll give him a call. Let's listen: What is Kunming like in summer, OK?

Ss: Ok.（教师此时引出卡通人物"阿酷"，在与阿酷通电话的过程中让学生听力理解两个关键问题：What is Kunming like in summer? What do people in Kunming do in summer?）

Mr. Yu: Hello, 阿酷! This is Mr. Yu. How are you doing?

阿酷： Hi! Mr. Yu. I'm good. What about you?

Mr. Yu: I'm fine. Thank you. This summer holiday we want to visit Kunming. Can you tell us: "What is Kunming like in summer?"

阿酷： Kunming is very beautiful in summer. It's not hot here. We don't need ACs at home. We usually wear shirts or dresses.

Mr. Yu: What do you do in summer?

阿酷： We have picnics near Tien Lake（滇池）on Sundays. We like to eat Guoqiao rice noodles. You can see a lot of nice flowers in different colours. You can hear birds singing over there too. The water is very clear and you can go swimming in the lake.

Mr. Yu: That sounds nice! We want to have a visit there now!

阿酷： Ok. Welcome to Kunming!

完成两段对话的听力以后，学生对昆明的夏天有了进一步的了解，这时教师继续抛出驱动性问题：We use a poem to introduce Yangzhou. How can we introduce Kunming? 此时，教师PPT呈现滇池、金马广场、世博园等昆明著名景点的图片，学生很自然地就联想到制作"图画书"的方式来介绍昆明。教师顺势指导学生完成项目二：Use a picture book to introduce Kunming.

（3）项目三：以"礼"为先，寻找拉萨秋之圣洁

接下来继续讨论秋天。教师先用思维导图带领学生复习秋天的相关语言点，适时引出秋天的拉萨，让学生采用skim reading方式迅速查找、定位短文的关键词：can 和 can't，并将所学语言点迁移运用，完成子项目三：制作告示牌来介绍拉萨的秋天。教学流程如下：

T: Today let's go to Lhasa and have a look at the autumn there, OK?

S: Ok.

T: Lhasa is a religious（宗教的）place. What can we do there? What can't we do there?

S: We don't know.

T: Now, let's read the passage quickly and try to find out the key words: can and can't. OK?

S: OK.（教师出示介绍拉萨的短文，15秒钟让学生圈出文中的can和can't。）

Autumn in Lhasa

Lhasa is very beautiful in autumn. The trees are yellow, red and brown on the hills. You (can) go climbing but you (can't) play with fire（玩火）. The water in the lake is so clear and blue. You (can) see the lake but you (can't) swim in it. Potala（布达拉宫）is white and red. You (can) get in Potala but you (can't) take photos in it.

T: How many "cans" and "can'ts" can you see in the passage?

Ss: We can see three "cans" and three "can'ts".

T: Good. So what can we do and what can't we do in Lhasa?

S₁: We can go climbing. We can see the lake. We can get in Potala.

S₂: We can't play with fire. We can't swim in the lake. We can't take photos in Potala. (在此过程中带领学生随文识读,认知与拉萨相关的语言点。)

T: Yes. You are great. Lhasa is so beautiful in autumn, but it is a religious place. Let's make a notice board and tell people: What can we do and what can't we do in Lhasa. OK?(完成项目三:制作告示牌,解答在拉萨的一些禁忌。)

(4)项目四:以"乐"为伴,歌唱哈尔滨冬之晶莹

在简单回顾了扬州的春天、昆明的夏天、拉萨的秋天之后,教师继续使用思维导图讨论冬天,激活学生已有知识储备,然后抛出问题:Which city is famous for its winter? 并完成项目四:使用歌曲介绍哈尔滨。

T: Boys and girls, let's watch a video about winter. Can you tell us: Which city is the video about?(教师播放哈尔滨的城市宣传片。)

Ss: It's Harbin.

T: Great. Harbin is so beautiful in winter, right?

Ss: Yes.

T: After watching the video, let's think about what we can do in Harbin?

S₁: We can go skating. We can make snowmen.

S₂: We can go skiing.

S₃: We can...

T: Yes. We can do a lot of things in Harbin. It's great fun. Let's sing a song about Harbin's winter. OK?

Ss: Ok.

T: Now, let's work in groups and try to finish the song.

We like the winter in Harbin

If you really like Harbin,
If you really like Harbin,
We can_____ there.
We can_____ there.
We all like the winter in our Harbin.

教师出示歌曲的文本支架,指导学生分组完成歌曲并试着合唱。完成子项目四:Sing a song about Harbin.

Step3：迁移、创新与形成成果

在完成了对春、夏、秋、冬四季不同城市的介绍以后，教师引导学生总结、归纳四种介绍城市的方法：诗歌、图书、礼仪、歌曲（见图2）。之后出示中国地图，要求学生分小组选择一种方式来介绍本小组选择的城市，制作本小组的项目作品。

图2　四种介绍城市的途径

6. 确立评价方式，展示项目成果

由于是跨单元复习教学，所以在实施项目评价时，教师要考虑到不同单元的知识要点能否有机融合，而且要将评价贯穿项目实施的整个过程。在不同的项目小组以不同的形式来展示项目化成果时要考虑评价的普适性，引导学生的知识由单一走向多样，思维由低阶走向高阶。基于以上考量，教师设计项目评价表如下（见表3）：

表3　"City Album"项目评价表

评价点	评价标准	达成情况 ☆→☆☆☆	自我评价 ☆→☆☆☆	他人评价 ☆→☆☆☆
内容	知道如何选择城市			
	知道选择描述方式			
	内容充实、有新意			

续 表

评价点	评 价 标 准	达成情况 ☆→☆☆☆	自我评价 ☆→☆☆☆	他人评价 ☆→☆☆☆
语言	语言表达流畅、精准			
	表达声音响亮、清晰			
成果	作品展示直观、清楚			
	作品设计精美、有创意			

教师在学生完成项目成果前引出项目评价表,引导学生通力协作,充分讨论,经过头脑风暴以后每个小组成员都对项目成果做出贡献,确保每位成员在完成项目的过程中都能运用新知识,掌握新技能。

7. 教学反思

回顾项目历程,将项目化学习运用于小学英语跨单元整合复习是笔者大胆的探索与尝试,也是对小学英语课堂教学模式的创新。相较于传统的单元复习课,基于项目化学习的跨单元整合复习把学生的语言学习从教材引向更广阔的现实世界,通过构建真实的教学情景和任务来驱动学生对知识积极探索和生生之间的交流协作,由此激发学生对学习英语和使用英语的兴趣,提升学生的语用能力(夏雪梅,2018)。与此同时,学生在完成每个项目的过程中,不断提高了情感价值观,触发了主动学习的意愿和对知识的探索欲望,真正成为学习的主人。在语用能力发展的同时,学生在沟通协作、实践创新等方面的能力也得到提升,形成积极的情感态度和价值观。这对学科育人目标的达成和英语学科核心素养的落地都具有非凡意义。

8. 结语

基于建构主义与合作学习理论的项目化教学,通过精心设计"项目"来引导学生在理解语言的基础上对于某个项目话题进行实践和体验,有利于让学生在提升语言能力的同时,充分发展创造、实践、协调与合作等方面的能力,达到"用语言做项目"和"在项目中学语言"的完美契合。但是基于PBL框架的小学英语教学模式还不成熟,并受限于施教者自身的阅历与水平,整合不同文本的质量还存在较大差异。如何通过系统化的教研建构科学有效的PBL教学范式、提升教师理解教材和重构文本的能力,仍然具有很大的发展空间。

参考文献

[1] 中华人民共和国教育部. 义务教育英语课程标准(2022年版)[S]. 北京:北京师范大学出版

社,2022.
[2] 钱彦琼.小学英语项目化作业设计研究[D].上海师范大学,2020.
[3] 任艳.例谈小学英语复习课的教学[J].教学与管理,2017(23):48-50.
[4] 王蔷,周密,蒋京丽,闫赤兵.基于大观念的英语学科教学设计探析[J].课程·教材·教法,2020,40(11):99-108.
[5] 夏雪梅.项目化学习设计:学习素养视角下的国际与本土实践[M].北京:教育科学出版社,2018.

作者单位:江苏省无锡市坊前实验小学 江苏无锡214111

单元教学设计

基于学生深度学习的高中英语单元整体教学中的德育渗透
——以《高中英语》(上外版)必修一Unit 1 School Life自信教育为例

杨梦婕 徐悠悠

提　要：双新背景下的英语教学不仅要求教师注重语言学习、培养学生的学科核心素养，更要兼顾德育教育。深度学习理念可以帮助教师实现"教书"和"育人"的有机统一，在英语教学中进行"润物细无声"的德育渗透。本文旨在探索基于深度学习的高中英语单元德育教学设计，其路径是：以单元为单位，以单元德育大概念为引领，以单元育人目标为导向，以学生英语学科核心素养发展为目的，以语篇分析为策略，实施教、学、评一体化，促进学生深度学习，实现立德树人的根本任务。

关键词：德育教育；深度学习；单元整体学习；语篇分析

1. 引言

《普通高中英语课程标准(2017年版 2020年修订)》(以下简称《新课标》)的基本理念之一为"发展英语学科核心素养，落实立德树人根本任务"，明确指出普通高中英语课程具有重要的育人功能。《中小学德育工作指南实施手册(2017年版)》提出必须把德育工作作为素质教育的重点，落实育人为本的思想，潜移默化地激发学生的社会责任感(中华人民共和国教育部基础教育司 2017)。因此，英语教师在教学过程中，不仅要关注学生学科核心素养的培养，还要融合对学生思想、行为、道德方面的引领和教育，助推学生全面发展，落实立德树人的根本任务。

德育教育的课堂实施要求教师能够将德育以"润物细无声"的方式融入到日常教学中，依托于教材，以单元整体学习为路径，以语篇分析为策略，引领学生深度学习的同时，逐渐形成正确的三观，具备理想信念、爱国情怀、责任担当与创新精神。本文将以《高中英语》(上外版)必修第一册第一单元(以下简称1AU1)为例，探索如何在促进深度学习的同时对学生进行自信教育。

2. 深度学习促进德育教育

在双新背景下，为了落实学科育人的根本任务，学生的学习应从传统模式下的碎片化、表层化、机械化、以分数提高为目的的学习转变为以知识构建和思维训练为重点、以解决问题和迁移创新为导向、以学科核心素养和立德树人为目的的学习，即深度学习（Deep Learning）。早在1956年，布鲁姆就将学习分为浅层学习和深度学习，其中浅层学习仅停留在"知道"和"理解"的层次，是对知识简单机械地描述、重复和记忆，而深度学习则对应"应用""分析""评价"和"创造"等高阶层次，注重知识的内化、迁移、应用和创新。2005年，我国学者何玲、黎加厚在《促进学生深度学习》中将深度学习定义为学习者能在理解的基础上批判性地吸收新知识和新思想，将其与旧知识和旧思想之间建立有意义的联系，构建相整合的认知结构，并迁移运用到新情境中解决实际问题或作出符合社会主义核心价值观的决策。而实现深度学习需走进学生情感和思维的深处，触及学科本质和知识内核，促进学生从学习到发展的内部转变，引导学生自主发现和真正理解，在学科获知的同时实现精神的成长和丰盈（李松林 2014），这与新课标中强调的英语学科素养的基本要求和立德树人的根本任务不谋而合，即深度学习能帮助实现"教书"和"育人"的有机统一（刘月霞，郭华 2018）。

以培养学科核心素养和立德树人为目的的深度学习是整合的、系统的、长期的学习，依托单一语篇或活动很难实现，因此深度学习需以单元为最小的学习单位（王蔷等 2021）。而在单元学习中，语篇是相对独立的、最小的语言单位（徐继田，丁振月 2018），因此在单元整体学习中实现深度学习和德育渗透需以语篇为依托，运用语篇分析的策略深入探究主题意义、解析具体内容、剖析文体结构、鉴赏语言特色、分析作者意图（彭晓莉 2021），借助语篇德育小概念、围绕单元德育大概念，从不同角度对同一主题进行多维度的思辨性思考和批判性表达，避免学习的碎片化、表层化和割裂化，建构相整合的认知结构、情感态度和价值取向，促进学生深度学习，实现立德树人的教育目标。

鉴于此，本文将以1AU1为例，从单元整体学习路径的设计以及语篇分析策略的使用两个方面探讨基于学生深度学习的德育渗透方法。

3. 以单元整体学习为路径，深入探究单元德育大概念

国外对于单元教学理论的研究侧重于人本主义，即要求教师基于学生的需求，结合教材内容，制定单元和分课时的教学目标（Frazee & Rudnitski 1995）。近年来，国内也愈发重视单元整体学习，单元整体教学逐渐成为一线英语教学中的主要教学策略。王蔷等（2021）指出单元整体学习需围绕单元主题意义展开，关注单元各个语篇之间的内在联系，在单元育人目标基础上设计层层递进的学习任务和活动，使学生在知识的建构中形成对问题的深层认知，推动核心素养落地课堂。本文认为教师应利用英语学科的学科特性，提炼单元德育大概念，在单元主题语境中依托语篇德育小概念整合语言、文化和思维，在英语课堂上适时适度地对学生进行德育教育。

在1AU1的教学实践中，我们根据单元语篇主题，提炼单元德育大概念；基于单元德育大概念和语篇德育小概念，界定单元和分课时教学目标；以单元育人目标为统领，以问题链为导向，设计课时学习任务和活动；基于大、小概念，评价学生德育理解和表现，实现教、学、评一体化，促进深度学习，培养学生自信。

3.1 根据单元语篇主题，提炼单元德育大概念

大概念即 big ideas。"概念"可以表现为一个概念、一个主题或话题、一个观点、一个问题、

一个假设、一个有待讨论的议题等，"大"的内涵是"核心"或"上位"，具有较强的迁移性和生活价值（刘徽 2020）。大概念处于一个学科的核心位置，可以联合众多小概念，统摄整个单元的学习内容和过程，具有抽象性、概括性、永恒性和普遍性的特点（王蔷等 2022）。2017 年版的《新课标》首次使用了"大概念"，明确了高中课程应"重视以学科大概念为核心，使课程内容结构化，以主题为引领，使课程内容情境化，促进学科核心素养的落实"。王蔷等（2020）指出大概念是落实育人目标的重要保障，教师需要通过挖掘和提炼单元大概念，把握单元核心育人价值，找到合适的德育切入点。因此，实现单元整体学习应先分析单元内各语篇之间的有机关联，提炼出单元德育大概念，在大概念的引领下明确单元和分课时学习目标、任务和活动以及评价。

1AU1 的单元主题为"校园生活"，内容围绕高中的学习和生活，围绕遇到困难到解决困难而展开。主阅读语篇（Reading A）描述了主人公 Jim 独具匠心的作业意外收获高分，蕴含的德育价值为创新自信；听说语篇（Listening and Viewing）及拓展阅读语篇（Reading B）向高一新生提供解决困难的建议，蕴含的德育价值为自信自强；文化链接（Culture Link）和项目探究（Further Exploration）板块引导学生对中外校园文化进行比较，蕴含的德育价值为文化自信。对标《上海市中小学英语学科德育教学指导意见》（上海市教育委员会教学研究室 2021），本单元中的"创新自信""文化自信"以及"自信自强"三个德育小概念分别对应 A2 科学理论或理想信念、C2 历史文化、D4 自强合作，均指向学生的自信教育，随即析出"自信教育"为本单元的德育大概念，并以此作为切入点对学生进行潜移默化的德育教育和人格引导（如图 1 所示）。

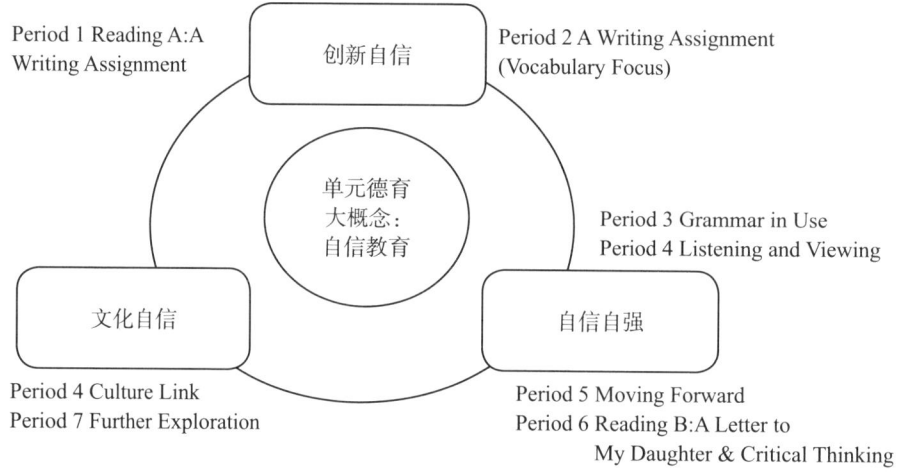

图 1　1AU1 单元德育大概念的析出

3.2 基于单元德育大概念和语篇德育小概念，界定单元和分课时教学目标

深度学习中的教学目标应是单元育人价值的具体化（刘月霞，郭华 2018）。为促进学生深度学习，有效地渗透德育教育，教师应将笼统的德育教育目标细化到具体的单元学习和分课时学习中。基于此，我们设计了围绕单元德育大概念（自信教育）和三个德育小概念（创新自信、自信自强和文化自信）的单元整体育人目标（见表 1）。

表1　1AU1单元整体育人目标

大概念	小概念	单元目标	课时目标	语篇/活动
自信教育	创新自信	能感悟勇于创新的校园精神，提高创新意识；	通过语篇分析发现和领悟校园创新精神；	Period 1:Reading A
			运用话题词汇，描述一次独特的作业经历，培养创新自信；	Period 2:Vocabulary Focus
	自信自强	能直面困难、悦纳建议、突破自我，自信自强；	掌握过去将来时的形式、意义和用法，运用其描述对高中生活的期待；	Period 3: Grammar in Use
			通过情境语境、话轮转换和多模态分析获取视听语篇中的建议并就其可行性进行批判性评价，悦纳建议，校正自我行为；	Period 4: Listening &Viewing
			在采访和主题句写作中表达初入高中的体验，在交际和表达中培养积极探索、自信面对校园生活的精神；	Period 5: Moving Forward
			通过语篇分析发现和领悟自信自强精神；	Period 6: Reading B & Critical thinking
	文化自信	能批判地看待不同文化下的校园生活，提升文化自信。	通过文化链接和项目探究，描述理想高中生活，批判地看待不同文化下的校园生活，分析我国校园生活的优势，提升文化自信。	Period 7: Culture Link & Further exploration

3.3　以单元育人目标为统领，以问题链为导向，设计课时任务和活动

在教学实践中，教师需为学生创设真实情境并逐步地引导，培养学生的学科核心素养，实现立德树人的教育目标。"问题"作为引发学生认知冲突、连结既有认知结构与新知识技能的节点，为学生提供了探究和创新的机会(李锋等2021)。在1AU1教学实践中，我们设计了服务于单元教学和育人目标的、符合学生的认知水平和需求的问题，由浅入深地串联单元内各板块，结合语篇分析策略，进而形成系统的问题链，引导学生开展基于单元主题的学习活动，通过反思评判、价值判断等方式，帮助学生形成正确的三观，达到深度学习，实现自信教育的育人目标(见表2)。

表2　1AU1中以问题链为导向的学习任务和活动

单元育人目标	问题链	学习任务	学习活动
培养创新自信、自信自强以及文化自信，感悟勇于创新、直面困难、突破自我的精神。	主/拓展阅读语篇要素有哪些？语篇大意、写作目的和作者观点是什么？你认为自信自强和创新精神的培养对于高一新生的价值是什么？	获取语篇大意和关键信息，析出目标读者、写作目的、基本观点等，结合语篇和自身经历谈论对创新精神和自信自强的理解。	活动1：阅读 A Writing Assignment，获取关键信息、概括大意、分析写作目的和基本观点，通过判断Jim的作文是否应得A感悟创新精神。(第一课时) 活动2：阅读 A Letter to My Daughter，基于问题解决模式，获取问题与建议，归纳大意，判断目标读者、写作目的和基本观点，谈论自信自强对高一新生的意义。(第六课时)

续　表

单元育人目标	问题链	学习任务	学习活动
培养创新自信、自信自强以及文化自信，感悟勇于创新、直面困难、突破自我的精神。	主/拓展阅读语篇的话题词汇语义网包括哪些词汇？记叙文中所使用时态的表意功能分别是什么？	构建围绕"校园生活"主题的话题词汇语义网，并在语境中学习、运用过去将来时。	活动1：通过互动构建以"校园生活"为主题的话题词汇语义网，运用其描述一次创新性作业经历。（第二课时） 活动2：在语境中判断过去将来时的形式、意义和用法，并运用过去将来时在主题交际任务中表达意图。（第三课时）
	本单元的听/说/写的策略是什么？你获取的建议对自信迎接高中生活有何影响？你初入高中的体验和感受是什么？	获取视听语篇中的建议，以采访的形式描述开学第一周的感受并运用主题句策略写语段。	活动1：通过情景语境、多模态分析以及话轮转换获取视听语篇大意、交际意图和所提建议，获得建立自信的方法。（第四课时） 活动2：运用表达兴趣的策略采访同学开学第一周的感受，以"主题句+细节"方式完成书面报告。（第五课时）
	单元中为你提供了哪些自信迎接高中生活的建议？你会接受哪些建议？接受建议后你将会有哪些改变？	整合单元语篇信息，评价他人建议的可行性，悦纳建议，积极改变，自信迎接高中生活。	活动：梳理单元语篇所涉及的建议，选用合适的思维图进行呈现并进行小组讨论，对这些建议的可行性方面发表个人见解并尝试提出其他可行的建议，悦纳建议，描述悦纳建议所产生的正向自我改变。（第六课时）
	你欣赏我/他国高中生活中哪些方面？我国校园文化独特性是什么？你的理想校园生活是什么？	分享各国高中校园文化生活，认识国内校园文化的独特性，描述理想的高中校园文化生活。	活动1：根据文化链接以及搜集的信息完成思维图"各国开学第一周的活动"，并就其所蕴含的文化理念发表见解。（第七课时） 活动2：分享搜集的我/他国高中校园文化生活，归纳我国校园文化的独特之处，描述理想的校园生活并互评。（第七课时项目探究）

3.4　基于大、小概念，评价学生的德育理解和表现

教、学、评一体化是达成学生深度学习的重要环节，教师不仅要评价学生深度学习的过程和结果，也要评价学生的学习能力以及是否达到了价值观、信念和态度的内在和谐。这与《中小学德育工作指南实施手册（2017年版）》所提出的要求不谋而合，即教师应对学生进行系统的思想品德教育，促进学生知、情、意、行等品德要素的协调发展，强调知行合一（中华人民共和国教育部基础教育司 2017）。

布鲁姆将教育目标分为认知理解、行为技能、情感态度三维目标，其中认知理解维度上深度学习所应达到的目标包括应用、分析、评价、创造；行为技能维度上的目标包括复杂的外显行为、适应、创新；情感态度维度上的目标包括价值评价、组织、价值体系个性化（张浩等 2014），教师可以根据这三维目标确定评价系统以促进学生知、情、意、行的全面协调发展。

表3　1AU1基于单元德育大、小概念的教、学、评一体化

单元育人目标	单元学习任务	学习评价	
		评价维度	评价标准
培养创新自信、自信自强以及文化自信，感悟勇于创新、直面困难、突破自我的精神。	获取语篇大意和关键信息，析出目标读者、写作目的、基本观点，结合自身经历谈对创新精神和自信自强的理解。	认知理解：分析	能够分析记叙模式以及问题——解决模式的语篇要素；
		认知理解：分析、应用	能够结合语篇内容从语用分析的不同角度深入理解语篇，领悟创新精神和自立自强；
		认知理解：评价 情感态度：价值评价	能够对语篇所包含的文化价值（创新精神、自信自强）进行批判性评价，校正自我行为。
	构建围绕"校园生活"主题的话题词汇语义网，并在语境中学习、运用过去将来时。	认知理解：分析、创造	能够联系上下文、后缀等构词法理解语篇中的关键词汇，建构话题词汇语义网；
		行为技能：适应、迁移	能够运用话题词汇语义网复述文章内容；
		行为技能：迁移、创新	能够运用话题词汇描述一次创新性作业经历、探讨高中生如何培养自信自强的品质；
		认知理解：分析、应用 行为技能：迁移、创新	能够识别语篇中的时态并判断其表意功能，并在电子邮件的写作中运用过去将来时表达过去对高中生活的期待。
	获取视听语篇中的建议，以采访的形式描述开学第一周的感受并运用主题句策略写相关语段。	认知理解：分析	能够根据视听语篇的情境语境、话轮转换和多模态分析获取视听语篇的细节、大意、态度、参与交际者的人物关系等信息；
		认知理解：评价 情感态度：价值评价	能够获取视听语篇中所提供的建议，就其可行性作出评价，并进行自我行为校正；
		认知理解：应用、评价	能够以采访的形式描述开学第一周的感受；
		行为技能：适应、创新	能够运用"主题句+具体内容"的信息拓展方式书面表达高中校园生活的感受。
	依据思辨问题整合单元语篇，批判地评价建议的可行性，悦纳建议，积极改变。	认知理解：分析、创造	能够依据思辨问题梳理单元语篇的相关信息，选用合适的思维图呈现思维过程；
		认知理解：评价 情感态度：价值评价	能够就相关建议表达个人观点，批判性地听取建议并校正自我行为，增强校园自信。

续　表

单元育人目标	单元学习任务	学习评价	
		评价维度	评价标准
	分享不同国家的校园生活及其文化理念,认识我国校园文化的独特性,描述理想校园文化生活。	认知理解:分析、创造	能够从语篇中获取细节信息,以思维图的形式进行梳理并在组内进行口头分享;
		情感态度:价值评价	能够就所给话题进行思辨表达,发现其背后的文化理念,扬长补短,增强文化自信。

4. 以语篇分析为策略,深化德育认知理解

Halliday和Hason(1976)认为语篇分析并不是简单地说明语篇内容,而是分析语篇如何表达内容以及为什么表达其内容。相似地,我国学者黄国文(2001)认为语篇分析包括语篇表达的内容是什么、语篇为什么而表达、语篇是如何表达意义的这三个角度。从语篇分析的策略来看,徐继田和丁振月(2018)认为语篇分析应从基于、深入和超越语篇三个层次来就语篇分析的三个角度进行探究。在基于语篇的理解层次上,语篇分析主要指宏观结构组织分析以及微观结构特征分析;在深入语篇的理解层次上,语篇分析的维度包含目的、对象、来源、理念、观点、正向结果、负面结果等;在超越语篇的理解层次上,主要的语篇分析维度为解释、分析、评价、推理、说明、自我校准等(见图2)。

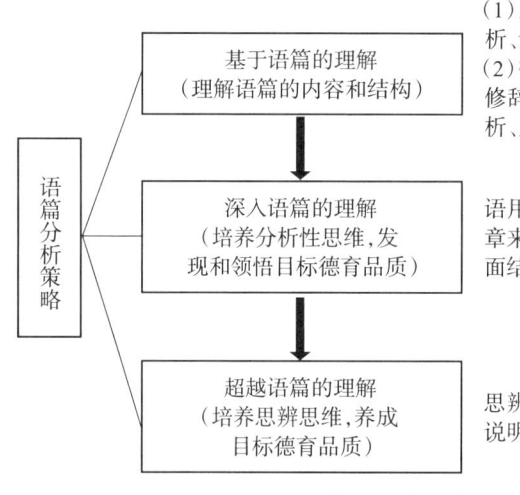

图2　语篇分析策略(徐继田,张惠英 2020)

为达到"润物细无声"的德育渗透,实现深度学习,教师在单元教学中应围绕单元德育大概念,依托语篇德育小概念,运用语篇分析的策略,在基于语篇理解的层次上,引导学生获取和理解语篇的内容与结构、赏析语篇的语言特色,在深入语篇理解的层次上,引导学生

分析作者的写作意图、目的、态度、观点、价值取向等,在超越语篇理解的层次上,引导学生围绕德育大、小概念,联系自身生活实际进行批判性思考和表达,多层次、多角度引导学生在单元学习过程中习得、整合知识以及迁移、运用知识解决问题,培养目标德育精神和品质(见图3)。

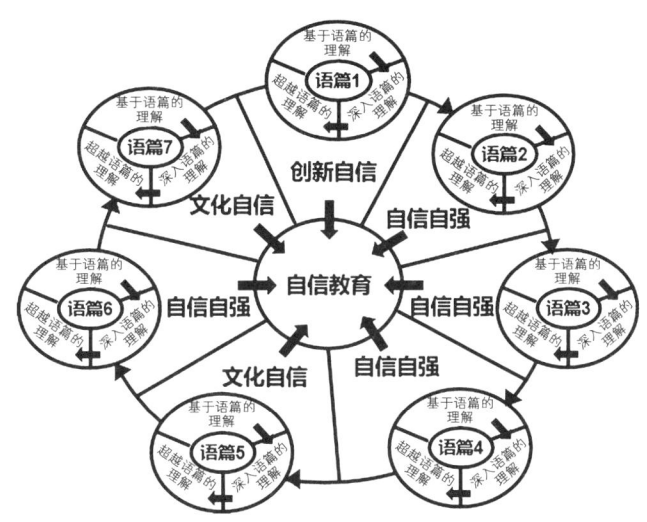

图3　语篇分析策略促进学生深度学习和德育渗透

接下来,本文将借助郭华(2019)提出的深度学习的根本特征,以1AU1主阅读语篇以及创新自信的德育分目标为例,具体阐述如何以语篇为依托开展单元教学,在促进学生的深度学习的同时达到良好的德育渗透效果(见表4)。

表4　主阅读语篇 A Writing Assignment(第一课时)的语篇分析策略

语篇分析的层次	语篇分析策略	问题链	设计意图	深度学习特征
基于语篇的理解	情境语境分析	Who is involved in the story? What is the main idea of the story? How is the story organized?	引导学生厘清人物关系、理解语篇大意、掌握语篇的组织方式	活动与体验
	及物性分析(物质和心理过程)	Which words can describe Peabody's behaviors? Which words can illustrate Jim's behaviors and feelings?	引导学生通过分析主要人物的行为和心理变化深化对语篇的理解	
	语篇模式分析(记叙模式)	When/Where did the story happen? How did the story develop? What happened in the end? Can you organize the development of the story by drawing a thinking map?	引导学生基于记叙文语篇模式、借助思维图梳理故事发展脉络	联想与结构

续 表

语篇分析的层次	语篇分析策略	问题链	设计意图	深度学习特征
基于语篇的理解	话题词汇语义网	What vocabulary have you learned given the topic of "school life"? Can you retell the story with the help of this topic-related vocabulary?	引导学生内化、巩固和记忆话题词汇，把握语篇表达的主题意义	联想与结构
深入语篇的理解	语篇的目标读者	Who is this passage written to?	引导学生分析语篇的写作对象、目的和作者的主要观点，发现和领悟创新精神	本质与变式
	作者的主要观点	What question is the writer trying to answer?		
	作者的写作目的	What is the writer's main purpose of writing this passage? Has the writer achieved his writing purpose? Why or why not?		
超越语篇的理解	评价与分析	Do you think it was fair that Mrs Peabody gave Jim an A for his assignment? Why or why not?	引导学生基于语篇细节、联系生活实际探讨高中生活中创新精神的重要性并进行自我行为校准	迁移与创造 价值与评价
	自我校准	If you were Jim, what would you do to show creativity without ignoring the requirements of the assignment?		

郭华（2019）指出深度学习的根本特征是活动与体验、联想与结构、本质与变式、迁移与创造以及价值与评价。活动与体验需以问题为驱动，强调亲身经历知识的发现、形成和发展过程以及分析和推断。在基于语篇理解的层次中，教师从情境语境分析中的语旨、语场、语式三个方面入手，对故事中参与交际的人物关系、故事大意以及组织方式进行提问，引导学生在略读中以问题为驱动获取语篇的主要内容和行文逻辑，关注主人公Jim和Mrs Peabody的动作词汇，分析和推测Jim的心理变化，使学生在自主探究中切身体验故事的情节发展和主人公的心理变化。联想和结构强调的是唤醒旧知、融入新知并建构相整合的、具有适用性的知识结构。教师以问题链为驱动引导学生发现记叙文的语篇模式（narrative pattern）和基本要素（orientation, complication and resolution），构建"语篇模式"知识结构，在意义协商中逐步获取School life话题词汇并纳入初中已建构的相关话题词汇网中。在这个层次的分析中，主要强调的是学生对语篇的内容和结构的理解和掌握，为后续发现、领悟、培养语篇目标德育价值做铺垫。

本质与变式是对学习对象的深度加工，强调学生自主探究、分析、归纳出学习对象的本质。在深入语篇理解的层次中，教师引导学生依据语篇中的细节信息分析、推断语篇的目标读者、作者的基本观点和写作目的等，旨在发现语篇背后的文化现象和价值观念，即创新性和独立性等。

迁移与创造强调的是知识向个体经验的转化，价值与评价强调引导学生在有根据的分析和评判中形成正确的价值观，落实立德树人的教学根本任务。在超越语篇的理解层次中，教师从分析、判断和自我校准的批判性思维角度,引导学生结合语篇细节和个人经历,阐述Jim获得老师赞扬的合理性以及该故事对高一新生行为发展的积极影响,从而培养学生的创新自信。在这个层次的分析中,主要强调的是引导学生联系生活实际、批判性地探讨作者所提出的观点或价值准则,校正自我行为,从而达到特定的德育目标。

由此可见,语篇分析策略是在单元整体学习中促进深度学习、实现德育教育强有力的抓手,可以帮助教师在单元德育大概念引领下以语篇为依托、以问题链为驱动、以层层递进又彼此关联的教学活动为载体,促进学生深度学习,达到"润物细无声"的德育渗透效果。

5. 结语

《中小学德育工作指南实施手册(2017年版)》强调育人为本、德育为先,教师应将德育教育细化并落实到学科教学目标中,融入教学的全过程,渗透进学生的内心(中华人民共和国教育部基础教育司 2017)。为实现"教书"和"育人"的有机统一,教师需要引领学生进行以单元为单位的深度学习,以单元德育大概念为引领,依托于语篇德育小概念,以问题链为驱动,以语篇分析策略为抓手,设计教、学、评一体化的课堂任务和活动,逐步引导学生发现、领悟、内化、实践单元德育目标,使学生在学科获知的同时实现精神的成长。

参考文献

[1] Frazee, B. M. & Rudnitski, R. A. *Integrated Teaching Methods: Theory, Classroom Applications, and Field-based Connections*[M]. New York: Delmar Publishers, 1995.

[2] Halliday, M. A. K. & Hasan, R. *Cohesion in English*[M]. London: Longman, 1976.

[3] 郭华. 深度学习的五个特征[J]. 人民教育, 2019(06): 76-80.

[4] 何玲, 黎加厚. 促进学生深度学习[J]. 现代教学, 2005(05): 29-30.

[5] 黄国文. 功能语篇分析纵横谈[J]. 外语与外语教学, 2001(12): 1-4, 19.

[6] 李锋, 程亮, 王吉庆. 面向学科核心素养的信息技术单元设计与实现[J]. 课程·教材·教法, 2021, 41(10): 114-119.

[7] 李松林. 深度教学的四个实践着力点——兼论推进课堂教学纵深改革的实质与方向[J]. 教育理论与实践, 2014, 34(31): 53-56.

[8] 刘徽. "大概念"视角下的单元整体教学构型——兼论素养导向的课堂变革[J]. 教育研究, 2020, 41(06): 64-77.

[9] 刘月霞, 郭华. 深度学习:走向核心素养(理论普及读本)[M]. 教育科学出版社, 2018.

[10] 彭晓莉. 基于深度学习的高中英语语篇分析教学策略[J]. 百科论坛电子杂志, 2021(17): 635-636.

[11] 上海市教育委员会教学研究室. 上海市中小学英语学科德育教学指导意见[M]. 华东师范大学出版社, 2021.

[12] 王蔷, 周密, 蒋京丽等. 基于大观念的英语学科教学设计探析[J]. 课程·教材·教法, 2020,

40(11):99-108.
[13] 王蔷,孙薇薇,蔡铭珂等.指向深度学习的高中英语单元整体教学设计[J].外语教育研究前沿,2021,4(01):17-25,87-88.
[14] 王蔷,孙万磊,赵连杰等.大观念对英语学科落实育人导向课程目标的意义与价值[J].教学月刊·中学版(外语教学),2022(04):3-14.
[15] 徐继田,丁振月.基于语篇分析的读后输出设计[J].英语学习,2018(12):9-15.
[16] 徐继田,张惠英.基于语篇分析的思维可视化英语教学策略行动研究[J].基础外语教育,2020,22(04):31-39,106-107.
[17] 张浩,吴秀娟,王静.深度学习的目标与评价体系构建[J].中国电化教育,2014(07):51-55.
[18] 中华人民共和国教育部基础教育司.中小学德育工作指南实施手册[M].教育科学出版社,2017.
[19] 中华人民共和国教育部.普通高中英语课程标准(2017年版2020年修订)[S].人民教育出版社,2020.

作者单位:上海市行知中学 上海 201999

大概念统领下的高中英语单元整体教学设计与实践
——以《高中英语》(上外版)必修二 Unit 1 为例*

王 建

提 要： 为促进英语学科核心素养的有效落实，本文以《高中英语》(上外版)必修二 Unit 1 为例，探索开展了基于大概念的单元整体教学设计与实践。通过深入研读单元内容，确定单元大概念；根据单元大概念，确定单元教学目标和课时安排；根据单元教学目标，确定课时教学目标；根据课时教学目标，开展教学评一体化活动。从宏观到微观，层层分解与落实，实现了大概念统领下的系统化、结构化的语言教学。这对于学生语言能力、学习能力、思维品质和文化意识的融合发展，充分挖掘英语学科的育人价值，大有裨益。

关键词： 大概念；高中英语；单元整体教学；核心素养

1. 引言

《普通高中英语课程标准》(2017年版2020年修订)(以下简称《课标》)强调：要重视以学科大概念为核心，使课程内容结构化，以主题为统领，使课程内容情境化，促进学科核心素养的落实(中华人民共和国教育部 2020)。虽然《课标》未对"大概念"进行具体阐述，但它对确定教学目标、组织教学内容、设计教学活动和开展教学评价具有重大指导作用。《课标》中"大概念"的提出为解决教学缺乏纲领性统领、内容碎片化、过程表面化和评价形式化等问题提供了思路和方案(王蔷等 2021)。

单元整体教学是学科教育落实立德树人根本任务、发展素质教育、深化课程改革的必然要求，也是学科核心素养落地的关键路径(崔允漷 2019)。它作为一个完整的过程，有助于学生系统地掌握学科知识，凸显学科结构的整体性。

2. 大概念与单元整体教学的内涵

"大概念"是舶来词汇，由 Big idea 翻译而来。关于"大概念"的含义，Bloom(1981)认为迁移是大概念的本质和价值所在，教师要注意提炼学科中的抽象大概念，引导学生把它运用到各种情境中去解决问题，这是教育工作的重要一环。Erickson(2001)认为大概念是对概念关系的表述，它将离散的知识点有意义地联系起来，抽象出具有深层含义的重要概念，学生认识

---

* 本文系青浦区 2021 年度教育科学研究重点项目《单元教学视角下高中英语项目化学习活动的设计与实施研究》(立项编号：2021Z003)的阶段性研究成果。

事物、学习语言规律是从具体到抽象的过程，这一过程需要大概念在其中穿针引线。Michaels（2008）认为大概念是学科知识的主干，是脱离了具体的学科内容后仍然能够继续探索的知识。Whiteley（2012）指出大概念是理解的基础，是联结碎片化知识的有意义的模式；大概念是人类描述和认识世界的工具，是教学设计的核心与基础，它指导教师从上位出发，整合教学内容，规划教学活动（李刚，吕立杰 2018）。大概念是学科结构的骨架和主干，为课程内容的组织提供了有序框架，帮助学生在不同知识点之间建构合理的对接，形成持久存续的、成体系的核心观念，为应用迁移做好铺垫（顿继安，何彩霞 2019）。王蔷等人（2021）指出：学科本质上，大概念是反映学科本质的核心知识、思想和价值；课程内容上，大概念是联结教学内容的核心概念架构；过程与方法上，大概念是统摄教与学过程的原则和方法。

结合上述中外学者的表述和自身理解，笔者将大概念的内涵概括如下：大概念是需要被揭示的抽象核心观念，体现了教育主题，是教学内容的融合，整合了碎片化知识，并可以超越特定范围进行迁移。

基于大概念的单元整体教学是指教师依据课程标准，围绕特定主题，深入解读分析、整合重组教材等教学资源后，结合学习主体的需求，搭建由单元大主题统领，各语篇子主题相互关联、逻辑清晰的完整教学单元，使教学能够围绕单元大主题达成单元教学目标，帮助学生通过对不同语篇小概念的学习、提炼和整合，生成单元大概念（王蔷等 2021）。

3. 高中英语单元整体教学的现状分析

目前高中英语日常教学主要存在以下三个问题：一是"散"。由于缺乏纲领性的主线，学生很难对网状的知识结构进行整体把握，所学知识无法系统化。二是"浅"。学生的知识学习停留在表面，很少做深层探究，高阶思维能力得不到锻炼与发展，止步于浅层学习。三是"僵"。学生囿于固化的情境，不会灵活应用和迁移所学知识。

大概念统领下的单元整体教学为解决上述问题，实现学生核心素养的培养提供了新思路。首先，单元整体教学关注不同课时之间的联系，帮助学生形成完整清晰、可扩充的网状知识结构，解决"散"的问题。其次，大概念具有高度的概括性和抽象性，隐藏在教学内容深处，需要教师开动脑筋去挖掘提取，帮助学生从现象到本质进行研究，实现深度学习，解决"浅"的问题。再次，大概念具有丰富的迁移价值，不仅能应用于学科内，而且能迁移到学科间，帮助学生活学活用所学知识，解决"僵"的问题。

4. 基于大概念开展单元整体教学设计与实践

本文以高中英语新教材（上外版）必修二 Unit 1 为例，探索基于大概念进行单元整体教学设计并付诸课堂教学实践。

4.1 深入研读单元内容，确定单元大概念

本单元的话题是 Nature，主题语境为"人与自然"，主题群为"自然生态"和"环境保护"，主要由六个版块（八个语篇）组成（见表1）。

表1　单元内容分析

语　篇	内　容　分　析
Reading A	语篇类型为寓言故事,语篇内容讲述了一位国王因为嫌弃美丽花园中丑陋枯木的存在,命人将其移走,结果花园的生态失去平衡与生机。语篇结构以时间为主线,以故事情节的发展变化为线索。语言特征是用行为动词描述人物的所作所为,用直接引语记录人物间的交际过程。主题意义在于引导学生意识到保护自然生态平衡的重要性———一旦破坏,修复所付出的代价巨大。
Listening	听一首题为What a Wonderful World的歌曲,引导学生感受自然之美,提高审美情趣。
Viewing	看一则题为Nature Makes You Happy的研究报告视频,揭示了多与大自然接触对人类情感和心理产生的积极影响,并教授通过图像预测视频内容的观看策略。
Speaking	设计了"学校开办国际艺术节,要求学生充当志愿者,向游客介绍山水画"的情境,并教授保持良好站姿和眼神接触的演讲策略。
Writing	要求学生写一段描述风景画或照片的片段,并教授按空间顺序进行写作的策略。
Reading B	语篇类型是散文。语篇内容基于作者的观察和感受,用诗一般的语言,大量排比句式描绘了自然之美,阐述了人与自然的亲密关系。主题意义在于引导学生对自然要充满感恩,欣赏自然魅力,从而懂得更好地保护自然。
Further Exploration	要求学生通过探究式学习,了解一些地方在治理环境污染和生态破坏、最终修复与还原自然美景方面做出的努力,并以讲故事的方式呈现出来。
Culture Link	主要介绍了在中国传统文化中,人与自然要和谐相处的自然观。

通过对本单元内容的研读和梳理,提炼出以下三个单元小概念：一是欣赏和感受自然之美,二是保护自然至关重要,因为大自然能对人类的身心健康产生积极影响,而且生态环境一旦破坏,难以修复。三是人与自然要和谐相处,并努力复原被破坏的生态环境。

基于对上述单元小概念的进一步总结浓缩,提炼出本单元的大概念如下：学会欣赏自然之美,增强保护自然的意识,并与自然和谐相处。

本单元各个版块的主题和单元大概念之间的关系如图1所示：

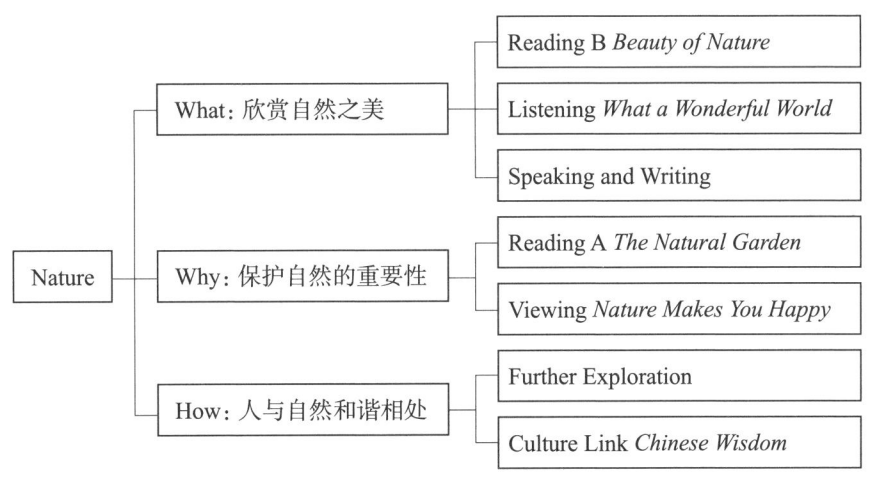

图1　单元内容主题关系

基于以上对单元内容的分析和整合,各个版块不再是相互割裂的孤立存在,而是形成了层次分明、结构清晰、关系紧密的网状架构。对整个单元内容完整而清楚的把控,有助于教师在具体的分课时教学中,游刃有余地确定所讲授语篇在建构单元大概念中的地位和作用,有的放矢地引导学生逐步建构单元大概念,加深对单元主题的认知,从而培养学科核心素养。

4.2 根据单元大概念,确定单元教学目标和课时安排

《课标》指出:要关注主题意义,制定指向核心素养发展的单元整体教学目标(中华人民共和国教育部 2020)。单元是承载主题意义的基本单位,教师要根据各单元的主题和教学内容,制定单元教学目标,并围绕主题语境整体设计学习活动。

单元教学目标的确定,要围绕单元大概念的建构展开,以确保每个分课时教学都能积极落实大概念。单元教学目标的设置要遵循可达成、可操作、可检测的原则,兼顾学生语言能力、学习能力、思维品质和文化意识的融合发展,体现学生完成单元学习后形成的新认知和方法、情感和态度、价值判断和行为选择,即能够陪伴学生成长的大概念(王蔷等 2021)。

笔者围绕所举例单元的大概念,拟定了如表 2 所示具有关联性和建构性的单元教学目标和课时安排:

表 2 单元教学目标与课时安排

单元大概念	单元教学目标	语篇及课时
要学会欣赏自然之美 增强保护自然的意识 人与自然要和谐相处	描述自然之美,谈论人与自然的关系,强化保护自然的意识	Reading A 1 课时
		Reading B 1 课时
	理解不同文化的自然观,分享不同地区在治理环境污染和生态破坏、修复自然美景方面做出的努力	Further Exploration Culture Link 1 课时
	根据图像预测视频内容,口头展示时保持良好的体态和眼神交流,按照空间顺序开展段落写作	Listening and Viewing 1 课时
		Moving Forward (Speaking and Writing) 1 课时

4.3 根据单元教学目标,确定课时教学目标

《课标》强调:每个课时目标的设定都要为达成单元整体目标服务,有机整合课程内容六要素,并根据教学实际需要有所侧重,避免脱离主题意义或碎片化的呈现方式(中华人民共和国教育部 2020)。根据学生的实际水平和学习需求,确定教学重点,统筹安排教学。

具体而言,教师要从提炼的单元大概念出发,围绕拟定好的单元教学目标,深入研读单元内的每个语篇,确定教学核心内容,梳理结构化的知识和语言学习重点,把握与拓展主题意义,挖掘文化价值,分析文体特征和语言特点。这不仅是确立课时目标的基本前提,更是帮助学生实现从知识到能力、从能力到素养转化的重要保障。

对于举例单元的六大版块（八个语篇），笔者基于前述确立的单元大概念和单元教学目标，制定如表3所示的教学目标：

表3 课时教学目标

版 块	课时教学目标
Reading A	1. 能够根据主题词进行丰富而迅速的词汇联想 2. 能够识别记叙文的三要素，梳理并概括故事的主要情节 3. 能够理解故事的寓意：保持自然生态平衡至关重要 4. 能够增强人与自然要和谐相处的环保意识
Reading B	1. 能够借助优美的语言，感受自然之美 2. 能够理解语篇蕴含的劝诫意义：感恩、欣赏和保护自然
Listening and Viewing	1. 能够听懂和看懂音频和视频材料的主题：欣赏自然之美，大自然对人类身心健康有积极影响 2. 能够在听的过程中有选择地记录关键信息 3. 能够掌握借助图像预测视频内容的学习策略
Moving Forward	1. 能够借助图片，口头或书面描述自然美景 2. 交流中能够保持良好的体态和目光接触 3. 能够按照图片的空间顺序，写出70-90词的描述性短文
Further Exploration	1. 能够通过探究性学习了解一些国家和地区在治理环境污染和生态破坏、修复被破坏的自然美景方面做出的努力 2. 能够通过独立查阅资料与合作探讨等方式获取、整理并分享相关信息
Culture Link	1. 能够准确把握篇章主题：在中国文化中人与自然要和谐相处 2. 能够理解不同时代、不同文化的自然观

4.4 根据课时教学目标，开展教学评一体化活动

英语学习活动按照层次由低到高分为三类：学习理解类、应用实践类和迁移创新类。在大概念的统领下，要将三类活动贯穿于整个单元教学的每个课时中，让学习活动相互关联、有机融合、滚动前进，为达成单元整体目标服务。

教学评一体化是指教师为实现课程目标，将教学目标和课堂活动与学习结果、评价任务整合，以确保教学、学习和评价的一致性。教学评一体化落实于课堂，对于提升课堂教学的有效性，丰富学生学习体验，帮助学生知识增长、能力提升和情操陶冶，促进英语学科核心素养的培养具有重要意义。

在实际教学中，教师应处理好评价与教和学之间的关系，达到以评促学、以评促教的目的。教师要依据评价标准有意识地监控学生在学习活动中的表现，将课堂评价贯穿教学全过程，为检测教学目标服务，发现学生学习中存在的问题，并提供及时帮助与反馈，促进学生有效开展学习。

本文以高中英语新教材（上外版）U1 Reading A *The Natural Garden* 为例，根据前述确定的单元大概念和该课时教学目标，开展课堂教学评一体化活动：

活动1 头脑风暴

> *Teacher: Present a mind map about nature
> *Students: Think of any words and expressions related to nature
> Purpose: To draw students' attention to the topic of the unit and arouse their learning interests

Guided Question: When it comes to nature, what will you think of ?

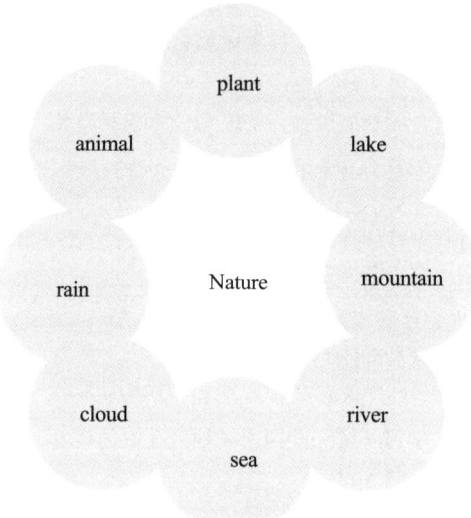

图2 主题词联想

【活动分析】

读前活动采用头脑风暴的形式,教师要求学生联想与本课时主题词"自然"相关的词汇(见图2),以能够在有限的时间内想出尽可能多的词汇为评价标准。意在导入文本话题,激活背景图式,激发学习兴趣。活动直接简洁,注意与学生已有知识和经验建立联系,属于基于语篇的学习理解类活动。实践表明:学生兴趣浓厚,参与积极,反应迅速,联想的词汇丰富而贴切,实现了课时目标1,为建构单元大概念埋下了伏笔。

活动2 绘制思维导图

> *Teacher: Ask students to summarize the main idea of each part and fill in the mind map
> *Students: Read the story carefully and fill in the mind map
> Purpose: To help students comb through the main plots of the story

Guided Question: Can you summarize the main idea of each part and fill in the mind map below?

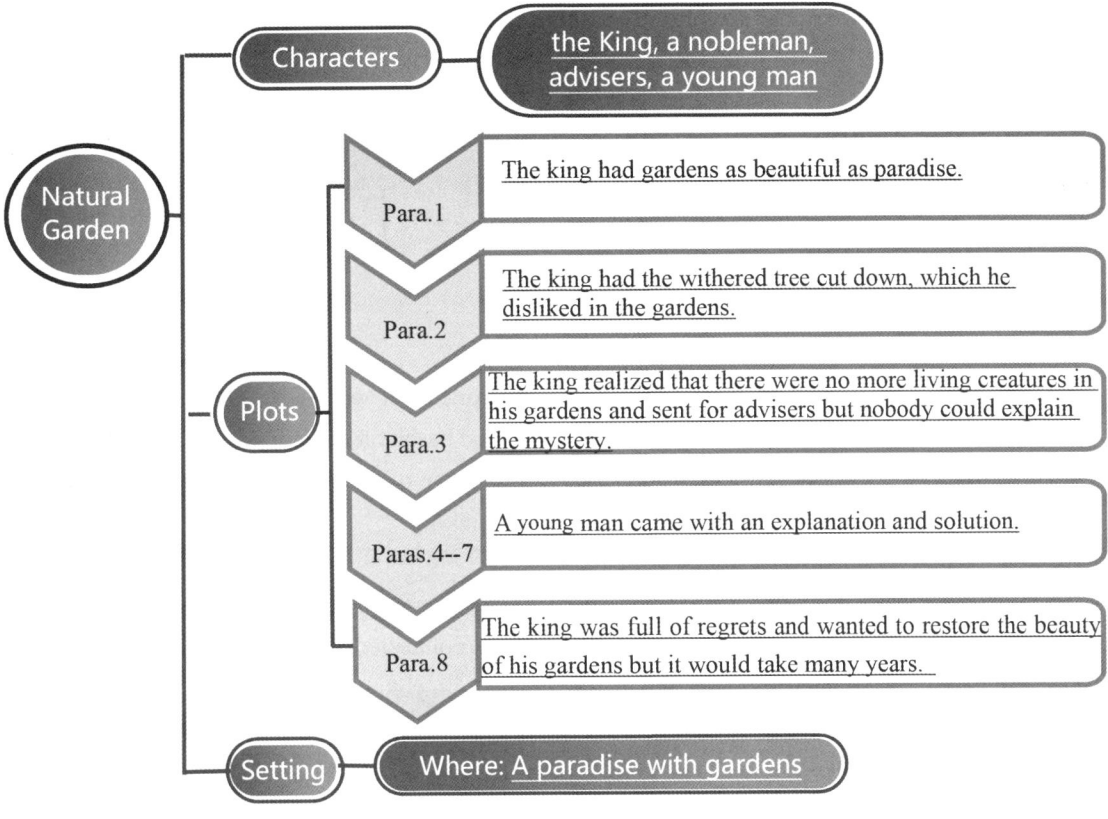

图3 语篇内容结构

【活动分析】

读中活动采用完成思维导图的形式,教师要求学生仔细研读文本,梳理记叙文的三要素,评价标准是学生能够用简明扼要的语言概括每一部分的主要情节。意在帮助学生把握文本内容,完成对信息的概括与整合,教会学生在零散的信息之间建立关联,归纳和提炼基于主题的新认知结构,属于基于语篇的学习理解类活动。实践表明:大部分学生能用自己的语言准确概括故事情节,实现了课时目标2,为建构单元大概念做好了铺垫。

活动3 话题讨论

*Teacher: Ask students to discuss the theme of the story
*Students: Have a discussion in groups and share ideas with each other
Purpose: To help students reflect on the theme of the story and cultivate their ability to express thoughts and opinions

Guided Question: What lesson have you learnt from the story?

【课堂实录】

S1: Everything in nature is connected and any careless decision may lead to its destruction, so we must keep the balance of nature carefully and maintain a harmonious relationship with it.

【活动分析】

读后活动采用小组讨论的形式,教师要求学生思考故事寓意,评价标准是学生能准确理解寓意并用流畅的语言交流与分享。意在引导学生深刻理解文本主题,锻炼口头表达能力,这属于深入语篇的应用实践类活动。实践表明:大部分学生讨论热烈,各抒己见,但都能归结到"保护自然"的文本主题上来,实现了课时目标3,引导学生基本建构了单元大概念。

活动4　角色扮演

> *Teacher: Ask students to make up a dialogue in groups and act it out
> *Students: Work in groups and make up the dialogue based on the story
> Purpose: To help students have a deeper comprehension of the writing purpose and promote the development of their critical thinking and creative thinking

Guided Question: Suppose the king is about to cut down the old tree in his garden, but the adviser to the king knows how everything in the garden is connected. The adviser wants to persuade the king to give up the plan. Can you make up a dialogue with your partner? You can start like this:

The king: The old tree is withered and dry. What's the point of leaving it in my royal garden? It's completely out of place!

The adviser: Your Majesty! Allow me to...

【课堂实录】

The adviser: ... Allow me to remind you that the old tree is significant in keeping the balance of nature in your gardens.

The king: The old tree? Are you kidding me? It's dead!

The adviser: Yes, the dead tree.

The king: I'm looking forward to your explanations.

The adviser: Although the big tree is dead, the remains provide thousands of moths for the gardens. The moth poo is the main source of nutrition for insects and other organisms, which offers food to rare plants and flowers. These plants and flowers are main food for colorful worms, which provide food for the brightly colored birds in return. The bigger animals mainly feed on these birds. In a word, everything in your gardens is connected, so we'd better keep the dead tree and maintain the balance of nature in your gardens heart and soul.

The king: I got it! Let's keep the dead tree and preserve it well.

【活动分析】

另一个读后活动采用角色扮演的形式,教师要求学生两人为一组编对话,并创设真实情境:国王意图砍树,属下阐明自然界万物相互依存的道理,竭力阻拦。评价标准是学生能在展示中自然融入故事主题,并能自信地表演。意在引导学生准确把握写作意图,促进学生批判性和创造性思维的发展,这属于超越语篇的迁移创新类活动。实践表明:大部分组员通力合作,紧扣文本主题，积极构思与表达台词，并加入了恰当的面部表情和肢体动作，实现了课时目标4，进一步强化了学生的"人与自然要和谐相处"的单元大概念的建构。

以上四个教学活动由易到难，循序渐进，富有层次性，引导学生思维由低阶到高阶稳步发展，紧紧围绕本单元大概念展开，为达成既定课时教学目标进而实现单元教学目标服务。通过教师的提问与反馈、学生的呈现与表演进行即时评价，有助于学生英语学科核心素养的有效形成。

5. 结语

大概念统领下的高中英语单元整体教学颠覆了传统的以知识点为中心的碎片化教学模式，转而开展有纲领指引的系统化、结构化的语言教学。教师应善于将培养学生的英语核心素养这一长远育人目标分解为基于学科大概念的单元和课时教学目标，充分挖掘单元的育人价值，并将育人目标贯穿于英语学习与实践活动的全过程，形成情境真实、结构严谨的单元育人蓝图，促进大概念统领下的学生语言能力、学习能力、思维品质和文化意识融合发展，推动英语学科育人价值有效落实。在当前新课程改革的背景下，如何实现大概念统领高中英语单元整体教学，还需要更多的理论研究和实践探索。

参考文献

［1］ Bloom, B., Madaus, G. & Hastings, J. T. *Evaluation to Improve Learning*[M]. New York: McGraw-Hill, 1981.
［2］ Erickson, H. L. *Stirring the Head, Heart and Soul: Redefining Curriculum and Instruction*[M]. California: Corwin Press, 2001.
［3］ Michaels, S., Shouse, A. W. & Schweingruber, H. A. *Ready, Set, SCIENCE! Putting Research to Work in K-8 Science Classroom*[M]. Washington: The National Academies Press, 2008.
［4］ Whiteley, M. Big Ideas: A Close Look at the Australian History Curriculum from a Primary Teacher's Perspective[J]. *Agora*, 2012, 47(1): 41.
［5］ 崔允漷. 如何开展指向学科核心素养的大单元设计[J]. 北京教育：普教版, 2019(2): 11-15.
［6］ 顿继安, 何彩霞. 大概念统摄下的单元教学设计[J]. 基础教育课程, 2019(18): 6-11.
［7］ 中华人民共和国教育部. 普通高中英语课程标准（2017年版 2020年修订）[M]. 人民教育出版社, 2020.
［8］ 李刚, 吕立杰. 大概念课程设计：指向学科核心素养落实的课程架构[J]. 教育发展研究, 2018, 38(15): 35-42.
［9］ 王蔷, 周密, 蔡铭珂. 基于大观念的高中英语单元整体教学设计[J]. 中小学外语教学, 2021, 44(1): 1-7.

作者单位：上海市朱家角中学 上海 201713

基于单元主题意义的综合性输出活动的设计与实施

王璐亿

提　要：基于大观念的英语单元整体教学设计以发展核心素养为宗旨。本文以《高中英语（上外版）》必修第二册第一单元Nature为例，探讨单元视角下指向主题意义的综合性输出活动的设计与实施。该类活动兼顾多模态语篇特征与学情，以旧促新，以境激趣，以引领思，以评促学，引导学生自主探究、挖掘与拓展主题意义，实现深度学习，达到促进知识向能力再到素养转化的目的，最终实现学科育人。

关键词：大观念；主题意义；单元整体教学；英语学科核心素养

1. 引言

目前，高中英语单元视角下的教学设计仍存在诸多问题。一方面，输入有限，教学呈现一定的过程表面化和内容碎片化，语篇解读较粗浅，重语言轻思维；另一方面，急于输出，语言实践中合适的情境创设不足，没有为学生搭建足够的脚手架，缺乏层次性的逻辑，评价形式化。因而学生兴趣不足，鲜有成效。王蔷等（2022）提出的大观念为解决英语教学碎片化和表层化问题提供了新的思路，也提出了基于英语学科大观念的单元整体教学设计的步骤：依据课程标准，分析单元内容，梳理各语篇主题意义，建立关联，由此建构主题小、大观念，并基于学情制定单元和课时学习目标，进而通过具有综合性、关联性和实践性的学习活动，引导学生采用自主、合作的学习方式参与主题意义的探究活动，在活动的过程中实施教学评一体化，从而提升语言能力、文化意识、思维品质和学习能力。本文以《高中英语（上外版）》必修第二册第一单元Nature为例，探讨基于单元主题意义探究的综合性输出活动的设计与实施路径。

2. 核心概念

2.1　主题小、大观念

王蔷等（2020）指出：英语学科大观念以主题大观念为统领，主题大观念在人与自我、人与社会、人与自然三大范畴之中，是单元的内容映射，以多语篇为依托，为学生学习语言和探究主题意义提供语境，为运用英语解决问题提供知识基础、认识方式和迁移框架，为指向高阶思维的迁移与创造以及情感、态度和价值观的建构奠定基础，提升核心素养。大观念的"大"具有相对性。在单一语篇层面，"大"观念就变成了"小"观念。相互关联、递进的小观念即语篇的主题意义通过整合和提炼构成单元的主题大观念。

2.2 综合性输出活动

根据《普通高中英语课程标准（2017年版 2020年修订）》（以下简称《课标》），综合性活动关注听、说、读、看、写技能的整合运用与实践。综合性输出活动多为应用实践类活动和迁移创新类活动。应用实践类活动包括描述与阐释、分析与判断、内化与运用等学习活动，即在课堂内学习理解类活动的基础上，教师引导学生围绕主题，逐步实现对语言知识和文化知识的内化，巩固知识结构，促进语言运用，助力学生将知识转化为能力。迁移创新类活动包括推理与论证、批判与评价、想象与创造等学习活动，即教师引导学生关注语篇背后的价值取向或作者态度，进而在新的语境中，通过自主、合作、探究的学习方式，综合运用语言技能和多元思维，创造性地表达观点、情感和态度，体现正确的价值观，加深对主题意义的理解，促进能力向素养的转化。综合性学习活动帮助学生从多角度理解单元主题意义，有效输出语言，提升运用语言的综合实践能力和思维品质，助力核心素养的形成。

3. 综合性输出活动的设计原则

整个单元采取以主题意义为引领、以语篇为依托、以活动为途径的整合式教学方式。在单元视角下整合多模态语篇，融语言、文化、思维为一体，设计出真实任务与巩固练习相结合、知识能力与思想教育相结合、迁移延展与启发挑战相结合的综合性输出活动。根据《课标》，指向学科核心素养的英语学习活动观倡导以学生为中心，以语言运用为核心，具有综合性、关联性和实践性特点。本文对学习活动的设计如何体现三大特性做以下思考：

（1）综合性：从单元视角出发，关注主题意义，融合多模态语篇，通过一系列综合性的语言学习和思维活动培养学生语言理解和意义表达的能力，推动学生对主题的深度学习，从理解到应用、从分析到评价，树立正确的世界观、人生观和价值观，实现知行合一。

（2）关联性：遵循活动关联教学目标的一致性原则，调动已知，以旧促新，建立课堂所学和学生生活的关联，设计复习巩固类、拓展延伸类和综合实践类等多种活动，引导学生在相互关联、有梯度的活动中发挥学习潜能，促进自主学习，加深对主题意义的理解。

（3）实践性：关注学生的生活经验和认知水平，创设适切的情境和可操作、可检测的评价活动，激发学生参与学习和体验语言的兴趣，反思、再现个人生活和经历，在实践中提升运用综合知识解决实际问题的能力，创造性地表达个人观点和态度。

4. 综合性输出活动的实践

4.1 依据课标，分析单元语篇，梳理主题意义，建构单元主题小、大观念

《课标》指出：单元是承载主题意义的基本单位。本单元属于"人与自然"主题语境，主题群为"自然生态和环境保护"，主题语境内容有"自然环境""人与环境"和"人类生存、社会发展与环境的关系"。《课标》提出"深入研读语篇，把握主题意义、挖掘文化价值、分析文本特征

和语言特点及其与主题意义的关联,对教师做好教学设计具有重要意义,是教师创设合理教学活动、落实英语学科核心素养目标的重要前提"。通过梳理单元内各语篇内容,可提炼出各语篇的主题意义(见表1)。

表1 单元各语篇内容分析

语　篇	单元板块	语篇内容(主题)	主题意义
The Natural Garden	Reading A	寓言类记叙文顺叙讲述了一位国王破坏生态平衡的故事。	Preserve nature
Chinese Wisdom: Harmony Between Humans and Nature	Culture Link	段落讲述了我国人与自然和谐共处的价值观,人只是自然的参与者,不是主导者。	Preserve nature
Word Meaning: Antonyms	Vocabulary Focus	语篇1. 段落:人们对如何对待自然资源持有两种观点:一些人认为应保护原始森林,而另一些人认为应利用森林以满足经济的发展。 语篇2. 由三个段落组成的小语篇:万物息息相关,人们应该保护每个物种才能保护生态系统和地球。	Preserve nature
Pig Beach	Grammar	在热门旅游景点猪海滩的语篇中正确填补定语从句,体会不同国家共同的自然观:人与自然和谐共处。	Preserve nature
What a Wonderful World	Listening	通过聆听歌曲和获取描绘自然美景的歌词,学生能感受到所处的美好世界,发现构成美好世界的自然之物。	Appreciate nature
Nature Makes You Happy	Viewing	纪录片揭示了自然能对人产生积极的情绪。	Appreciate nature
Writing	Moving Forward	段落示例:通过使用方位介词,按照空间顺序描述自然一景。	Appreciate nature
The Beauty of Nature	Reading B	作者运用生动形象的语言和排比、拟人的修辞手法,描述自然之美,提出不仅要保护自然,也要欣赏自然,进而对自然充满感恩。	Preserve + Appreciate nature

《课标》指出:语篇赋予语言学习以主题、情境和内容,并以其特有的内在逻辑结构和语言形式服务于主题意义的表达。在分析单元语篇内容、挖掘主题意义的基础上,教师根据学生的

认知发展规律和生活经历,提炼主题小、大观念(见图1)。语篇的主题意义从保护(preserve)自然,欣赏(appreciate)自然,上升到感恩珍惜(thank)自然,进而人们能提升环保意识,才能欣赏更美的自然。各板块相互关联,不断丰富主题意义所表达的内容和视角,深化主题。需要指出的是:appreciate一词多义,既有欣赏(admire)之意,也有感恩(thank)之意。

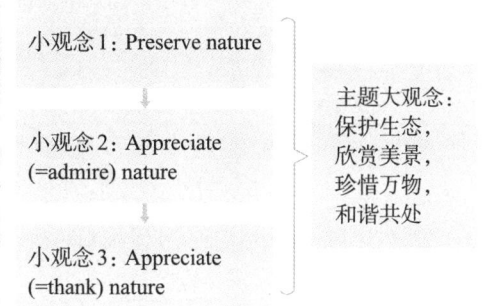

图1　单元主题小、大观念

4.2　基于主题小、大观念和学情,制定单元与课时学习目标

4.2.1　学情分析

本单元在高一年级第一学期学习。学生虽对"自然"的主题不陌生,对环境保护也具有一定的背景知识和相关生活经验,但他们词汇量有限,语篇的教学活动需帮助学生积累词汇,建立主题语义网。大部分学生能就不同话题简要表达个人观点看法,但在展开论说时容易存在内容空洞和逻辑不严谨等问题,教师需提供语言和思维脚手架以及评价表,方便学生开展自评互评。学生性格大多内向,不主动开口,因此单元大观念的综合性输出活动考虑以小组形式展开,促进互助、合作、探究学习。

4.2.2　单元学习目标

在分析单元语篇、挖掘主题意义的基础上,单元学习目标设置如下:

(1)通过语篇的学习,能了解不同时代、不同文化的自然观,谈论人与自然的关系,提升保护生态环境的意识;

(2)能用主题词汇并用一定的修辞手法描述自然之美,表达切身感受;

(3)能利用图像预测内容,用表格呈现、整合信息;

(4)在口头表达时能保持良好的体态和眼神交流,能按照空间顺序描述画面,展开段落写作。

4.2.3　课时学习目标

单元学习目标分解到各个课时中完成,课时目标的交叉融合、递进是单元目标达成的保障,体现"单元统整课时,课时服务单元"的理念。《课标》指出:课时目标要注重基于主题意义,促进学生有效整合所学的语言知识、文化知识,发展理解和表达能力,在此过程中提升学以致用的意识,发展自主评价、反思与调整等学习能力,促进思维品质和文化意识的发展。教师根据学生的认知和生活经历,设置如下分课时学习目标(见表2):

单元教学设计

表2　分课时学习目标

课　　时	课时学习目标	对应单元目标	主题意义（小观念）
第一课时 Reading A (Comprehension)	1. 能掌握记叙文背景（时间、地点、人物）和情节，能读懂传达的寓意； 2. 运用主题词汇并根据时间线复述故事，能用因果逻辑表达自然万物的依存关系； 3. 通过阅读Culture Link，了解中国人与自然和谐相处的自然观，提升生态保护的意识。	1	Preserve nature
第二课时 Reading A (Vocabulary Focus)	1. 能通过问答活动，梳理语篇的相关词汇，丰富对主题词汇的认知和语篇主题的理解； 2. 能在语篇中识别和理解反义词； 3. 能在自然主题语境中正确运用部分词汇表达信息和观点。	1	Preserve nature
第三课时 Grammar	1. 通过阅读Reading A的改编故事，识别和理解关系代词who, whom, that, which和whose引导定语从句的形式、功能和意义； 2. 能用表格归纳关系代词的用法； 3. 能在自然主题语境中正确使用定语从句表达观点。	1, 3	Preserve nature
第四课时 Listening and Viewing	1. 能获取歌曲的主要内容并明白其传递的主旨； 2. 能通过视频中的画面预测主要内容，并能借助背景、声音、动作等非文字资源获取视频所传递的有关自然的信息； 3. 通过音频和视频中呈现的自然之美，感受自然对人类情感的正面影响。	2	Appreciate nature
第五课时 Moving Forward	1. 能用空间指示词和相关语法结构描述图片； 2. 能借助恰当的体态和眼神交流提升交流的有效性； 3. 能用空间顺序描述校园一景，做到生动细致，提升欣赏身边自然美的意识。	4	Appreciate nature
第六课时 Reading B	1. 能理解语篇的主要内容，体会语言描述的自然之美； 2. 能通过语言的优美呈现（感官细节和修辞手法），感受自然描写对情感传递的作用，对自然更充满感激之情，从而提升保护自然的意识； 3. 通过运用语篇中所学词汇并借助感官细节和排比、拟人等修辞手法，完善描述校园一景的段落。	2, 4	Preserve + Appreciate(admire) nature → Appreciate (thank) nature
第七课时 Critical Thinking & Further Exploration & Self-assessment	1. 能以表格形式呈现信息（保护自然和欣赏自然的方式）； 2. 能在合作探究中完成综合性实践活动，加深对主题意义的理解； 3. 能评价与反思本单元的学习情况。	1, 2, 3	Preserve + Appreciate(admire) nature → Appreciate (thank) nature

4.3 基于主题意义的综合性输出活动设计与实施

为达成学习目标，在英语学习活动观视角下，紧密围绕"人与自然"的主题语境，以综合性、关联性、实践性为准则，每个主题意义（小观念）设计一项整合性输出活动（见图2），即评价活动，分别关联生活、校园和人生，检测学生能否运用所学表达新的认知、态度和价值判断，在活动中加强对主题意义的整体理解和综合、辩证表达的能力。

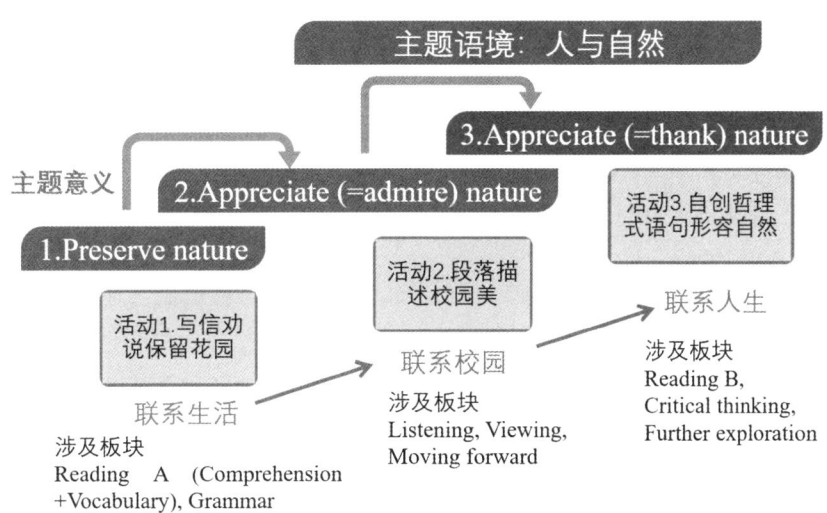

图2 每个主题小观念的综合实践活动

4.3.1 对应主题意义 Preserve nature 的综合性输出活动

（1）活动内容与评价标准

Suppose your community is going to replace a beautiful garden with a parking lot, write a letter to persuade the community to keep the garden with convincing reasons.（100–120 words）

Checklist

1. Structure: ☐ letter format
2. Content: ☐ the purpose of writing this letter
   ☐ convincing reasons with cause-effect relationship（so, in turn, It turned out that...）
   ☐ wishes and suggestions
3. Language: ☐ text-related words and expressions（delicate, preserve, replace, represent, restore, sing the praise of...）
   ☐ attributive clause（who, whom, that, which, whose）

（2）活动设计说明

① 内容：现实生活中因贪图一时经济利益而破坏环境的现象时有发生。教师创设真实情境，学生需联系生活，激活已知和经验，发挥主体的参与作用，分析、解决实际问题，并进一步思考人与自然的关系，增强环保意识，从中提升语用能力和思维能力。能辩证地看待生态平衡和经济发展的关系促使学生树立正确的价值取向，为单元学习目标1服务。

② 语言：鼓励学生运用语篇中的主题词汇和因果关系表达观点，巩固词汇表达，并检测学生是否能在语境中尽可能多地正确使用不同关系代词引导的定语从句，学以致用。

③ 结构：帮助学生操练信体格式，这类应用文体已在必修第一册第一单元"A Letter to My Daughter"和第三单元"Travel Young, Travel Far"两个阅读语篇中出现，也给学有余力的学生进行语用尝试，与高考作文题型接轨。

④ 评价表：作为评价过程的主要参与者，学生通过三项明确的写作要求（Structure, Content, Language）开展自我修正和生生互评。

（3）活动成效

学生能通过Checklist有效地完成写作任务。内容上，有的学生结合Culture Link，引用习总书记所说"绿水青山就是金山银山。"(The core of Chinese culture is the pursuit of humans' harmonious unity with nature. "Green mountains and clear water are equal to mountains of gold and silver.")强调了保护和欣赏自然的重要性，有利于自然过渡到下一个主题意义Appreciate nature。

4.3.2 对应主题意义 Appreciate(=admire)nature 的综合性输出活动

（1）活动内容与评价标准

Write a paragraph to describe one natural scene at school you like with spatial order, adding vivid descriptions（eg: parallelism, personification）and genuine feelings.

Checklist for Drafting

☐ Have you organized your description in spatial order?

☐ Have you used sensory details to make your description vivid?

☐ Have you expressed your feelings?

Checklist for Revising

☐ Do you use proper signal words to make clear the spatial order?

☐ Do you add details to highlight the description?

☐ Do you express your feelings with a variety of specific words?

（2）活动步骤

① 自我构思写作，根据Checklist自评；

② 根据Checklist互评和教师评；

③ 让优秀习作的学生在全班朗读，其他学生聆听语言描述的校园美。教师总结学生生动描写的写作手法，让学生感受单元首页的名人名言（Nothing in Nature is unbeautiful. -Alfred Tennyson）。

（3）活动设计说明

① 活动以联系校园生活作为应用实践的重要突破口。基于Listening and Viewing, Moving Forward, Reading B(4—6课时)的学习，学生已从多个语篇中体会和欣赏自然之美，积累了描述自然美的语料和人类对自然产生不同情感的表达方式。学校即将修整，希望学生能及时地用所学的空间顺序和生动形象的表达方式描述身边的自然美，由此自发产生积极情感，加深对学校"绿色人文"理念的理解，为单元学习目标2,4服务。

② 学生在写作的不同阶段运用不同的Checklist，提升自主学习能力，并在相互评价中不断反思，取长补短，把教学评价变成主体参与、共同发展的过程和手段。

(4)活动成效

俗话说:生活中不是缺少美,而是缺少发现美的眼睛。写作实践中发现"who is a keen observer",在聆听中可视化日常忽视的校园美,例如:雕塑一角小蜗牛在爬,涂鸦窨井盖下蹿出的小草,小花还附在上面。学生生动的描写让大家有了通感,闻到了雨后操场上的青草香味。师生都融入在自然美和意境美中。

4.3.3 对应主题意义Appreciate(=thank)nature的综合性输出活动

上述两个输出活动为学生落实单元主题大观念奠定了基础。教师应更多地调动学生的学习潜能,组织更加开放的项目式、研究性、创作性学习的活动,引入和利用多种资源,激发学生主动参与,鼓励学生分享感受、看法和个人创作,为学生展现自我、挑战自我、相互学习创造最佳的学习环境,因此设计了综合性探究活动:自创哲理式语句描述自然一物。

(1)活动步骤与设计说明

① 通过阅读《高中英语(上外版)》必修第二册练习部分第一单元第六页的语篇"Staying Safe at Grand Canyon National Park Starts with You",学生能了解Dos and Don'ts at National Park。教师用幻灯片展示自己在美国黄石国家公园拍下的自然美景,分享那里如何保护动植物生态(preserve nature)的所见所闻,照应此多模态语篇中的图片Distance gives us a new perspective. Distance makes the hearts grow fonder.的话语。随后,教师分享在纪念品商店拍到的书签Advice from Nature,上面的话语富有哲理,关联Reading A的寓意表达,能帮助学生进一步思考appreciate nature的含义。以一则书签Advice from the OCEAN为例,其中的话语运用了双关(pun)的修辞手法(图3中:Be shore(通sure) of yourself, Avoid pier(通peer) pressure, Sea(通see) life's beauty),这是Reading B中所用到的拟人、排比修辞手法的拓展。内容上与学生刚上高中不自信,有压力的情绪相关。通过欣赏体会语言与自然相结合的哲理,既有助于加强学生与多模态语篇的互动,形成感悟,引发共情(empathy),这是记叙文语篇的核心,也启发学生结合图文进行开放探究,迁移创新,推动知行合一,表达个人观点和态度,自主构建并深化主题意义,同时为下一单元animals做铺垫。图3为此步骤的课堂幻灯片展示:

图3 对应主题意义Appreciate(=thank)nature的输出活动示例

② 学生四人一组,完成一张寓言式书签Advice from _____ (nature)。要求:图文并茂,文字需体现自然之物的特点,从多重感官的角度结合自身与生活,需运用一定的修辞手法,组内明确分工(文案,绘图等),合作讨论,共同创作。

③ 学生展示作品,每组可对作品中的语句进行简单的阐释说明,全班投票选出最喜欢的书签(评判标准:是否体现自然之物的特点,是否与生活、人生相关联,是否运用一定的表现手法),教师打印出排名前五的书签,赠予学生。

(2)活动成效

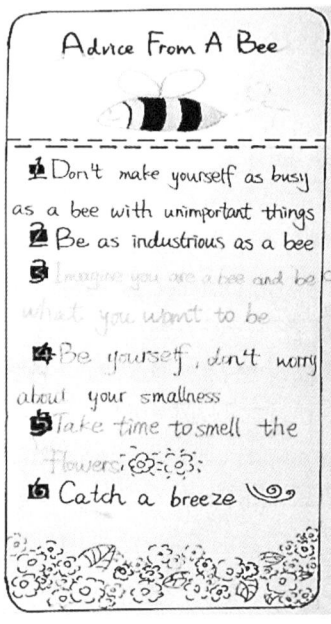

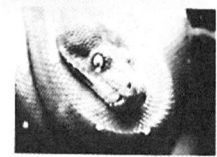

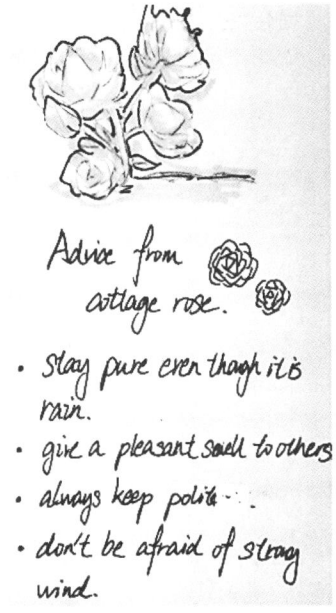

图4 综合性活动小组作品展示

语言上，学生运用了多种表达方式（见图4），如：习语（as busy as a bee）、双关（bee-be what you want to be）、词性转换（活学活用必修第一册第四单元的构词法 keep it light（a.），light（v.） up the world）、拟人（persevere throughout the year）、排比（Don't...）、押尾韵（Nature can meet our needs, but it doesn't satisfy our greed），此句也体现了环保意识。内容积极向上（如：1. Advice from Sunflower: Look on the bright side. Delight in simple happiness. 2. Advice from Rose: Don't be afraid of strong wind. 3. Advice from Sun: Persevere throughout the year.）。

学生在活动过程中提升了发现自然美的意识，感受到用英语思考、创作的乐趣。成就感有利于建立英语学习的兴趣和信心。他们在迁移多模态语篇的意义和表达方式中加强了主题意义的理解，在自我观察探索中潜移默化达到学科育人的目标。

5. 反思

本案例基于单元主题意义，围绕综合性、关联性和实践性原则，形成一套综合性活动设计策略。通过以旧促新、以境激趣、以引领思、以评促学，不断提升学生积极性，促成主题意义的理解，达成学科育人的目标。以境激趣强调主题的吸引力，调动学生进入活动；以引领思完成知识的掌握，促进思维提升；以评促学明确学习目标性，让学生的逻辑思维及对结构和细节内容的把控能力得到锻炼，也帮助学生在互评时提供有效的建议。在促进个人能力提升的同时，活动中的交流、合作、探究氛围使学生以开放的心态倾听他人的观点，激发多元思维，进而创造性地表达个人观点、意图和态度。层层递进、环环相扣的主题意义探寻活动强调学生的主动思考和认知，启发学生积极参与针对语篇内容和形式的讨论和反思，在参与中充分发挥其主观性、能动性、创造性，帮助提升语用能力，加深情感体验，提升英语学习成就感，引导学生的思维由低阶向高阶稳步发展,最终促进核心素养有效形成。设计与实施综合性学习活动的策略(见图5)可进一步拓展至其他单元的教学实践中。开展活动时如何兼顾学生的共性与个性,有待进一步的实践和探索。

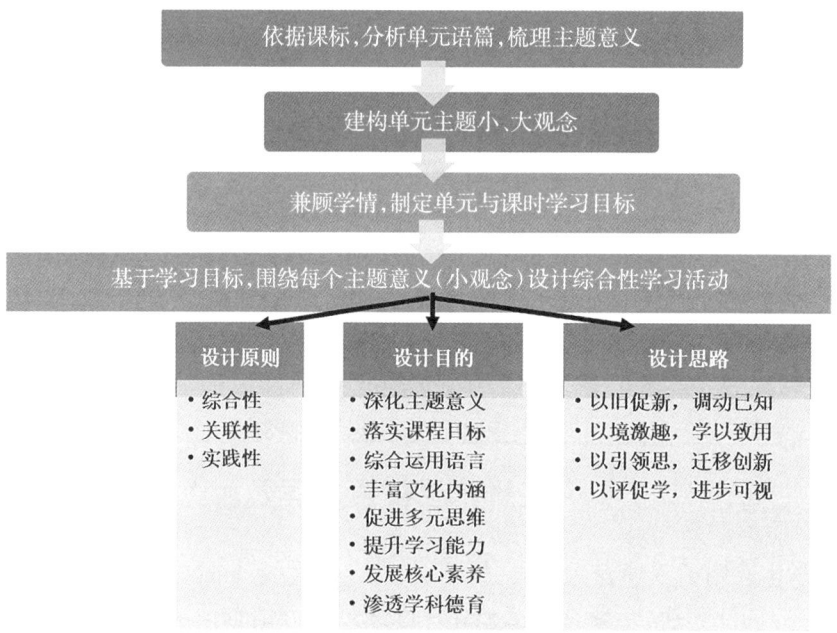

图5 综合性学习活动的设计与实施策略

6. 结语

基于大观念的英语单元整体教学设计以发展学科核心素养为宗旨,围绕主题意义整体设计学习活动。单元就像自然是有机的整体,教师设计活动需要了解各板块、语篇的关系,呼应关联,巩固增效,也要尊重学生结合自身经验建构出具有个人特色的大观念。本研究重点关注课标下梳理主题小、大观念的过程,并针对性提出综合性学习活动的设计原则、设计目的和设计思路,助力学生获得体验、感悟和运用语言的机会。当然,本研究仍有一定局限性,未来研究可参考如下方向作进一步探索:一是高中课本单元设计存在递进关系,可从时间角度进一步安排年度活动进程,做总体规划;二是面向小活动的设计可进一步总结主题和语言范式,提出更具体的活动设计思路。

参考文献

[1] 中华人民共和国教育部. 普通高中英语课程标准(2017年版2020年修订)[S]. 北京:人民教育出版社,2020.

[2] 王蔷,孙万磊,赵连杰等.大观念对英语学科落实育人导向课程目标的意义与价值[J].教学月刊·中学版(外语教学),2022(4): 3-14.
[3] 王蔷,周密,蒋京丽,闫赤兵.基于大观念的英语学科教学设计探析[J].课程·教材·教法,2020(11): 99-108.

作者单位:上海师范大学附属虹口中学 上海 200434

在单元整体教学设计中渗透生命教育
——以《高中英语》(上外版)必修第二册第二单元 Animals 为例

刘　颖

提　要：新课程背景下的高中英语教学在提升学生英语学科综合素养的过程中，还应帮助学生形成正确的世界观、人生观和价值观，承担起对学生进行生命教育的重要德育使命。本文探讨了如何利用单元整体教学，挖掘生命教育内涵，体现生命教育理念，进而推动生命教育在英语课堂的落地。

关键词：生命教育；单元整体教学设计；高中英语

1. 引言

　　新冠病毒引发的疫情，激发了社会大众对个体生命健康、人与自然关系问题的深入思考。与此同时，在急速发展的现代社会，青少年漠视生命、忽视生命意义和价值、缺乏生命情感等问题越来越突出。如何加快生命教育的发展步伐，有效引导学生树立正确的生命观念成为当前社会各界广泛关注的话题。因此，学校教育亟需弥补生命教育的空白，还给学生健康自由全面成长的空间。

　　《上海市中小学学科教学中实施生命教育的指导意见》指出实施生命教育，必须与"二期课改"紧密结合。充分发挥基础型课程、拓展型课程和研究型课程的功能，挖掘并丰富生命教育的内涵，教师要在教学中自觉地按照各学科所提示的生命教育内容，主动地、创造性地在课堂教学的各个环节、各个方面加以落实。《普通高中英语课程标准(2017年版2020年修订)》明确指出实施普通高中英语课程应以德育为魂、能力为重、基础为先、创新为上，注重在发展学生英语语言运用能力的过程中，帮助他们形成正确的世界观、人生观和价值观。因此，英语学科教学绝不应只是单一传授学科知识、技能和方法，更应承担起对学生进行生命教育的重要德育使命。

2. 生命教育理论下的高中英语教学文献综述

　　生命教育，即以生命为中心，围绕人的自然生命、社会生命和精神生命展开教育，旨在引导学生珍爱生命、积极生活、幸福人生，拓展自然生命之长、社会生命之宽、精神生命之高，形成一个完整的、立体的人(朱永新 2015)。可见，生命教育不仅是一切教育的前提，同时也是教育追求的方向与目标。

　　《上海市中小学英语学科德育教学指导意见》指出，高中阶段学科德育核心要求包括：学习有关健康、安全、环保等英语媒体资讯,能用英语介绍主要内容、发表观点,感悟生命的意义和价值,强化社会责任感,树立积极的人生观。如何在高中英语课堂中落实高中学科德育要求,渗透生命教育是许多研究者的重点问题。李桂秀(2020)探讨了在不同课型的高中英语课堂中渗透生命教育的方法,姚丹漪(2009)指出高中英语教材中蕴含着丰富的生命教育资源,探讨了在高中英语课堂中渗透生命教育的策略。具体来说,教师应立足于教材,选择恰当的生命教育角度,在言传身教中落实生命教育;而学生也应在自主探究、合作探究的过程中深化对生命意义的领悟。钱丽娟(2016)指出教师需提高自身素养,挖掘教材中的生命教育材料,通过不同形式把生命教育渗透到教学中。马志民(2020)认为教师创设教学情境,营造生命探索氛围以及将课堂讨论照进现实,促进生命教育的落地至关重要。

然而研究者目前对生命教育在英语教学中的渗透策略探讨较为零散,鲜少成体系,挖掘不深入。教师应如何挖掘教材?呈现给学生什么样的育人价值?教学知识和内容如何组织?在英语课中渗透生命教育具体的操作路径有待进一步探讨。

3. 教学案例

3.1 教学内容

上外版英语必修第二册第二单元Animals的主题语境是"人与自然——动物"。选材方面,阅读A篇探讨了动物园存在的意义,基于截然不同的两种观点与感受,引发学生思考应如何对待动物、如何维护动物的生存权利等问题;阅读B篇通过人与企鹅建立深厚友谊的故事,提醒读者重视人与动物、人与自然的和睦相处;听力和视频材料分别描述了动物目前的不利处境,称颂了动物的英雄行为,使学生意识到动物对人类生活的重要性,增强他们的动物保护意识,并激发他们"尊重生命、敬畏自然"的生活理念。此外,本单元的名人名言、单元导入、思辨、探究等板块均围绕人与动物和谐共生这一主题,引导学生深刻理解人与动物之间关系的重要性,唤起学生热爱动物、保护动物、与动物和谐相处的意识,使学生提高保护动物与自然的责任感,通过积极的行动关爱、善待和保护动物,维护人与动物的和谐共生。

3.2 学情分析

授课班级是上海大学附属中学高一年级伟长班,大多数学生有较好的英语基础,英语学习的热情也比较高。超过半数学生曾养育过宠物,全班同学都对动物园里的动物生存状态有较为真实的了解,对于人与动物这一话题很感兴趣。

4. 操作路径

4.1 明确单元整体教学设计理念

Animals这一单元的主题语境是"人与自然",整个单元的阅读语篇和视听内容围绕"动物"和"环境保护"展开。基于单元主题,教师对各语篇子话题进行分析,挖掘生命教育小观念,以及各小观念之间的内涵与联系,寻找内部逻辑链。之后将语篇进行整合、重组,提炼单元大观念。首先Getting started, Reading A的第一课时和Culture link板块跨文化多角度探讨人与动物的关系(聚焦观点)。其次,Reading A的第二课时、Viewing、Moving forward以及Reading B均探讨了人与动物的关系对双方有何影响(现象透析),其余语篇则是在此基础上思考如何更好地处理人与动物之间的关系(经验提炼)。总之,教师确定本单元各语篇生命教育大观念为"人与自然生命和谐共生"。构建起"多角度探讨人与动物的关系是怎样的(是什么)——人与动物的关系对彼此有何影响(为什么)——如何更好地处理人与动物之间的关系(怎么做)"的显性关联,形成指向生命教育的单元德育主题内容关联图(见图1)。

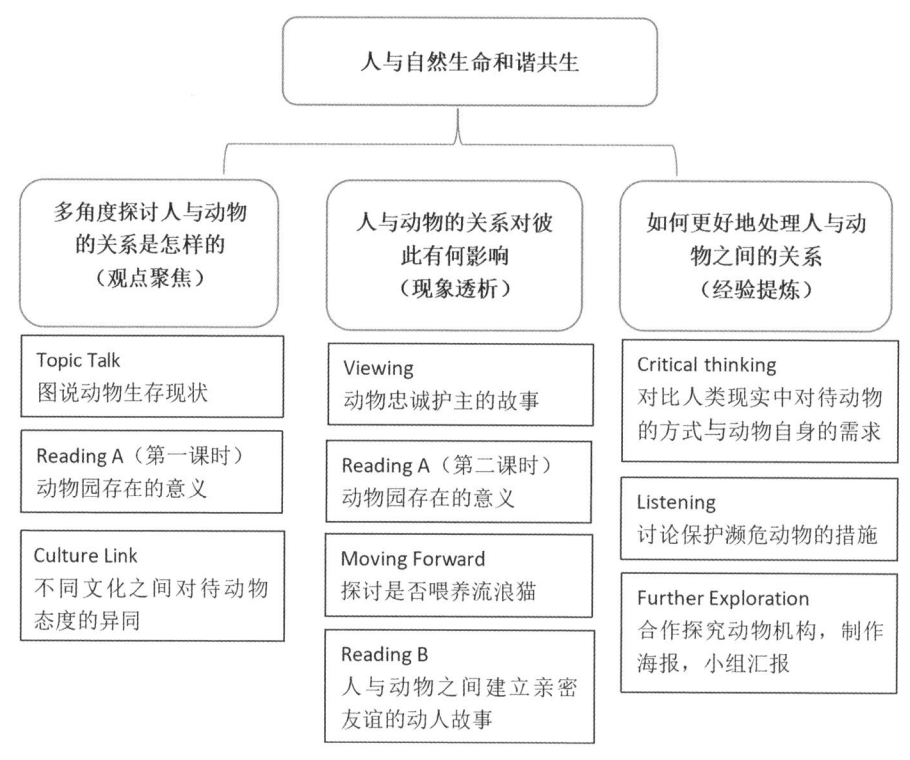

图1 指向生命教育的单元德育主题内容关联图

进一步挖掘语篇之间的共性联系可以发现,单元内各语篇从人类、动物二者的角度探讨了彼此关系,以及展现了不同文化视角下构建出的"尊重生命"的核心价值,而"尊重生命、和谐共生"的理念则融合在每个语篇之中。本单元的Critical thinking中关于人类现实中如何对待动物与动物自身的需求的对比,有效地整合了各语篇的主题内容,从而能够促使学生获得对自然生命更全面和深刻的理解。

4.2 设定单元目标,规划课时安排

本单元用7个课时进行教学。阅读2个课时,视听、说写融合、拓展阅读、思辨训练及项目探究,各1个课时。表1对每一课型中指向生命教育的德育目标进一步进行了分解与梳理。

表1 课时安排与单元目标

教材板块	课时安排	课 型	指向生命教育的德育目标
Getting Started Reading A: *Zoos: Cruel or Caring?*	2课时	阅读	通过运用个人已有的知识和经验,分享人与动物的关系的观点。 辩证看待动物园存在意义,深度探讨人与动物的关系,提升关爱动物、保护动物的意识。
Listening and Viewing: *I'm a Real Animal Lover; Animal Heroes* Culture Link: *Views About Animals in Different Cultures*	1课时	视听	通过了解动物爱好者的自述和猫狗救助主人的故事,认知动物目前的不利处境,体会动物对人类生活的重要性,人与动物和谐共处对彼此的意义,培养与动物和谐共生的积极人生观。 通过跨文化比较,多角度体会人对待其他生命的态度,激发"尊重生命、敬畏自然"的生活理念。
Moving Forward	1课时	说写融合	通过探讨喂养流浪猫的利弊,思考人与动物关系对彼此的影响。
Reading B: *Friends Reunited*	1课时	拓展阅读	通过从动物的视角分析与评价人与动物的关系,重视人类和动物之间的关系及其对双方的影响。
Critical thinking: *Seeing Things From a Different Perspective*	1课时	思辨训练	通过对比人类现实中对待动物的方式与动物自身的需求,在如何构建人与动物和谐关系方面提出可行建议。
Further Exploration	1课时	项目探究	通过探究世界各地喂养、展示、保护动物的机构或组织,思考人与自然生命如何和谐共生,养成保护自然生命的责任感和行为习惯。

4.3 设计教、学、评一体化活动

表2至表6选取了五个关键教学片段,展示了在不同教学环节中,如何通过教、学、评一体化活动达到学科德育的目标。

表2 教学片段一(Reading A)

步 骤	教 学 活 动	设 计 说 明
Topic Talk	【学习理解类活动】 教师提出问题:图片中的动物生活在何处?他们可能是何种感受?学生根据图片自由回答。	创设情境,引入话题。激活目标词汇如zoos, animal protection base, nature reserve, breeding base of giant pandas. 通过图片展示动物在不同环境中的状态,以及一系列针对图中动物状态和感受的快速问答,引发情感共鸣,作为后续德育教育切入点的伏笔。

续 表

步 骤	教 学 活 动	设 计 说 明
While-reading Scanning	【应用实践类活动】 学生扫读文章并回答问题，分析与判断人们对于动物园的不同态度以及各自原因。 Q1: Why do many people think that zoos are cruel? Q2: What is the greatest concern about zoos? Q3: Why can a trip to the zoo be an educational experience?	通过扫读文章回答问题1-3：人们为什么认为动物园是残忍的？人们对于动物园最大的顾虑和担心是什么？为什么说去动物园是有所裨益的经历？理解人们对于动物园的褒贬看法，学生逐步培养理解与分析、概括与整合的能力。 问题1-3关注文章的德育价值，引导学生思考动物园存在的意义与利弊，探讨人与动物如何和谐共存的德育命题。
Role play "Zoos are (not) a good thing".	【迁移创新类活动】 学生两人一组，分别饰演辩论正反方，就动物园好坏展开辩论，并评选出"最佳辩手"。	在小组辩论后，其他同学聆听、质疑、评价展示学生的表现，邀请学生点评"最佳辩手"的发言。引入checklist作为评价参考，可以引导学生关注其相关性，逻辑性，创新性和参与度。在思考人与动物如何相处的过程中激发"尊重生命、敬畏自然"的生活理念。

学科育"德"评价观测点：学生通过观察图片与联系日常经验，可以说出动物在不同环境中的境遇，在课堂讨论中能够分析人们对动物园的看法，多角度探讨人与动物的关系对彼此有何影响，发言中能体现对生命意义和价值的感悟。

表3　教学片段二（Listening and Viewing）

步 骤	教 学 活 动	设 计 说 明
After-listening Discussion	【应用实践类活动】 小组讨论可以做什么来改善广播节目中所提到的动物保护问题。	通过小组讨论，提出保护濒危动物的措施。教师针对学生回答及时捕捉可转化为教学资源的部分，让尊重生命、和谐共处的意识真正落实为可行的做法。

学科育"德"评价观测点：课堂讨论与课后问卷中，学生能表达出尊重生命、与生命和谐共处的意识。

表4　教学片段三（Moving Forward）

步 骤	教 学 活 动	设 计 说 明
Pre-writing	【应用实践类活动】 就是否应该喂食流浪猫发表自身观点，辩证思考人与动物互动方式。	通过思辨性地思考流浪猫如何产生、喂养流浪猫会对猫、其他物种以及人类社会有何影响，解决流浪猫问题有没有更好的做法等子话题的探讨，鼓励学生更深层次地思考人类和动物互动对彼此的影响。

学科育"德"评价观测点：课堂交流与学生作业中，学生能思考人与动物关系如何影响双方，对人与动物之间的关系有更深的思考。

表5 教学片段四（Reading B）

步 骤	教 学 活 动	设 计 说 明
After-reading	【应用实践类活动】 通过对文章最后一句话 Who said there wasn't still some good news left in the world? 中的 good news 和 still 的理解，列举关于人与自然、人与动物的 bad news，并针对其中一项问题的解决写一份倡议书。	将人与动物和谐共处的原则内化运用，并理性辩证地表达个人观点。通过梳理可行做法将德育目标从透视现象转向提炼经验，让德育目标的落实可测量、可观察、可评价。

学科育"德"评价观测点：倡议书中能体现学生对生命的意义与价值的探讨。

表6 教学片段五（Further exploration）

步 骤	教 学 活 动	设 计 说 明
Poster Presentation	【学习理解类活动】 学生以小组合作的方式，对世界各地的动物园、水族馆、野生动物保护区的信息进行查找探究、整合信息、制作海报。 【迁移创新类活动】 学生按小组介绍海报中主要的保护动物的场所与机构，分享在查找资料的过程中的所见所想。	从已有的保护动物场所与机构入手，引发学生想象与创造未来构建人与自然生命和谐共处的蓝图，完成单元德育教育目标最后一环"更好地处理人与动物之间的关系"。

学科育"德"评价观测点：学生在作业中以及课堂展示时体现出人与自然如何相处的哲辩思考。

5. 教学反思

由于生命教育的内在价值取向难以测量与评价，如何高效组织教学活动成为了教学难点。笔者在进行本单元整体教学设计时，首先关注单元德育核心要求与各语篇之间以及单元内各语篇之间的联系，找到内在逻辑链条，理清生命教育思路，再把单元核心德育教育大观念分解成小观念。详细来说，即将本单元"人与自然生命和谐相处"的大观念拆分为：多角度、跨文化地理解"人与动物的关系是怎样的"；探讨"人与动物的关系会对双方有何影响"以及总结"如何更好地处理人与动物之间的关系"三个相关的小观念。再将小观念与特定学习内容与课程资源相结合，则可以让学生在学习过程、学习成果、日常生活等方面达成指向生命教育的德育要求。

如何确保课堂上课时目标，特别是德育目标的落实？进行持续性评价至关重要。围绕本单元学科核心素养的发展目标和课时目标、德育目标，整体设计了全程的持续性评价方案。例如通过课堂观察、课后问卷、学生作业与作品等，多维度、持续性地对学生进行评价。有利于促进单元学习目标的达成，有利于促进学生的理解、应用和思维发展，有利于学生主动反思和调控自己学习的过程。

如何将课堂上指向生命教育的活动提炼成经验，并指导生活？学生需要联系实际，在单元教学过程中有生成性产出。例如本单元教学设计中一系列立足社会现实的产出性活动——迷你辩论，探讨动物园存在意义、是否应该喂养流浪猫；探究动物机构并制作海报分享汇报；写倡议书等活动有利于学生迁移对生命的认知，有利于对学生品格、品行和行为表现产生持续性的影响，强化生命教育的成果。

6. 局限与展望

在实际授课过程中，笔者发现学科德育的有效性仍旧有待提高，教师会面临以下局限性：首先，学科德育缺乏完整的体系规划，缺乏学科间的统筹规划。比如本单元的德育落脚点——生命教育，可以与生物、思政等学科有机融合。具体到英语学科内部，也缺乏从指导纲要到实施路径、评价反馈的完整体系，让教师在设计与规划课堂时更加有据可循，循序渐进。其次，教师本人的德育意识和能力依然需要提升。如何在课堂中创设更加真实的德育环境？学科内容与德育之间该如何平衡？学科德育是否会纳入对教师以及学科教学的评价？许多问题仍需要在未来进一步探索与尝试。

参考文献

[1] 李桂秀.生命教育在高中英语课堂教学中的渗透浅探[J].中学生英语,2020(28):140.
[2] 马志民.高中英语课渗透生命教育的教学策略[J].中国德育,2020(03).
[3] 钱丽娟.挖掘教材内涵,渗透生命教育[J].考试周刊,2016(94):15-16.
[4] 姚丹漪.《新世纪高中英语》教材中渗透生命教育的研究[J].上海师范大学学报(基础教育版),2009,38(04):106-110.
[5] 中共上海市科技教育工作委员会,上海市教育委员会.上海市中小学生命教育指导纲要(试行)[S].上海:上海教育出版社,2005.
[6] 中华人民共和国教育部.普通高中英语课程标准(2017年版2020年修订)[S].北京:人民教育出版社,2020.
[7] 朱永新.拓展生命的长宽高[N].光明日报,2015-07-21(15).

作者单位：上海大学附属中学 上海 201615

基于"教材+"资源整合的初中英语大单元教学实践

谭记翠

提 要：《义务教育英语课程标准（2022年版）》对英语课程资源开发与利用提出了全新的要求。大单元教学因其视野和思维的整体性和逻辑性而受到广泛关注。本文旨在探究"教材+"资源整合的必要性、影响"教材+"资源整合的因素、原则以及"+资源"选取的策略，并以案例说明基于"教材+"资源整合的初中英语大单元教学的实施路径，以期为学生核心素养落地课堂提供一种思路和参考。

关键字："教材+"资源整合；大单元教学；初中英语

1. 引言

《义务教育英语课程标准（2022年版）》（以下简称《课标（2022年版）》）对英语课程资源开发与利用提出了全新的要求，即坚持与时俱进，补充反映经济社会发展新变化，科学技术进步新成果，更新课程内容，体现课程时代性，并提出"英语课程资源"的定义，积极开发和利用课程资源的六条建议。《课标（2022年版）》同时指出，教师要对教材内容进行科学、合理的重组或取舍，实施精准教学，确保学生学习机会的最大化和学习效果的最优化；教师需要根据教学实际灵活使用教材，自主选择、增补和调整教学内容，做适当的取舍和补充；课程资源的开发与利用要注重各种资源的有机整合，建立种类齐全、层次清晰、功能多样的课程资源完整体系，要避免课程资源的碎片化倾向。可见，《课标（2022年版）》对英语课程资源非常重视，从"为什么""是什么""怎么做"都给出了明确的答案。而且，在"教材编写建议"部分专门指出，在教材编写时要"确保适度的开放性，为灵活使用教材创造条件；要为教师自主选择、增补和调整教学内容预留空间"。由此可见，对英语课程资源的开发和利用，是落实课程标准的要求。

大单元教学具有系统性、真实性、整体性、发展性，被认为是改变碎片化和脱离主题语境的教学，是落实核心素养的重要途径（谭记翠 2022：176）。崔允漷指出，大单元教学是要设计并让学生经历"完整的学习事件"，其直接目标指向于学习经验的结构化，终极目标是素养的形成（2023：8）。大单元教学具有站位高、格局大、影响深、重整合、强任务等特征，是实现学科知识结构化、教学过程情景化的重要抓手。实现大单元教学需要对教材以及教材以外的课程资源进行整合。鉴于此，本文拟探究基于"教材+"资源整合的初中英语大单元教学，以期为学生核心素养落地课堂提供思路和参考。

2. "教材+"资源整合的必要性

《课标（2022年版）》中将英语课程资源定义为：英语课程资源包括教材及有利于学生学习和教师教学的其他教学材料、支持系统和教学环境，如音像资料、直观教具和实物、多媒体软件、广播影视节目、数字学习资源、报刊，以及图书馆、学校教学设施和教学环境；还包括人的资源，如学生、教师和家长的生活经历、情感体验和知识结构等（中华人民共和国教育部 2022）。坚持与时俱进，补充反映经济社会发展新变化，科学技术进步新成果，更新课程内容，体现课程时代性（中华人民共和国教育部 2022）。简言之，英语课程资源包括两部分，即教材和非教材教学资源。

2.1 教材使用情况

教材是按照课程标准编写的，能够反映学科内容的教学用书，是实现教学目标的重要材料和手段。教材不同于一般的书籍，它是课程标准的具体化。教材作为实现核心素养的最核心资源，有利于落实课程的目标，可以为英语课堂教学带来极大的便利，也有利于学生认识世界文化的多样性（程晓堂 2021）。但部分教材内容可能脱离学生实际和周围世界，缺少时代感。仅以教材为核心，不用教材以外的教学资源，难以满足促进学生学习的目的（陈新忠 2022）。

2.2 课内外资源整合现状

目前，将课内外英语资源进行有机整合的研究并不多。贾茗越（2022）提出拓展阅读可以有效弥补教材单元语篇不能充分引导学生探究主题意义的不足，但没有提及如何将课外资源与教材进行整合。朱元华（2022）提出核心素养视域下的初中英语资源整合的概念，但研究尚不深入。部分教师虽然拓展了课程资源，但存在零散化、随意化、碎片化倾向，将教材与课外资源简单相加，无法有效助力学生核心素养培养。资源是原材料，教师要积极思考如何才能将这些原材料有效地转化成真正的教学资源（陈新忠 2022）。

2.3 小初衔接需要

《课标（2022年版）》指出"做好初中和小学的教学衔接，明确初中各年级学生语言水平发展的侧重点和达成度，并以此为依据做好教学规划，结合学情指导学习。"初中学生从三年级起点开始学习英语，经过四年的学习，已有一定的语言基础。以人教版《新目标》（Go for it！）为例，七年级的教学内容从字母学习开始。基于学情，如果教师从零起点开始教学，显然不利于学生发展。本文认为，拓展资源是处理小初衔接和满足不同层次学生学习需求的有效途径和必然选择。

3. "教材+"资源整合

借鉴"互联网+"构词方式和理念，本文提出"教材+"资源整合，即"教材+非教材教学资源"。其中，教材指教科书。+指课标中提及的教材以外的课程资源。

"教材+"资源整合是一种全新的教学资源使用形态,指在教学实践中,教师将教材资源和"+资源"进行有机整合,教材侧重发展学生的语言基础知识和基本能力,保证英语学习基本内容的完整性和系统性;"+资源"侧重对相关主题广度和深度进行拓展提升,二者合力促成核心素养综合表现的达成。

基于"教材+"资源整合的大单元教学是将达成核心素养综合表现的教学资源视为一个整体,依据各语篇内在逻辑关联对其进行加工和重组,使各语篇、各要素相互联系和渗透,形成合力,共同助力大单元教学目标完成。

"教材+"资源整合有如下优势:1.强调了教材的核心地位,即通过教材的使用实现教材的功能和价值。2.强调将与时俱进的、符合学生语言层次的课外资源整合到教学资源中,克服教材的局限性。3.二者合力,确保学生系统全面掌握学科知识体系和内容的同时,提高能力,形成素养,使教学效益最大化。

4. 影响"教材+"资源整合的因素

影响"教材+"资源整合的主要因素包括:课程标准、教师、学情、教材和"+资源"五个方面(如图1所示)。

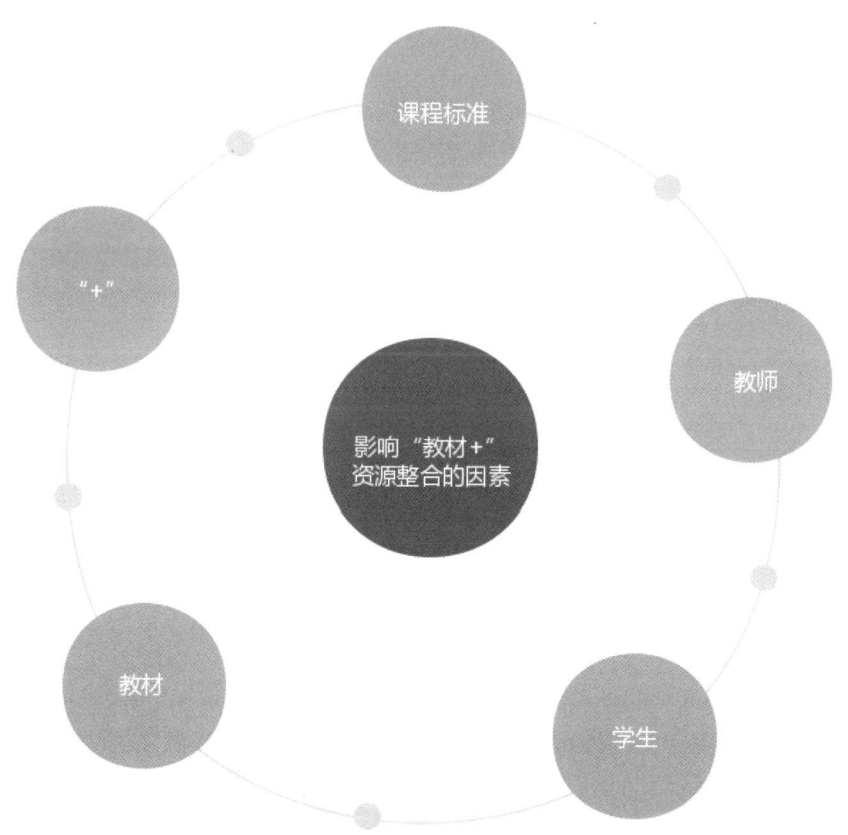

图1 影响"教材+"资源整合的因素

（1）课程标准。课程标准是实施课程的纲领性文件，是开展教学的重要依据（中华人民共和国教育部 2022）。《课标（2022年版）》的颁布，预示着英语课程的目标将从"综合语言运用能力"全面转向"核心素养导向"的目标。在进行"教材+"资源整合时，需要符合课程标准，以实现深度解读教材，有效选择拓展教学素材，高质量整合课程资源。

（2）教师。教师是确保"教材+"资源整合有效实施的关键要素。没有教师对"教材+"资源整合的深刻理解和教学实践，就不可能实现课标提出的"积极开发和利用课程资源"的要求。因此，教师需要树立全新的资源整合观，将能促进学生核心素养发展的教学资源整合到教学中，提高资源整合能力和专业能力。

（3）学情。学生是教学的直接服务对象。学情分析是教学的依据和出发点，是系统教学设计的有机组成部分。在"教材+"资源整合时，教师需要基于学生的"学习风格、生活经历、能力层次和语言水平"等选取资源，激发学习兴趣和动机，满足个性化需求，促进学生学习效果的最优化。

（4）教材。教材是学生获取系统知识的重要工具，也是教师进行教学的主要依据。对教材的有效使用，有助于学生夯实基础，形成能力，是发展素养目标的根本保障。教师要充分挖掘教材语篇内容之间及语篇育人功能之间的联系，最大化发挥教材的价值。

（5）"+资源"。对"+资源"的开发和利用是课程标准提出的新要求。每一套教材，不管编写时理念有多么先进，但随着研究的深入，教育理论的发展，都不可能满足所有学生的发展需求。教师需要选取"+资源"，以弥补教材的局限性，使课程资源更加适应学生发展。

综上，在"教材+"资源整合时，教师需要依据课程标准，发挥教师的关键作用和学生的主体作用，以教材为载体，拓展相关主题的"+资源"，确保学生学习机会的最大化和学习效果的最优化。

5."教材+"资源整合原则

5.1　整体性原则

"教材+"资源整合的整体性强调从整体出发，强化素养立意。教师将教材及"+资源"作为一个整体，以课程标准为纲领，围绕大单元素养目标，引领学生从多视角梳理、提炼单元内各语篇信息，内化语言知识和文化知识，加深对文化意涵的理解，巩固结构化知识，促进知识向能力，能力向素养的转化。

5.2　关联性原则

"教材+"资源整合的关联性指深入解读、分析"教材"和"+资源"语篇各要素及语篇之间的关联，以实现深度学习。主要表现为：1. 课标、学情、教材和"+资源"之间的关联；2. 语篇内各要素之间的关联；3. 语篇与语篇之间的关联；4. 语篇内容及育人功能之间的关联；5. 单元内容与学生认知逻辑和生活经验之间的关联。

5.3 发展性原则

"教材+"资源整合的发展性原则是从发展的视角、以发展的眼光、用发展的观点整合课程资源。语言的时效性决定了鲜活的语言素材对语言学习的重要性。教师需要选取反应时代特征、富有时代气息、符合初中阶段学生认知发展需求和语言发展水平、题材丰富、体裁多样的各种多模态资源，激发和保持学生的学习兴趣，促进学生发展。

6. 选取"+资源"的策略

英语课程资源包括教材和"+资源"。其中，教材资源教师们最为熟悉。"+资源"分为四大类，包括：教材以外的素材性资源、学校资源、学生资源和数字学习资源。"+资源"选取主要视角包括：单元主题、文本语篇、语言知识、文化知识、思维认知、学生经历和多样性等（如图2所示）。

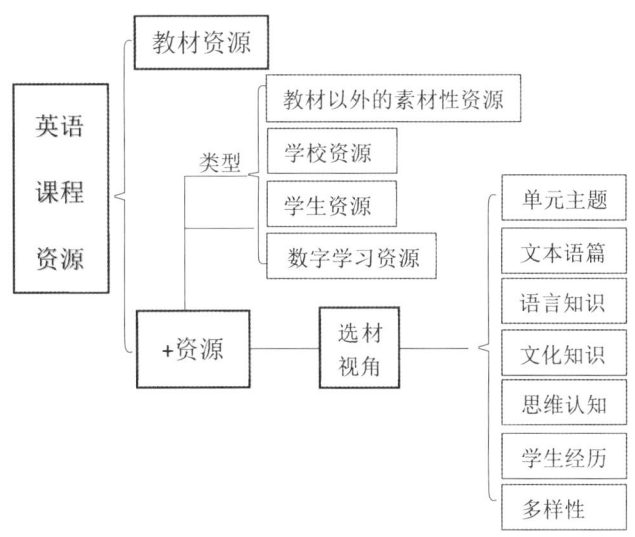

图2　课程资源的类型和选取视角

一般来说，教师比较擅长语言知识和文化知识的拓展，学生经历大都融入其他视角中。依据不同视角选取的"+资源"分属不同资源类型，助力核心素养达成。这里重点讨论基于单元主题、文本语篇、思维认知和多样性视角的"+资源"[①]选取。

6.1 与单元主题一致

选择与单元主题相匹配的"+资源"是实现大单元教学的前提。课标要求"对单元内容进

---

① 说明：文中使用教材为人教版《新目标》，教材以外的素材性资源主要为由外研社出版，龚亚夫（2015）主编的《新维度英语》。

行必要的整合或重组"。补充与单元主题一致的资源有助于拓宽学生对单元主题理解的广度和深度,以及对单元主题意义的探究,逐步建构和生成对单元主题的深层认知、态度和价值判断,实现教学目标与素养目标的有效对接。

以七年级下册 Unit 7 Is there a post office near here? 为例,该教材单元目标是学会用方位介词描述建筑位置。该内容简单,对学生思维训练不够。因此,补充了《新维度英语7》Unit 3 Campus Tour 作为"+资源"。"+资源"谈论功能不同的校园建筑现有布局的原因:教学楼在比较安静的位置,有利于学生学习;食堂靠近路边,方便送菜、运送垃圾等;通道两边有花草树木,起到美化校园的作用。通过"+资源",以 How to be a good school designer 为驱动任务,以设计师的视角,评价校园布局的合理性;结合正在筹划修建的校园C区,引导学生合理设计校园建筑方案,引导学生有理有据表达观点,同时渗透职业启蒙教育。

6.2　与文本语篇主题一致

刘咏春(2008)认为,应通过资源拓展,围绕文本主题进行反复回旋,螺旋上升,从而强化某一情感,或某一中心,引导学生更进一步走向文本的内核,进而对主题有更加深入的理解与感悟。孙铁玲(2018)指出,若干原本没有关联的语篇只有在一定的主题引领下,才能整合在一起。大单元由多个语篇组成。单个语篇的拓展是大单元"教材+"资源整合的前提和基础。

以八年级下册 Unit 6 Section A Reading 为例,该语篇讲述四大名著之一的 The Journey to the West。通过补充阅读资源 Little fox 英文版的《西游记》,将地道英文与中国古典名著故事相结合,让学生跟着孙悟空开始一场前所未有的生动有趣的英语学习之旅,引导学生用英语讲中国故事,弘扬中华优秀文化。

6.3　与思维认知发展一致

课标要求培养学生在理解、分析、比较、推断、批判、评价、创造等方面的层次和水平,引导学生学会发现问题、分析问题和解决问题,对事物作出正确的价值判断。而教材内容多属于事实性知识,学生通过记忆就可获得,属于学习理解类活动。教材内属于程序性知识的应用实践类活动有所涉及,但不多;属于策略性知识的迁移创新类活动涉及甚少,不利于学生思维认知能力的发展。为了促进学生思维认知能力的发展,"+资源"的选择迫在眉睫。

以七年级下册 Unit 2 What time do you go to school? 为例,该单元谈论时间表达,但没有引导学生如何进行"时间管理"。因而,补充了《新维度英语6》Unit 2 Tina's Day. 该语篇讲述 Tina 因为周日参加聚会晚睡;周一晚起,差点儿迟到;中午发现未带饭卡;和朋友玩游戏发现未带拼图;思考并制作 timetable 和 packing list 的故事。本语篇包括用英语描述时间和活动的语言表达,又把时间管理的重要性和收拾好个人物品等好习惯养成渗透其中,培养时间管理能力和问题解决能力。

6.4　"+资源"选取的多样性

多样的资源类型有利于学生理解和表达大单元主题的内容及意义。教材以外的素材性资源主要指与单元主题相匹配的英语绘本、短剧、时文等语言材料;学校资源主要指学校的设备设施;学生资源指学生的生活经历、学习体验、思想和感情;数字学习资源主要指学生通过计算机和数字技术选择学习内容和学习方式等。纵观四类资源类型，虽然不同类型的"+资源"有所侧重，但语篇是其主要表现形式。语篇分不同的类型，包括连续性和非连续性文本以及口语与书面语等形式。不同功能和形式的语篇有助于学生构建对单元主题的整体认知。

教师们对"教材以外的素材性资源"和"数字学习资源"都很熟悉。这里例举一个兼有"学校资源"和"学生资源"特征的资源。本案例教材资源为七年级下册Unit 11 How was your school trip?学校资源为学校劳动实践基地；学生资源为学生在农场的劳动经历。根据《劳动教育课程标准（2022年版）》对学生提出的要求，本区域每个学校都有劳动实践基地。区域内英语教师与劳动教育教师深度合作，开发了一系列"用英语讲述校园劳动故事"的课程，因地制宜，联系生活实际，合理整合资源，使学生在语言学习的同时培养热爱劳动的好习惯，实现跨学科课程开发和跨学科育人。

值得注意的是，大单元视域下的"+资源"选取，虽可从多重视角切入，但更多时候是多视角的"混搭"，体现"教材+"资源整合的整体性、关联性和发展性，以实现学科资源综合育人价值。

7. 基于"教材+"资源整合的初中英语大单元教学实践路径

以七年级下册Unit 3 How do you get to school？为教材资源，补充"+资源"，重构大单元Transportation为例，阐释基于"教材+"资源整合的大单元教学实施路径。

7.1 基于大单元目标，选取"+资源"

深入分析和解读教材是选取"+资源"的前提。基于课程标准，认真分析教材单元的语篇，明确主题意义，梳理大单元素养目标。

（1）解读教材各语篇内容，对教材内容进行重组

本单元教材共7个语篇。基于"教材+"资源整合三原则，对教材内容进行重组，调整了教材内容顺序，将Section B的1a-1c听说内容和Section A 2e的内容整合为一节听说课，为下一节语法课储备更多的语言材料，有利于学生发现并总结语法规则。

（2）制定大单元目标，确定"+资源"拓展点

本教材单元目标为，学生能用英语谈论交通方式；谈论同龄人亮亮溜索过桥，梦想是拥有一座桥。七年级的学生对出行方式早已司空见惯，对此话题兴趣不大。

基于大单元教学理念，联系学生现实生活，确定了"+资源"的拓展点：1. 能用英语说出"现代交通工具"；2. 根据时间等因素选择合适的出行方式；3. 了解亮亮现在交通出行情况。

本大单元素养目标是：学生能够谈论交通方式及其变迁，对比不同环境和不同地域，人们出行方式的不同，体验不同生活，珍惜当下生活。

任务目标：假如你的朋友Tom今年7月要来成都参加世界大学生运动会，给Tom回一封电子邮件，告诉他从天府机场到大运会体育中心的不同路线，根据实际需求选择最佳路线，并给出理由。

通过合理制定大单元目标，为精准选择"+资源"确定方向和提供依据。

（3）基于"+资源"拓展点，选取适切资源

基于教材，"+资源"选取视角，和本单元"+资源"拓展点，选取的本大单元"+资源"如表1所示。

表1 大单元Transportation"教材+"资源整合资源一览表

	单元主题	文本语篇	语言知识	文化知识	思维认知	学生经历	多样性
教材	交通	Sec B 阅读	交通	中外交通文化	常见交通表达	出行方式	多种
"+资源"	How do I get there 文本	无穷之路 The Endless Road 视频	现代交通表达（词汇、句子）	中国"脱贫攻坚"战略（介绍）	How do I get there（文本）	上学方式图片、打车软件路线截图	语篇、图片、视频等
拓展点	完成大任务，思维认知能力培养	通过交通的变迁，实现情感升华	丰富现代交通方式表达	理解"脱贫攻坚"项目下的交通方式变化	基于time/fare/等选择合适交通	学会综合考虑各因素选择不同交通	构建多种语篇图式
资源类型	教材以外的素材性资源	数字学习资源	学生资源	数字学习资源	教材以外的素材性资源	学生资源等	多种

7.2 基于"教材+"资源整合，进行大单元设计

（1）分析"教材+"资源整合

What：发展语言能力，丰富语言表达。结合现代交通工具，补充了taxi、didi、bike-sharing、high-speed train等鲜活的语言素材。这些素材贴近学生生活，更容易引起学生的共鸣，激发学生的兴趣，丰富学生的语言表达和课程资源；同时通过梳理关于交通的单元知识结构图，培养学生的语言能力。

Why：一方面，立足学科育人，挖掘资源育人价值。通过对比乡村孩子上学方式的变化，体会中国交通事业的发展。教材中亮亮曾经上学的地方云南怒江，通过脱贫攻坚，"溜索改桥"项目已于2016年修建新桥。学完教材文本语篇，播放脱贫攻坚视频《无穷之路》，让学生感受祖国的飞速发展，感恩并珍惜今天的幸福生活。另一方面，培养思维认知和问题解决能力。通过本单元学习，基于补充语篇 Unit 3 How do I get there？学生能够根据时间、费用、步行的距离等因素合理选择出行方式，学会如何做决定和解决生活中的实际问题，从知识学习到实践运用，体现了学以致用的原则，从书本知识，走进生活。

How：通过多种资源，多种语篇类型，多维度，多视角的"教材+"资源整合，促进学生语言、文化、思维同步发展。

（2）绘制单元"主题大观念"结构图

通过分析"教材+"资源整合，寻找内在联系，梳理主题意义，绘制主题大观念结构图（如图3所示）。

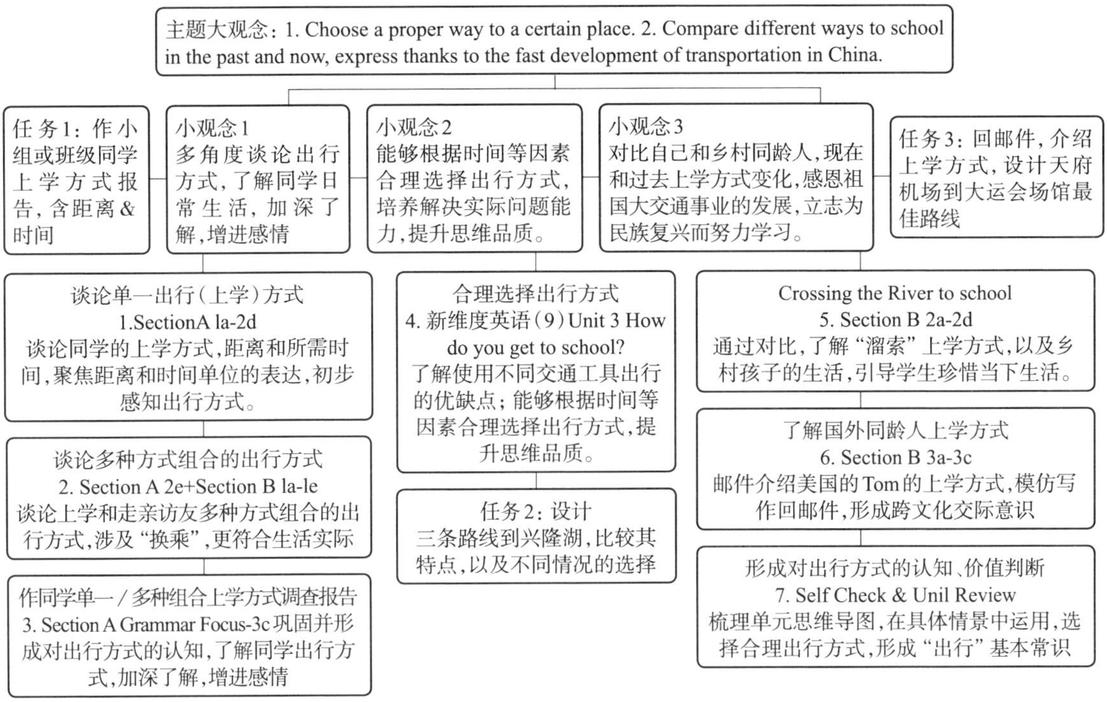

```
主题大观念：1. Choose a proper way to a certain place. 2. Compare different ways to school
in the past and now, express thanks to the fast development of transportation in China.
```

| 任务1：作小组或班级同学上学方式报告，含距离&时间 | 小观念1
多角度谈论出行方式，了解同学日常生活，加深了解，增进感情 | 小观念2
能够根据时间等因素合理选择出行方式，培养解决实际问题能力，提升思维品质。 | 小观念3
对比自己和乡村同龄人，现在和过去上学方式变化，感恩祖国大交通事业的发展，立志为民族复兴而努力学习。 | 任务3：回邮件，介绍上学方式，设计天府机场到大运会场馆最佳路线 |

谈论单一出行（上学）方式
1.SectionA 1a-2d
谈论同学的上学方式，距离和所需时间，聚焦距离和时间单位的表达，初步感知出行方式。

合理选择出行方式
4. 新维度英语（9）Unit 3 How do you get to school?
了解使用不同交通工具出行的优缺点；能够根据时间等因素合理选择出行方式，提升思维品质。

Crossing the River to school
5. Section B 2a-2d
通过对比，了解"溜索"上学方式，以及乡村孩子的生活，引导学生珍惜当下生活。

谈论多种方式组合的出行方式
2. Section A 2e+Section B 1a-1e
谈论上学和走亲访友多种方式组合的出行方式，涉及"换乘"，更符合生活实际

了解国外同龄人上学方式
6. Section B 3a-3c
邮件介绍美国的Tom的上学方式，模仿写作回邮件，形成跨文化交际意识

任务2：设计
三条路线到兴隆湖，比较其特点，以及不同情况的选择

作同学单一/多种组合上学方式调查报告
3. Section A Grammar Focus-3c 巩固并形成对出行方式的认知，了解同学出行方式，加深了解，增进感情

形成对出行方式的认知、价值判断
7. Self Check & Unit Review
梳理单元思维导图，在具体情景中运用，选择合理出行方式，形成"出行"基本常识

图3 Transportation大单元结构图

大单元结构图清晰展示了基于"教材+"资源整合的课时安排，任务设计，主题意义探究，大、小观念以及主题观念建构，确保核心素养目标达成。

7.3 基于"+资源"的具体课例

由于篇幅原因，这里仅介绍由天府四中陈卓老师执教、与单元主题高度融合的语篇 Unit 3 How do I get there? 主要教学环节。

Step 1　导入，明确任务，有的放矢

基于下周学校将组织学生到四川科技博物馆参观的活动安排，设计任务：制定一份往返博物馆交通方式的计划：自选到博物馆的个人出行方式，选择"最佳多人"离开博物馆回学校的方式。任务设计体现交通方式选择的多样性。

Step 2　听力理解，思维训练，理性表达

听一段录音，为制定最佳出行方式提供语言支撑。表格中划线部分为学生填写内容，**Comment**一栏为课堂学生生成的对选择的某一交通方式的评价。

Who (<u>name</u>)	How (<u>ways</u> of transportation)	How long (<u>time</u>)	Why (<u>Reason</u>)	Comment
Taobao	<u>on foot</u>	<u>20</u> minutes	/	Walking is tiresome. Taking a bus is fast and saves time (15 minutes).
	<u>by bus</u>	5 minutes	<u>get up late</u>	

Lee	by bus	/	/	/
Lisa	by car	/	The school is <u>on the way</u> to her father's…	save time, save money, save energy
Hye-ji	<u>on foot</u>, then <u>by subway</u>	<u>30 minutes</u>	/	The most difficult / half an hour/ quite a long time

传统的教学设计大多只包括 how question and how long question 两栏,属于学习理解类活动。新课标背景下,教师需要设计引发学生探究原因的问题,促进思维发展。四个学生,不同的上学方式,自然形成比较。在 **Comment** 评价环节,引导学生比较各种交通方式的优点和缺点,有理有据表达自己观点,促进学生思维能力发展。

Step 3 基于情境,全方位考虑,解决问题

语言学习的真正价值和意义在于用语言做事,解决生活中的真实问题。教师设计任务:We need to get to the museum by ourselves from home but go back to school together. Two teachers will go there with us. We need to finish the following:

① Talk about the way to get to the museum by yourself from home and give reasons.

② Choose the best way to go back to school according to the chart and give reasons.

way	time	money
bus (≤44 persons)	40 min	¥300/1 bus
taxi (≤4 persons)	30 min	¥80/1 taxi
metro	1 hour	¥8/1 person

③ Think of more ways to go back to school and give reasons.

此大任务分为三个子任务,基于真实情景,让学生选择个人和多人交通方式,并说明原因,提升思维品质。

在完成子任务②时,学生运用了大量数学知识进行计算,同时需要考虑 time, money, safety 等因素,培养学生全方位思考问题的能力。除了常规答案,有的学生根据城市公交车可以站着的真实情况,提出 Although there are only 44 seats on the bus, we can make two students stand, or we can take turns to stand to go back to school. It saves time and money. 有的学生思维较为严谨,提出 The best way is: 43 students and 1 teacher take a bus and a student and a teacher take a taxi because it's not safe for all the students to take a bus. 本任务设计符合学生认知水平,学生表现大大超出教师的预期,让英语课堂充满思维训练和问题解决,真正体现核心素养落地课堂。

子任务③重在培养学生的发散性思维能力。学生脑洞大开,提出多种交通方式,如 We can go by boat because there is a river near our school, go by plane because it's very quick, or ride a horse because it's so cool. 当学生说出一个个"非常规"交通方式并且给出理由时,教室里充满了欢声笑语。最后,在教师的引导下,学生归纳出:When we choose ways of transportation, we need to think about time, money, safe, energy, etc. It's important to choose the best way for ourselves. What suits(适合)you is always the best. 总结部分把学生从天马行空的讨论中拉回理性的思考和问题的解决,促进学生成长型思维发展。

本节课打破了学科边界,拓宽了课程内容,体现了跨学科学习、思维训练和真实问题解决,在语言学习的同时发展了学生的必备品格和关键能力,核心素养目标得以达成。

7.4 基于目标达成,评价"+资源"

(1)资源评价量表

为了避免"+资源"开发和利用的随意性和盲目性,资源评价应贯穿"+资源"开发和利用的始终。合理的"+资源"评价量表使资源选取和使用具有方向性和可操作性,不仅可以监控"+资源"的选取过程,也可以指引教师设计出更符合英语学习活动观的教学活动,提高资源开发和使用的效果。

"+资源"评价量表包括"资源选取"和"使用情况"两部分。"资源选取"包括选取视角和融合度;"使用情况"主要评价"+资源"发挥的作用、使用时间、活动类型和目标达成度,如表2所示。教师需要不断通过评价进行反思,提高"+资源"的选取质量和使用效果。

表2 "+资源"评价量表

"+资源"	资源选取				使用情况					
	选取视角	融合度			得分	作用	使用时间	活动类型	目标达成			得分
How do I get there	单元主题	1	2	3	3	拓展主题理解的广度和深度	单独课例	迁移创新	1	2	3	3
The Endless Road无穷之路	文本语篇	1	2	3	3	关注交通发展,发展眼光整合资源	与教材同步进行	应用实践	1	2	3	3
现代交通表达	语言知识	1	2	3	3	拓展现代交通,丰富课程资源	与教材同步进行	学习理解	1	2	3	3
"脱贫攻坚"战略	文化知识	1	2	3	1	背景知识介绍,激发兴趣和动机	与教材同步进行	学习理解	1	2	3	3
How do I get there	思维认知	1	2	3	3	发展思维能力,提升思维品质	单独课例	应用实践	1	2	3	3
上学方式图片软件路线截图	学生经历	1	2	3	3	贴近学生生活,解决生活问题	与教材同步进行	应用实践	1	2	3	3
文本、图片、视频等	多样性	1	2	3	3	构建不同体裁的图式	与教材同步进行	学习理解	1	2	3	3

通过评价本大单元"+资源",除了"脱贫攻坚"战略的背景知识介绍与交通主题的融合度不是特别高,其余资源与交通主题高度融合;通过在合适时间、融入不同层次的基于"+资源"的学习活动,使教材和"+资源"的教学有机融为一体,发挥英语课程资源的作用,实现学科育人和立德树人。

(2)教学效果评价

本案例基于"教材+"资源整合进行大单元整体设计,拓展了"当代交通"主题课程资源,发展学生思维认知能力和问题解决能力,挖掘资源的育人价值,引导学生从多角度、客观、全面理解语言、提升能力,形成素养。通过实施"教材+"资源整合的大单元教学,不仅丰富了学生的语言表达,引导学生逐步建构对单元的整体认知、态度和价值判断,提升学生的思维品质,学生在真实世界的任务中发展自己的内心世界,促进学生的成长型思维发展,实现学科育人和立德树人。

8. 结语

教师对教材的关注由来已久,但关于"+资源"的开发和利用研究并不多,将"教材+"资源与大单元进行有机整合的研究更是少之又少。实践证明,新课标背景下基于"教材+"资源整合的大单元教学能有效落实课标理念和发展学生核心素养。广大一线教师需要积极更新教学理念,立足核心素养培养的基本要求,在教学实践中充分发挥教材的价值,通过"+资源"来克服因教材局限性带来的弊端,以发展的眼光选取资源,关注各资源内部或资源之间的关联,从整体出发,强调素养立意,将各资源进行整合,产生合力,创造新的课程资源使用形态,从而使基于"教材+"资源整合的大单元教学能够更好地为学生的全面发展服务,让新课标理念真正落地课堂。

参考文献

[1] 程晓堂.英语教师如何有效使用教材[R].广东省普通高中骨干教师新教材省级培训会,2021.

[2] 陈新忠.谈指向促学的英语课程非教材教学资源的选择和利用[J].英语学习,2022(12):4-7.

[3] 崔允漷.新课程呼唤什么样的"新"教学[J].教育家,2023(1):6-8.

[4] 龚亚夫.新维度英语[S].北京:外语教学与研究出版社,2015.

[5] 贾茗越.初中英语单元主题拓展阅读资源的开发路径[J].教学月刊:中学版(外语教学),2022(10):8-11.

[6] 刘咏春.文本资源的开发和利用[J].江苏教育,2008(20):12-14.

[7] 孙铁玲.初中英语主题阅读的设计与实施[R].南通:江苏省初中英语主题阅读研讨会,2018.

[8] 谭记翠.素养本位的初中英语大单元教学实践[J].英语教育与教学研究,2022(6):176-

183.

[9] 中华人民共和国教育部. 义务教育英语新课标（2022年版）[S]. 北京：北京师范大学出版社，2022.

[10] 朱元华. 核心素养视域下的初中英语教学资源整合与实践研究[J]. 成才之路，2022（34）：93-96.

作者单位：四川天府新区教育科学研究院 成都610225

基于"大问题"的初中英语单元教学思考与实践

杨寅婷

提　要：为促进学科核心素养的落实，以素养为本位的单元教学受到了越来越多的关注和重视。"大问题"的设计是指向学科核心素养的教学所倡导的教学理念和方式之一。以初中英语学科为例，聚焦单元，探讨大问题的设计策略，并利用大问题搭建单元教学框架、设计单元教学活动、推进单元主题意义的探究，改变碎片化知识教学，创新教学方式，从而帮助初中生主动学习、积极探究，提升语言综合运用能力，助力素养的形成。

关键词：大问题；初中英语；单元教学

1. 引言

　　新目标召唤新教学，新教学需要新设计（崔允漷 2019）。《义务教育英语课程标准（2022年版）》（以下简称"新课标"）中强调，英语课程的实施需加强单元教学的整体性，而大问题的设计能促进知识的整合，是单元设计摆脱封闭与僵化的必由路径（谭晓泽，卓恺返 2020）。大问题是直指教学本质和核心问题的系统性、整合性和开放性问题，是单元的"骨架"。传统意义教学中的"问题"多指向以记忆和理解为主的知识性问题，课堂的提问"细碎""杂乱"，且答案固化。而大问题的设计能改变当下碎片化、以单点突破为主的零散教学实际，其本身也能彰显教学的根本要点及核心问题，是单元设计的门窗，延展单元教学的视界（谭晓泽，卓恺返 2020）；以大问题导学，推动单元内学习活动的开展，学生以解决问题为目的，在发展综合语言运用能力的同时，落实核心素养。

2. "大问题"的内涵

　　大问题指的是课堂的"课眼"，文本的"文眼"，是课堂教学的主线。它是一种强调"质"的开放性或具有多元思考方式的问题，用来鼓励学习者在学习过程中，尝试通过寻找有用知识积极思考并解决问题（黄爱华、林炜 2017）。大问题中的"大"并非指学科知识内容上的宏大，而是指该主题下能聚合意义，能激发学生思考、探究和讨论的问题，同时又能帮助学生面对真实情境中的问题时实现知识迁移应用的结构化、开放性问题（葛炳芳、印佳欢，2020）。它是一种问题形式，同时也是一种任务方式。"这种能够对教学内容牵一发而动全身的'提问''问题'或'话题'就是课堂教学中的'大问题'"（黄爱华 2015）。

　　陶建宏（2019）指出，大问题具备高度整合性，统领学习内其他问题，并联系单元内其他知识,形成结构化知识;它体现出适度的开放性,没有固化答案,解决问题并不以寻找标准答案为目的;同时也蕴含着深度的启发性,能调动学生主动探究的意愿,不断促成"做事"的能力。谭晓泽和卓恺返(2020)补充了"大问题"的反思性、迭代性和生成性,即"大问题"的解决不是一蹴而就的,随着学习的深入,大问题也会随之迭代升级。学生通过自身综合性思维能力,不断认识、分析、验证并修改问题,引发新问题,学习过程始于问题且终于问题。鲁周焕(2021)说明其具备核心性、探究性和思维性的特征,并指出大问题是教学的核心支点,是学生在问题意识的引领下,通过分析、质疑和探索实现能力到素养的逐步发展。

3. "大问题"对于英语单元教学的意义

3.1 明确教学核心任务

大问题"直指教学本质、涵盖教学重难点"(黄爱华,张文质 2013),故具备统领单元教学的效能,是对单元问题的高度凝练。因此,大问题能够明确单元教学的根本问题和核心任务,明晰教学导向,进而进一步确定单元教学目标和内容,推动单元内教学活动的有效开展。

3.2 引领单元教学实施

教师要以解决问题为学生学习的出发点和落脚点。教师应站在高位,思考主题下学生需要解决的主要问题,并结合学习内容分解或转化为几个具体问题,基于待解决的问题设计开展课堂活动(王蔷 2016)。因此,大问题的设计可以帮助教师构建单元内教学框架,以大定小,整合、打破、重组单元内容,组织指向解决各具体问题的学习内容、规划相应的教学活动。

3.3 助力落实核心素养

大问题是"能够鼓励、启发甚至是要求学生超越特定的主题而帮助学生对所学知识达到更系统、更深入的理解的可迁移的问题"(王喜斌 2018)。所以大问题统领的单元教学为学生提供了主动思考、探究和解决问题的机会,从知识结构的主动构建、到结构化新知的迁移与运用,发展学生的思维能力从低阶走向高阶,同时,在不断解决问题的过程中发展能力、培养品格、落实素养。

4. "大问题"的设计策略

4.1 关注单元主题意义

新课标指出,英语课程教与学的核心任务是对主题意义的探究,教学内容的组织要以主题为引领,以解决问题为目的,教学活动的设计要有利于学生围绕主题意义的探究,引领学生知识理解、思维发展和语言学习成效。单元是承载主题意义的基本单位(中华人民共和国教育部 2020)。因此,教师要在深度解读单元文本的基础上,准确把握单元主题及主题意义。单元主题意义的探究围绕所设计的大问题而开展,大问题的设计需帮助学生构建单元知识内部关联,多层次、多角度地理解单元内各语篇意义和功能、挖掘其蕴含的文化内涵及育人价值。

4.2 指向单元教学目标

单元目标引领着单元学习的具体实践方向。教师要以单元教学目标为统领,组织各语篇教学内容,开展系列教学活动(中华人民共和国教育部 2022)。教师基于课程总目标,针对单元学习内容,围绕核心素养发展要求,从而确定单元教学目标及课时教学目标。在大问题统领的教学实施过程中,被分解的每一个具体问题的解决都指向课时目标的达成,各课时目标的达成最终为解决大问题服务,同时指向单元总目标的落实。因此,大问题的设计应统领单元教学的实施、指向单元教学目标的达成。

4.3 符合学生实际需求

培养学生"用英语做事"的能力,就要让学生在真实情境下"做事",体验到运用知识解决问题的成就感,感受到知识的用途和学习的意义。黄爱华,林炜(2017)提出,大问题设计应能够激发学生的动机,鼓励他们去探索和学习。因此,大问题应在围绕主题的真实情境中、为解决学生真实生活中或知识层面上的问题而设计,贴近学生现实生活,具备实用性、趣味性和一定的挑战性。让英语学习回归生活、服务于生活;让学生感知到学习和使用英语的真实感、现实感和需求感(王蔷 2016)。

5. 基于"大问题"的初中英语单元教学实践

本文以《英语(牛津上海版)》七年级第一学期第三模块 Diet and Health 第八单元 Growing healthy, growing strong 为案例,实践探索以大问题为导向的单元教学实施。基于新课标,本单元主题属于"人与自我"范畴,涉及身心健康与健康生活方式的子主题内容。单元内涉及4个语篇,包括两组对话,一篇信息表和一篇采访。

语篇1为生活对话。以 Mr. Hu 和学生在健康营度过周末为背景,通过人物间的对话展现了学生们对于健康营中活动的喜好。通过阅读人物间对话,引导学生认识健康营和对健康营中可进行的活动进行进一步的探究,同时,对单元主题建立初步的了解。

语篇2是一篇信息表。介绍了保持健康的具体方式,通过阅读图片和文字信息引导学生归纳保持健康的要素,以及保持健康的途径。语篇有助于拓展和延伸主题内容,引发学生从不同的层面进一步思考影响健康的因素,如环境对健康是否有影响;同时,对健康的内涵做进一步探索。

语篇3是生活对话。通过听 Mr. Hu 和 Joe 的对话,了解 Joe 身体不适的症状以及推测造成这些症状可能的原因,基于本单元前两个语篇已涉及的关于如何保持健康的学习内容、结合学生已有的生活经验和语言基础,为他人提出培养良好生活习惯的建议。该语篇有助于让学生感受到培养良好习惯和保持健康的重要意义,形成积极的情感体验。

语篇4是一篇采访。采访内容主要关于 Mr. Hu 和学生们的好习惯和坏习惯。语篇复现了和"保持健康"相关的核心语汇,引导学生在采访活动中调查别人的同时、也反思自己的好坏习惯,能正确看到自己的问题,提升保持健康的意识。该语篇有助于引发学生对单元主题进行进一步的思考：目前中学生常见的健康问题是什么？怎么有效解决呢？语篇为学生基于主题意义探究进行深度思考、在语言实践中发展思辨能力提供了空间（见图1）。

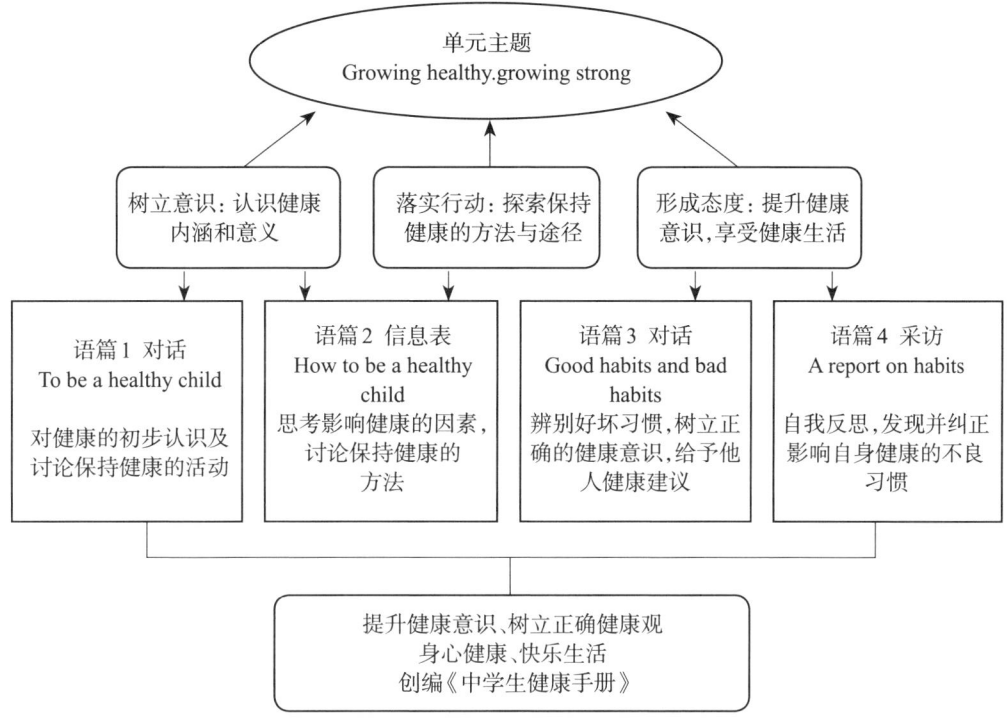

图1　Growing healthy, growing strong单元主题内容框架图

以下具体阐述大问题牵引下的单元教学实施途径（见图2）。

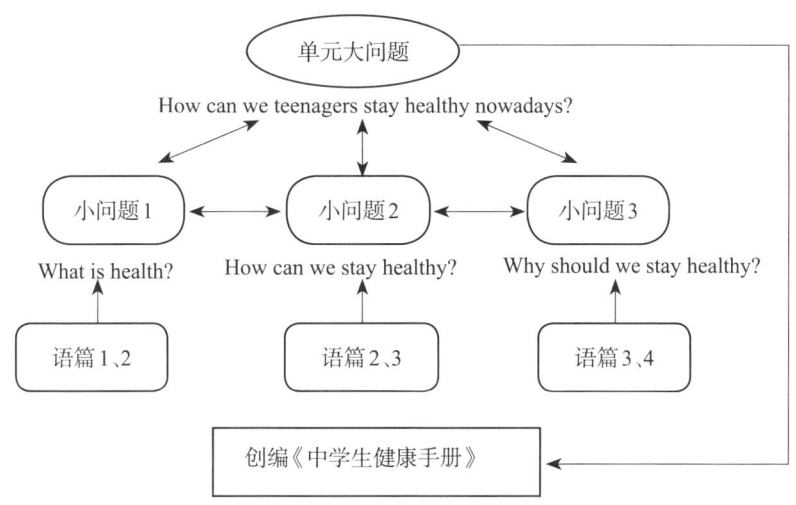

图2　Growing healthy, growing strong单元教学实施路径图

5.1 设计大问题,激活背景,引发期待

从培养学生核心素养出发,笔者通过单元解读挖掘单元主题意义,基于单元教学目标,确定单元大问题为How can we teenagers stay healthy nowadays?。这个问题的设计融合了单元的主题、内容(学习内容和探究内容)和语言知识,同时联系学生自身,将学习回归生活。学生通过学习和探究来了解健康的内涵以及保持自我身心健康的方式,既涵盖了单元的知识点、又体现出学生的能力点,具备大问题的核心性、开放性和探究性。"大问题"是联结学生已有认知与未知、新知的桥梁和纽带,能促进学生积极的学习迁移。在六年级阶段,学生已经接触过关于健康话题的知识,如六年级第一学期的Unit 10 Healthy eating中,通过认识和学习食物金字塔来了解健康饮食的组成结构,强调均衡膳食的重要性;第二学期的Unit 4 Staying healthy中通过学习"户内外活动"和"健康问题"的话题,了解劳逸结合的重要性以及保持健康的一些方式。因此设计的大问题不仅可以调动学生的前摄知识,激活背景,让学生有语言可以表达,有经验可以分享的同时,又激发学生对新单元中即将讨论和解决的新问题产生好奇和期待。随后,笔者以这个上位问题(大问题)为切入点,引导学生逐步推进对篇章知识的学习理解、应用实践和迁移创新。

5.2 分解大问题,学习理解,搭建框架

经过对单元内各语篇的深入研读和分析,充分挖掘出语篇内含的育人价值,笔者提出基于主题并指向大问题解决的三个具体小问题,如表1所示。

表1 Growing healthy, growing strong单元大问题统领下的学习内容

单元大问题: How can we teenagers stay healthy nowadays?	
小 问 题	目 标 语 篇
1. What is health?	1、2
2. How can we stay healthy?	2、3
3. Why should we stay healthy?	3、4

三个问题包含单元四个语篇的主要话题内容和学习内容,是教学的分支点,且贯穿单元学习整个过程,建立起主题意义和语篇内容之间、语篇和语篇之间的联系,环环相扣、层层深入,使单元学习成为一个连续且完整的过程,各语篇的学习指向各具体问题的解决。笔者以大问题为支点,分解具体问题布局单元教学,分析学生在解决各具体问题时所需要的语言知识和技能、学习策略等,学生在此框架下进行学习,能更快更有效地构建起该主题下的结构化知识,为在单元学习中开展结构化语言学习、参与结构化语言表达、探究单元主题意义打下良好的基础。

5.3 探究各问题,实践运用,巩固知识

在以解决三个具体小问题为目的的语篇学习中,笔者设计多样的课堂活动,引导学生积极

探索，基于已构建的结构化新知，开展语言实践活动。如通过语篇2的学习，学生已经初步形成了关于保持健康需要考虑的三要素（生活习惯、锻炼方法及饮食方式）的结构化知识，并能用If..., you should...句型表达观点，教师通过继续发问What else can you think about if we want to be a healthy child?引发学生对主题进一步思考：哪些因素还会影响到我们的健康？笔者组织班内学生进行头脑风暴，从不同层面思考可能影响健康的因素，除了自身的原因如饮食、生活习惯等，是否还有外界因素（如环境）对健康的影响。随即引导学生对于小问题2 How can we stay healthy?进行进一步探究。学生运用目标句型表达自己的观点，不断完善和巩固结构化知识，学会从多方面看待问题，从分析影响健康的不同因素出发，探索保持健康的相应途径，并感悟健康的内涵，即指向解决小问题1 What is health?引导学生知晓健康不仅指体质健康，还涉及心理健康等方面，鼓励学生继续探究保持心理健康的方法，不断推进和深化主题意义的探究。

5.4 解决大问题，迁移创新，落实素养

在解决单元内各具体问题的过程中，学生有效地学习、整合和内化单元学习内容，为解决笔者所提出的本单元大问题How can we teenagers stay healthy nowadays?做足了铺垫。学生通过课时四中的采访活动，搜集并整理被调查同学的健康问题，以小组为单位，梳理出本班学生top 3健康问题，并针对这些问题给出可行性的建议，最后完成班内汇报。对于不同小组提出的相同健康问题及建议，笔者组织班内集体讨论活动，让学生评价并思考更有效的建议，最后协力创编图文并茂的《中学生健康手册》。互动中实现学生批判思维能力发展的同时，不断提升对健康的认知。在这一连串的活动中，学生不仅需要调动本单元建构的新结构化知识来分析和解决大问题、实现知识的迁移和综合运用，同时在个体学习、合作学习中提升了探究意识，在探究活动中发展了思维品质，不断促进知识的内化、概念的形成和对单元主题意义的探究，最终实现学生学科核心素养落地课堂。

6. 结语

基于大问题的单元教学整体设计是帮助教师摆脱碎片化教学的方式之一，有助于学生在一系列问题解决式的活动中激活已知、构建单元结构化新知、内化语言及文化知识，并不断深入对单元主题意义的探究。学生在做中学，在学中做，通过对真实生活中新问题的解决，主动迁移和运用所学，实现知识向能力、能力向素养的转化，逐步促进素养形成和有效提升。

参考文献

[1] 崔允漷. 如何开展指向学科核心素养的大单元设计[J]. 北京教育（普教版），2019(02)：11-15.
[2] 葛炳芳，印佳欢. 英语学习活动观的阅读课堂教学实践[J]. 课程·教材·教法，2020, 40

(06):102-108.

[3] 黄爱华.我们探索的"大问题"教学[J].教育视界,2015(16):22-25.

[4] 黄爱华,林炜.基于"问题本位学习"理论的"大问题"教学[J].课程·教材·教法,2017,37(07):38-42.

[5] 黄爱华,张文质.2013.大问题教学的形与神[M].南京:江苏教育出版社.

[6] 中华人民共和国教育部.普通高中英语课程标准(2017年版2020年修订)[S].北京:人民教育出版社,2020.

[7] 中华人民共和国教育部.义务教育英语课程标准(2022年版)[S].北京:北京师范大学出版社,2022.

[8] 鲁周焕.基于大问题的高中英语阅读教学实践与思考[J].中小学外语教学(中学篇),2021,44(06):34-39.

[9] 谭晓泽,卓恺返.基于"大观念、大概念、大问题"的"大单元"教学设计——从宁波市新教材单元说课谈起[J].中学历史教学,2020(04):21-23.

[10] 陶建宏.基于核心素养,探寻深度学习的英语课堂[J].校园英语,2019(23):162-163.

[11] 王蔷.促进英语教学方式转变的三个关键词:"情境""问题"与"活动"[J].基础教育课程,2016(05):45-50.

[12] 王喜斌.学科"大概念"的内涵、意义及获取途径[J].教学与管理,2018(24):86-88.

作者单位:上海市第四中学 上海 200032

作业设计

基于单元整体教学的高中英语语法作业设计例析

刘加玉

提　要：当前部分高中英语教师在设计语法作业时，常出现语法作业碎片化、单一化，以及作业缺乏整体规划和层次性等问题。笔者建议从单元整体教学的角度出发，尝试设计多样性、层次性、整合性的语法作业。本文以上外版必修二 Unit 2 Animals 中的 Grammar in Use 为例，按照明确单元教学目标、确定语法教学目标、设定语法作业目标、编选语法作业内容、选用作业评价方式的路径，具体阐述基于单元整体教学的高中英语语法作业设计。

关键词：语法教学；单元整体教学；语法作业

1. 引言

　　《普通高中英语课程标准（2017年版 2020年修订）》（以下简称《课标》）指出：高中阶段英语语法知识的学习是义务教育阶段语法学习的延伸和继续，应在更加丰富的语境中通过各种英语学习和实践活动进一步巩固和恰当运用义务教育阶段所学的语法知识，学会在语境中理解和运用新的语法知识，进一步发展英语语法意识（中华人民共和国教育部 2020）。程晓堂（2013）指出，关于语法教学的问题，不是该不该教语法的问题，而是教什么样的语法和如何教语法的问题。语法教学的重要性可见一斑，然而教师们在语法作业设计上还存在诸多问题：作业以书面作业为主，形式过于单一，且内容多为侧重巩固落实课堂所学知识与技能的机械性重复训练和习题。教师设计和布置作业的随意性较强，缺乏整体规划和层次性（梁亚平，蒋京丽 2023）。语法作业尤其存在碎片化的问题（王莉 2022）等。

2. 基于单元整体教学的高中英语语法作业设计的特点

　　单元整体教学是以单元为学科教学单位，强调单元以整体形式呈现，注重构建单元各板块、各课型的内在联系。单元整体教学既保持了课型的独立性，又关注核心知识和技能的相互渗透、循环和促进（曾燕文 2015）。基于单元整体教学的语法作业设计有助于教师从单元整体教学视角系统地思考语法作业与单元目标、语法课课时目标、教学内容、评价之间的关系，从而避免布置低效的语法作业；有助于学生在完成作业的过程中，巩固和运用课堂所学的目标语法，逐步发展英语语法意识和能力。

《课标》还指出：在练习和活动的选择和设计上，教师要根据学生的实际需求，围绕"形式—意义—使用"采用和设计不同类型的学习实践活动，以既有层次又强调整合的多种教学活动来引导学生发展语法意识和能力。可见，基于单元整体教学的语法作业设计具有以下特点：多样性、层次性、整合性。

2.1 多样性

考虑到英语学科的特点，教师应该在设计作业时注重形式的多样化，并统筹好各项作业的完成时间，通过不同类型的练习，激发学生在富于变化的语境中，应用所学语言知识，调动多种感官和听、说、读、看、写等相关的语言技能解决各类交际问题，从而切实帮助其提高语言综合运用能力，丰富语用经历和体验（汤青 2021）。在语法作业设计时，教师除了考虑书面作业，还可以考虑口头作业、制作思维导图、视频、音频等多模态作业等。在提交形式上，可以考虑个体作业、双人作业、小组作业等。

2.2 层次性

《课标》指出：在实际教学中，教师要根据学生的实际情况，设计由浅入深、由易到难的各种语言实践活动。课标同时指出：六要素整合的英语学习活动观是指学生在主题意义引领下，通过学习理解、应用实践、迁移创新等一系列体现综合性、关联性和实践性等特点的英语学习活动，使学生基于已有的知识，依托不同类型的语篇，在分析问题和解决问题的过程中，促进自身语言知识学习、语言技能发展、文化内涵理解、多元思维发展、价值取向判断和学习策略运用。这一过程既是语言知识与语言技能整合发展的过程，也是思维品质不断提升、文化意识不断增强、学习能力不断提高的过程。英语学习活动观除了对课上的英语教学有着显著的促进作用，同时对课后的作业设计也有着极大的指导作用（彭程 2021）。在语法作业设计时，教师可以把作业分成学习理解类作业、应用实践类作业以及迁移创新类作业；也可以根据学情，把作业分为难度较低的基础性作业和难度较高的选择性作业。

2.3 整合性

（1）体现六要素整合的语法作业

《课标》指出：英语课程内容是发展学生英语学科核心素养的基础，包含六个要素：① 主题语境、② 语篇类型、③ 语言知识、④ 文化知识、⑤ 语言技能和⑥ 学习策略。课程内容的六个要素是一个相互关联的有机整体（见图1）。具体而言，所有的语言学习活动都应该在一定的主题语境下进行，即学生围绕某一具体的主题语境，基于不同类型的语篇，在解决问题的过程中，运用语言技能获取、梳理、整合语言知识和文化知识，深化对语言的理解，赏析语篇，比较和探究文化内涵，汲取文化精华；同时，尝试运用所学语言创造性地表达个人意图、观点和态度，

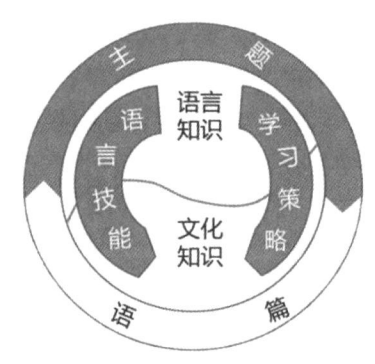

图1 六要素整合的类语课程内容图示

并通过运用各种学习策略,提高理解和表达的效果,由此构成六要素整合的英语学习活动观。教师在语法作业设计时,要考虑语法知识与其他要素的整合。

(2)体现"形式、意义与使用"整合的语法作业

《课标》指出:"在语言使用中,语法知识是'形式—意义—使用'的统一体,与语音、词汇、语篇和语用知识紧密相连,直接影响语言理解和表达的准确性和得体性。"Larsen-Freeman(2003)提出的"三维语法框架"(A Three-Dimensional Grammar Framework)清晰阐释了形式、意义、使用三者的关系,在此框架中,语法被视为形、意、用三维一体:形式(form)涉及词法、句法形态;意义(meaning)涉及的是脱离语境的语言形式的本义,即其词典释义;使用(use)指的是人们在特定语境中运用语言达成意图。

她认为语法是由形式、意义和使用三个维度构成的,三者相互作用,彼此关联(见图2)。这三个维度处在一个体系中,三者不可分割,应将它们视为一个整体进行教授(石小平 2021)。教师在设计语法作业时,不仅要考虑课程内容六要素的整合,还要考虑"形式、意义与使用"的整合。

(3)体现"教·学·评"整合的语法作业

《课标》指出:完整的教学活动包括教、学、评三个方面。"教"是教师把握英语学科核心素养的培养方向,通过有效组织和实施课内外教与学的活动,达成学科育人的目标;"学"是学生在教师的指导下,通过主动参与各种语言实践活动,将学科知识和技能转化为自身的学科核心素

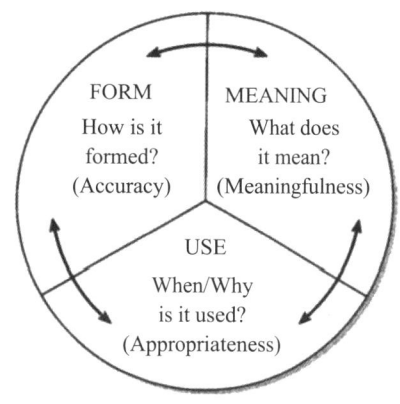

图2　三维动态语法结构

养。"评"是教师依据教学目标确定评价内容和评价标准,通过组织和引导学生完成以评价目标为导向的多种评价活动,监控学生的学习过程,检测教与学的效果,实现以评促学,以评促教。王月芬(2018)指出:作业和教学、评价有着千丝万缕的联系,课后作业和课堂教学共同促进学生的发展,决定着课程改革的成效。

在考虑到基于单元整体教学的语法作业设计常呈现多样性、层次性、整合性等特点的情况下,笔者认为:单元语法作业的设计应基于《课标》的要求和具体学情,从单元整体教学视角分析教学内容,明确单元教学目标,在考虑单元内各板块、各课型之间的关联后,确定语法课时教学目标。以此为基础,教师依据多样性、层次性、整合性的特点编选语法作业内容,使学生能在作业的帮助下巩固和运用课堂所学的目标语法,逐步发展英语语法意识和能力(见图3)。

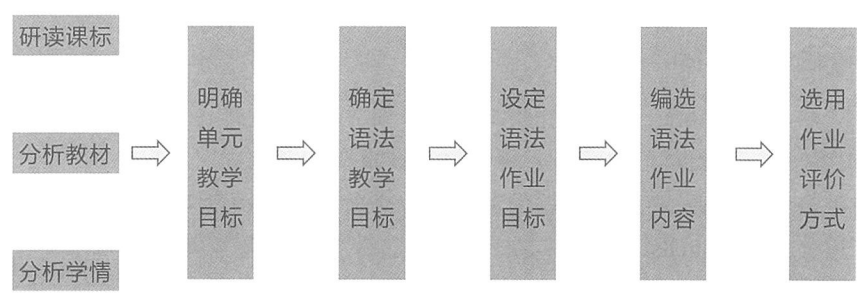

图3　单元语法作业的设计路径

3. 单元语法作业的设计案例

针对高中英语语法作业设计中存在的问题，本文以上外版必修二 Unit 2 Animals 中的 Grammar in Use 为例，阐述基于单元整体教学设计语法作业的具体路径。

3.1 明确单元教学目标

本单元主题为 animals，主题语境为"人与自然"，主题群为"环境保护"。根据《课标》要求，结合学情分析，在本单元学习结束时，学生能够：

1. 通过阅读 Reading A, Reading B 和学习 Listening and Viewing, Moving Forward 板块，描述人与动物之间的关系。

2. 通过 Cultural Link 和 Reading B 的学习，比较不同文化之间对待动物态度的异同。

3. 基于 Vocabulary Focus, Moving Forward, Critical Thinking 板块的学习，从不同视角看待人与动物之间的关系。

4. 通过 Vocabulary Focus, Moving Forward 板块，学习并运用三个策略：在阅读中通过上下文线索推测语义，在讨论中提出观点，以及运用衔接手段开展写作。

3.2 确定语法教学目标

教学目标应该既包括语言目标，也包括基于主题的教学目标（程晓堂 2018）。鉴于高一学生经过上外版必修二第一单元语法课的学习，已掌握关系代词引导的定语从句的用法，结合高一学生的认知能力，笔者将上外版必修二第二单元语法课的教学目标设置为：

1. 在语境中识别和理解由关系副词和"介词＋关系代词"引导的定语从句的形式、意义和使用；

2. 在语境中恰当使用所学的定语从句；

3. 在与单元主题 animals 相关的语篇和真实情境下，把定语从句的形式、意义和使用有机结合起来，在解决问题的过程中，发展语言能力、思维品质、文化意识；

4. 在口头或书面的活动中，形成对单元主题 animals 的理解，完成主题意义的探究。

其中，第 1 和第 2 项是语言教学目标，第 3 和第 4 项是基于主题的教学目标。语言教学目标的达成为基于主题的教学目标的达成提供了保障。反之，基于主题的教学目标的达成有助于语言教学目标的进一步"内化"。

3.3 设定语法作业目标

结合高一学生的认知能力、已有知识和实际生活，单元语法作业目标可细化为：

1. 通过多样化、层次性的语法作业，理解、操练、巩固定语从句；

2. 通过整合性的作业，在语境中运用定语从句来理解和表达意义

3. 基于单元主题 animals，依托不同类型的语篇，综合运用语言知识

3.4 编选语法作业内容

王蔷、胡亚琳（2017）基于"学习理解、应用实践、迁移创新"的导向，建构了 3×3 英语学科能力要素框架（见表1），使知识学习与能力素养的关系外显化，为落实英语学习活动观提供了一套可观察、可干预、可检测的细化参照体系，是教师设计作业能力目标时很好的参考依据。因此，基于语法作业目标，笔者选定了学习理解类作业、应用实践类作业、迁移创新类作业。

表1 3×3 英语学科能力要素框架

A 学习理解能力	B 应用实践能力	C 迁移创新能力
A-1 感知注意	B-1 描述阐释	C-1 推理判断
A-2 记忆检索	B-2 分析论证	C-2 创造想象
A-3 提取概括	B-3 整合运用	C-3 批判评价

（1）学习理解类作业

作业1（选自上外版必修二练习册）：合并句子

Combine the two sentences using a relative pronoun/adverb/or "preposition +which".

1. Animals migrate. One of the reasons is the change of seasons.

2. Charlotte recalls those years. During those years, her lovely dog kept her company like a family member.

3. Scientists are trying to develop a material. The material has similar properties to spider silk.

4. For some people, ecotourism is regarded as travel to certain places. The unique plants, animals and cultural heritage are the primary attractions in these places.

参考答案：

1. One of the reasons **why** animals migrate is the change of seasons.

2. Charlotte recalls those years **when**（during which）her lovely dog kept her company like a family member.

3. Scientists are trying to develop a material **that/which** has similar properties as spider silk.

4. For some people, ecotourism is regarded as travel to certain places **where /in which** the unique plants, animals and cultural heritage are the primary attractions.

作业2：制作思维导图

Make a mind-map about the relative clauses introduced by relative pronouns or adverbs.

作业设计

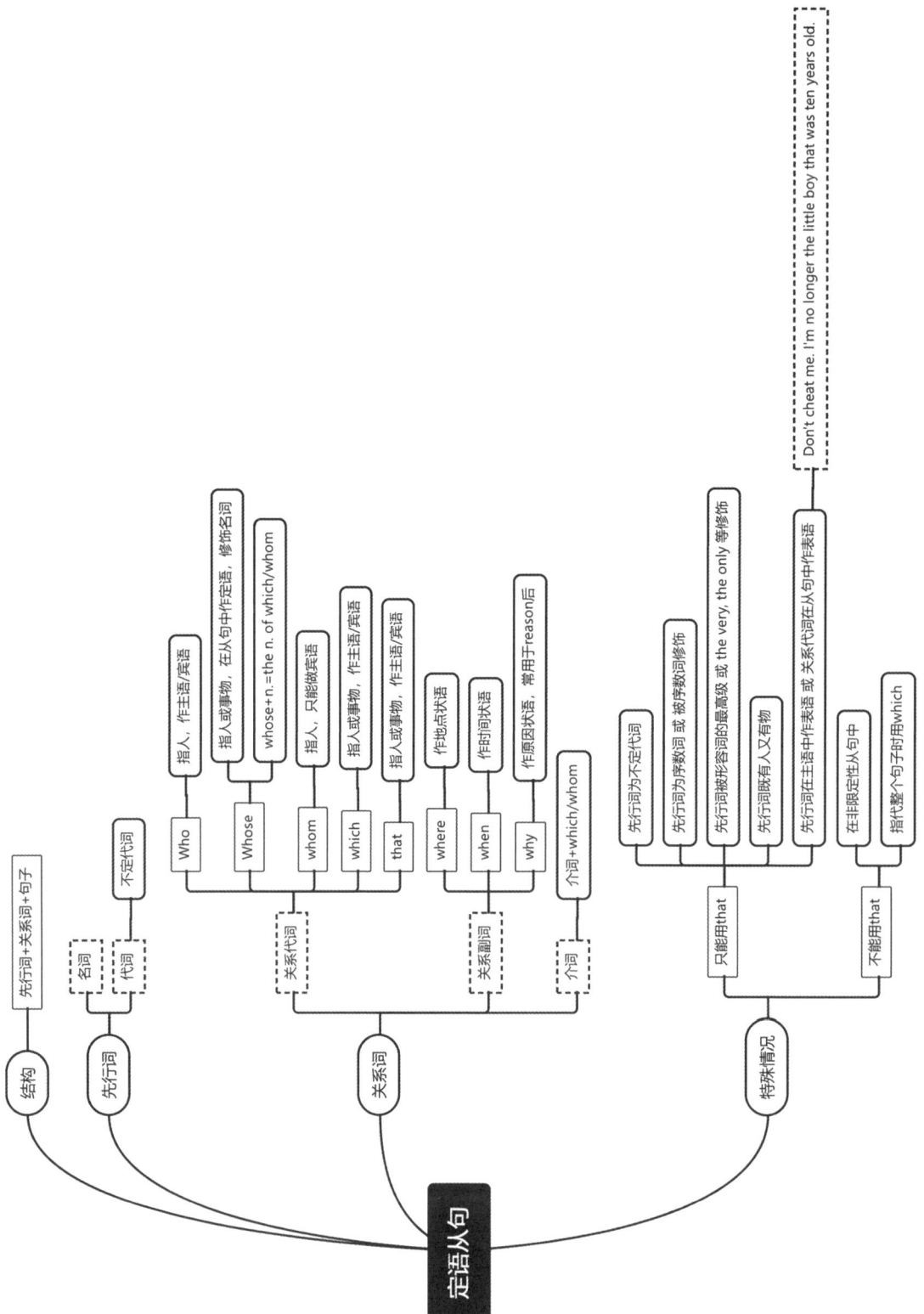

（以上是小佟同学的作业，未做任何变动）

（2）应用实践类作业

作业3：补全句子

Complete the following sentences about the animal establishments you admire by using the relative clauses introduced by relative pronoun/adverb/or "preposition +which".

I like/dislike the animal establishment（that/which/where/in which）_____.

I enjoy/hate visiting the animal establishment in Spring/....（when/in which）_____.

The reason _____ I support/ enjoy visiting/dislike the animal establishment is that _____.

参考答案：

I dislike the animal establishment（**that/which** can't replicate animals' natural habitat /**where/in which** animals often get bored because of limited space/have to adjust to different climates.）

I enjoy visiting the animal establishment in Spring/....（**when/in which** temperatures are similar to those of my favorite animal's natural habitat.）

The reason **why** I support/ enjoy visiting/dislike the animal establishment is that a trip to it is both educational and fun/caged animals are removed from their natural habitats.

作业4：看图对话

Work in pairs and take turns talking about the animals in the pictures by using at least three relative clauses introduced by relative pronoun/adverb/or "preposition +which".

A: Is that a koala in the photo?

B: Yes. It was taken in a zoo last summer **in which/when** I visited Australia.

A: I've heard that koalas are only found in Australia. Do you know why?

B: In my opinion, they only feed on the leaves of certain trees and Australia is the only place **where/in which** these trees grow/ that these trees grow in.

A: I see. No wonder I've never seen a koala in our city zoo.

B: You know, the chance to come face to face with koalas is a powerful reason **why** many visitors travel in Australia.

A: Are they goats in the photo?

B: Well, they are actually Tibetan antelopes, animals like deer, with long legs and horns, **which** live in Xizang.

A: It is reported that they are endangered species. Do you know why?

B: I think the main reason **why** they are endangered is illegal hunting. However, now the situation has changed for the better. Conversation projects have been set up there.

A: Really? I'm looking forward to seeing Tibetan antelopes with my own eyes some day. Where can I see those graceful animals?

B: I suggest you going to Hoh Xil Nature Reserve, **where/in which** you can not only enjoy the snow-capped mountains, grasslands, clear lakes and so on, but also a wide range of wild animals like Tibetan antelopes.

（3）迁移创新类作业

作业5：采访同伴

Speaking: Interviewing peers about their favorite animals

1. Work in groups of four. Brainstorm the interview questions related to the relative clauses.

2. Conduct the interview. One is the reporter, one is the note-taker, writing down the relative clauses. The other two use and make an assessment about their performance.

3. Take turns acting out the interview.

Checklist for assessment

Grades Items	Use of vocabulary learned in Unit 2	Use of relative clauses	Speaking strategies: contributing ideas to a discussion	Content	Fluency
Very good					
Satisfactory					
Needs improvement					

作业6：制作问卷，写报告，并做展示

Writing and speaking: Conduct a survey about your peers' favorite animal establishments and their favorite animals living there and report your findings.

To have a general understanding of your peers' favorite animal establishments and animals living there, you can make a questionnaire, conduct a survey among them, write a report about your findings and make a public presentation.

Checklist for assessment

Grades \ Items	The layout of the poster	Use of vocabulary learned in Unit 2	Use of relative clauses	Speaking strategies: attracting the audience's attention	Content	Fluency
Very good						
Satisfactory						
Needs improvement						

【设计说明】

作业1和2属于基础性作业，对必修二第二单元所学的语法：关系副词引导的定语从句（粗体部分）以及第一单元所学语法（粗体部分）：关系代词引导的定语从句进行重新整合、梳理，从而帮助学生在单元间构建语法链，达到在理解中巩固的目的。

作业3和4是在作业1和2的基础上的进一步提升。在关联学生已有知识以及本单元所学的语法知识（粗体部分）、词汇知识（标下划线的单词、短语、句子为本单元所学内容）和学生实际生活的基础上把定语从句的巩固进行生活化处理，达到在实践中运用的目的。

作业5和6属于综合性作业，要求学生在真实的语境中，使用各种语言技能，合理运用定语从句，在活动中整合在本单元不同课时（阅读课、词汇课、语法课、视听课、说写融合课等）中所学的内容，进行主动学习、合作学习以及探究性学习。设计好的评价量表为学生的作业完成指明了方向，便于学生观察、操作、检测，从而达到在迁移中创新的目的。

3.5 选用作业评价方式

《课标》指出：完整的教学活动包括教、学、评三个方面。教学评价应贯穿教学过程的始终，体现在教学实践的各个环节，既包括多途径收集信息的过程，也包括针对教学实践的各类反馈信息。《课标》还指出：在评价活动中，师生应同为实施评价的主体。蒋京丽（2022）认为：通常作业比较注重学生独立思考、独立完成，缺乏合作、交流、探究等完成方式，教师可以通过引导学生参与自评和互评来促进评价主体多元、评价目标多维和评价方式多样，以灵活的形式获得更多关于学生学习过程的信息。

在以上三类作业中，笔者通过多种评价方式：学生的自评、互评、小组评、大家评以及教师评等方式展开对作业的评价，旨在达到以评促学的目的（见表2）。

表2 将单元语法作业目标分解为具体的作业任务

作业	形式	多样性		层次性	整合性1	整合性2	整合性3	能力要素
		口头/书面	独立/合作		六要素	三维动态语法观	教·学·评价方式	
作业1	合并句子	书面	独立	学习理解	①③⑤⑥	形式-意义	自评/教师评	A2
作业2	思维导图	书面	独立	学习理解	③⑤⑥	形式-意义	互评/大家评	A3
作业3	补全句子	书面	独立	应用	①②③④⑤⑥	形式-意义	互评/教师评	B1
作业4	看图对话	口头	合作	实践	①②③④⑤⑥	形式-意义-使用	互评/教师评	B3
作业5	采访同伴	口头	合作	迁移	①②③④⑤⑥	形式-意义-使用	小组评/教师评	C1
作业6	制作问卷,写报告,并展示	书面/口头	独立/合作	创新	①②③④⑤⑥	形式-意义-使用	小组评/大家评	C2

4. 结语

从教学实践的结果来看,学生在运用定语从句进行理解和表达时,其三维动态语法观的意识明显增强。大多数学生在与单元主题animals相关的口头或书面作业中,能够运用、调适不同的学习策略,构建词汇语义网,运用说、写等语言技能,恰当地使用由关系代词和关系副词引导的定语从句,逻辑思维、批判性思维和创新思维都有了不同程度的提升,"关爱动物、保护动物"的文化意识有了显著增强。

今后,笔者将在继续实践单元整体教学的同时,扩大迁移创新类作业的比例,以此引导学生在运用语法进行理解和表达的过程中,逐步实现由语言能力向语言素养的转变。

参考文献

[1] Larsen-Freeman, D. *Teaching Language: From Grammar to Grammaring*[M]. Boston: Heinle, 2003.

[2] 曾燕文. 单元整体教学下的高中英语词汇教学探索[J]. 中小学外语教学(中学), 2015, 38(2): 23–29.

[3] 程晓堂. 关于英语语法教学问题的思考[J]. 课程·教材·教法, 2013, 33(4): 62–70.

[4] 程晓堂. 基于主题意义探究的英语教学理念与实践[J]. 中小学外语教学(中学篇), 2018

（10）：1-7.

[5] 蒋京丽.立足"双减"背景,以作业撬动英语课堂教学质量的提升[J].英语学习,2022(8):4-9.

[6] 梁亚平,蒋京丽.基于单元整体教学的高中英语作业设计[J].天津师范大学学报:基础教育版,2023,24(2):21-26.

[7] 彭程.基于英语学习活动观的高中英语单元作业设计[J].上海课程教学研究,2021(5):20-26.

[8] 石小平.基于三维动态语法观的高中英语语法教学——兼谈以语篇为依托的IDEA语法教学模式[J].福建教育,2021(2):56-59.

[9] 汤青.高中英语单元教学设计指南[M].北京:人民教育出版社,2021.

[10] 王莉.基于单元整体教学的高中英语语法作业设计[J].中学课程辅导,2022(31):90-92

[11] 王蔷,胡亚琳.英语学科能力及其表现研究[J].教育学报,2017,13(2):61-70.

[12] 王月芬.作业设计能力——未被重视的质量提升途径[J].人民教育,2018(13):58-62.

[13] 中华人民共和国教育部.普通高中英语课程标准(2017年版2020年修订)[S].北京:人民教育出版社,2020.

作者单位:上海市继光高级中学 上海 200086

单元整体教学视域下的初中英语作业优化设计与实践探索

冯 艳

提 要：作业作为学生学习过程中的关键组成部分，扮演着至关重要的角色。在单元整体教学的框架内，精心设计和实施初中英语作业，不仅有助于学生构建语言知识体系，促进其应用能力的提升，而且对于增强学生的英语核心素养具有显著作用。当前，如何在单元整体教学的真实情境中，科学而理性地规划、执行和评估作业，仍是一个需要深入和持续的实践探索。本研究采用单元整体教学的视角，依托具体案例设计，对初中英语作业在听力、口语、阅读、语法和写作等领域的现实挑战进行了系统性分析，并提出了切实可行的改进措施。这些措施对于进一步促进学生的英语学科核心素养和关键技能的发展，具有不可或缺的重要价值。

关键词：初中英语；单元整体教学；作业设计

1. 问题的提出

作业是培养和诊断核心素养的重要领域，也是落实初中英语教学评一体化的有效环节。面对学生学习负担过重的现实困境，2021年7月，中共中央和国务院在联合印发的《关于进一步减轻义务教育阶段学生作业负担和校外培训负担的意见》(以下简称"双减")中明确指出"提高作业设计质量，将作业设计纳入教研体系，系统设计符合年龄特点和学习规律、体现素质教育导向的基础性作业"。随着"双减"政策的深入人心，作业质量提升问题受到持续关注和讨论，许多教师已注重课外作业的优化设计和评价方式。在作业实施的过程中，不仅能考虑到学生的年龄特征和个体化差异，还能让初中英语作业的类型更加丰富。

然而，当前初中英语作业设计普遍面临着教师对单元整体设计理念把握不足、课时作业与单元整体教学语境脱节、忽略单元间内在联系等挑战。这种状况若长期持续，将导致学生在完成作业过程中难以获得成就感，引发知识习得的碎片化和片面化，不利于学生英语思维能力的培养。为有效实现减负增效，并规避上述问题，本研究旨从单元整体视角出发，提出优化作业设计的基本原则。本文将以案例为依据，详细阐释在单元教学目标指导下，如何合理设定课时作业目标，并分析优化作业设计的可行路径。同时，研究探讨如何以单元主题为引领，科学地进行课时作业的设计、实施与评价，以期探索初中英语作业设计的实践路径，进一步促进学生英语学科核心素养的全面发展。

2. 初中英语作业设计的理念与原则

作业不仅是课堂教学的自然延续和重要补充,同时也是有效检验教师教学目标达成度的关键途径。教师应强化单元作业设计观,从基于自身经验的练习转变为基于单元整体教学的教学内容和教学目标(梁亚平,蒋京丽 2023)。只有合理的单元作业设计才能更好地巩固所学,丰富学生的知识储备。

2.1 立足课时单元,突出作业的整体性与育人性

单元视域下进行深层次的课时作业设计,有利于促进学生的深度学习,推动英语知识的内在化。作业中所采用的语言素材,包括词汇和语篇,应紧密围绕单元主题展开。作业的整体性体现在教师需对单元主题进行深入剖析,并关注单元间的衔接以及跨年级相似话题的连贯性,以促进学生的知识迁移与创新能力的发展。因为作业本身作为一种学习活动,蕴含着深远的教育价值。针对目前作业设计中重知识传授而轻育人培养的现象,《义务教育英语课程标准(2022年版)》(以下简称《课标》)在教学建议中指出,教师应将立德树人的教育理念贯彻于英语教学的各个环节,围绕单元主题,深入挖掘其育人内涵。基于此,作业作为育人体系中的关键一环,通过精心设计能够更有效地发挥其教育作用。

2.2 结合现有学情,增强作业的开放性与差异性

在设计作业时,可将主动权交给学生,增加作业的选择性、应用性和综合性。结合单元作业目标和学生认知、兴趣设计更多开放性作业,比如口头练习、调查采访、资料收集、表演活动等多种作业形式,充分发挥每类作业的独特之处,提高作业实效,培养学生的自我教育意识和能力,提高学生的探究和解决问题的能力(唐红梅,马智慧 2022)。此外,《课标》强调教师在规划作业内容时,应关注学生的个体认知水平及基础差异,设计有梯度和层次性的课后作业。例如,侧重词汇、朗读、基本句型的基础性练习及深化语篇阅读理解的拓展性和个性化作业。通过确保作业设计与学生的学习能力相契合,可让每位学生在完成作业的过程中都能获得成功体验,进而使得班级内不同水平的学生均能在学习中获得成就感。

2.3 设定真实情境,注重作业的生动性与趣味性

作业情境的设置应与单元及课时情境紧密相连,强调真实情境的构建。一方面,真实情境下的作业设计有助于增强作业与学生实际生活及经验之间的关联性,激发学生运用英语进行思想表达的动机;另一方面,结构合理的作业能够辅助学生在语言实践活动中,全面提升其综合语言应用能力。基于此,教师在设置具体作业任务时,要以主题为引领、以语篇为载体、以语境为依托、以运用为目标,加强作业任务的综合性、关联性和实践性(陈琼 2022)。教师可探索以话题为核心来规划单元作业,通过自主创编、改编完善、合理选编等手段,设计出难度适宜、内容丰富的情境性和趣味性作业。在真实情境中构建的作业,融入了丰富的英语背景知识,有助于学生在真切的文化语境中高效学习,从而促进其逻辑思维能力的提升。

2.4 丰富设计类型，提升作业的实践性与创造性

富有实践特色和创造性的作业更能促进学生独立思考，有利于学生整合单元所学，提高自身自主学习和自主探究的能力。首先，通过丰富作业类型，发挥单元作业设计的独特之处，如课前可设计资料收集、绘制思维导图、课前预习表等作业；课中要求完成理解、分析、评价等不同类型的任务实现课堂闯关；课后可设计调查采访、小报、习题、写作等书面作业和复述、模仿、配音口头写作相结合方式，通过探究性课前作业、趣味性课中作业和综合性课后作业，可提升作业实效。此外，教师可尝试让学生参与作业设计过程的设计、控制、安排、评价等环节，让学生不但成为作业执行者，还成为作业设计者，从而提高完成作业的积极性（程樟木 2021）。此外，作业成果的呈现应尽可能采用多模态、可视化的方式，评价主体应多样化，结合学生自评、同伴互评以及教师评价等创新性评价方法。

3. 单元语境下初中英语作业设计的实践

本文以牛津上海版六年级下册 Module 1 City life Unit 4 Staying healthy 为案例，立足于分析单元教学目标，根据单元教学目标确定单元作业流程（见图1），将单元作业合理有效地分配到课时作业中。一定意义上而言，在制定实施过程中，借用单元主题与话题做引领，将分课时教学与作业串联成学习链，对单元主题或话题进行学习与延伸，尝试打造整体性、有内涵、有深度的作业（吴雨辰 2022）。本研究依据《上海市初中英语高质量校本作业体系》《上海市初中英语单元教学设计指南》《初中英语课堂教学关键问题研究》，结合案例阐释如何以单元为依托，从单元视角系统地思考合理地进行作业设计，建立单元作业目标与教学内容的关联，以便更好地巩固所学，丰富知识储备，提升学生英语核心素养。

图1　单元课时作业设计流程

3.1 突出关键要素，系统规划单元

本单元话题为"健康"，单元分为听说读写四个板块，阅读板块的话题为 Indoor and outdoor activities（室内外活动）；听说板块围绕健康问题的成因与建议展开；写作板块以 Joe 的健康问题为例，继续探讨健康问题背后的不良习惯。学生通过学习室内外活动、谈论疾病的起因、给出恰当的建议；通过谈论个人与他人习惯等活动，习得语言知识，运用语言技能，发展分析与判断的思维能力。本单元的学习载体丰富，包括歌曲、对话、调查、报告、图表等，作业设计需结合单元载体进行设计，关注学生需求，体现作业设计的多样性和选择性，如选择性作业、综合实践作业、跨学科作业等。

3.2 关注核心素养，科学设计作业目标

目标为行动提供依据和指南，教师根据对单元主题意义的理解，设置单元整体教学和作业

目标,明确学习水平和作业要求,可为课时目标和作业的制定提供方向和依据(见表1)。

表1 单元教学目标与单元作业目标

	单元教学目标	单元作业目标	学习水平
语言能力	1. 听说、阅读活动中,知晓与掌握核心词汇读音、词性和词义。	巩固与室内外活动和健康问题相关词汇。	知晓
	2. 正确运用相关词汇在相关主题情境中谈论所喜爱的室内外活动。		理解
	3. 通过阅读获取图片、歌词中相关活动,并进行简答交流。	运用所学语言点和句型,就喜欢的户内外活动做口头询问和应答。	理解
	4. 听说活动中获取与健康相关的问题、起因、建议等相关信息。	通过听有关健康问题的语篇,获取与健康有关的信息,并用重点词汇填空,借助关键信息进行口头表达。	运用
	5. 在健康主题相关的语境中,正确使用 too many/too much 给予建议。		知晓
	6. 使用频度副词描述日常行为习惯,就健康问题展开对话。	根据所给情境,运用所学语言知识和句型,进行采访、图表制作和报告。	运用
思维品质	7. 分析健康问题起因,并给出建议。	通过阅读相关语篇,了解更多有关健康问题的起因,并给出建议。	理解
	8. 初步形成分类、比较意识和比较、归类分析的能力。	设计相关调查,注意分类,小组实施采访活动、记录结果,绘制图表,呈现问卷调查结果。	理解
学习能力	9. 根据所给语境,借助柱状图直观呈现调查内容,掌握边听边记技能,并做汇报。	选择一项健康问题,运用本节课句型,从饮食、活动、情绪三方面调查同学学习习惯,根据调查结果分析健康问题成因,运用重点句型提出适当建议,并进行交流分享。	运用
	10. 能合理有效搜集相关资源,借助表格就日常行为习惯进行比较。		理解
文化品格	11. 客观比较自己与他人的日常行为习惯,养成健康生活方式。		理解
	12. 形成平衡好学习和娱乐的态度。	根据采访结果分析比较自己和同学日常习惯,并写报告对比和给出建议。	理解

3.3 灵活设计作业,单元作业设计案例呈现

单元整体教学语境下的作业设计要考虑单元主题的统整性和课时作业间的关联性,让学生在真实情境中学习语言(柯珂 2022)。通过设置单元主语境作为主线,将课时作业进行串联,学生在情境中运用所学知识和技能解决问题,提升语用能力。

3.3.1 优化评价方式,听说作业的多元评价

随着信息技术的发展,教师可依托信息化技术平台进行作业设计、布置、批改、效果反馈和质量跟踪监控(王慧 2022)。在第三课时听说课英语作业设计中,本单元教学目标为:通过听对话,理解常见疾病产生原因的表达;运用核心句型表达疾病产生的原因,并给出建议。基于此,本节课听说作业其中一项设计为:Upload the recording of your revised report, then listen to other three students' reports online twice, take notes and make comments on the homework sheet with reference to the checklist. 要求学生上传修改后的报告,并自选任意三名同学的报告,根据同伴互评表进行听评(见表2)。

表2 听说作业检查表

	Checklist and notes	
Listen for the first time	Name:_____	
	Did he/she talk about health problems correctly?	Yes □ No □
	Did he/she give reasonable causes?	Yes □ No □
	Did he/she give proper suggestions by using "…should…fewer/less/more…"?	Yes □ No □
Listen for the second time	Health problems:_____	
	Causes:_____	
	Suggestions:_____	
	Ideas on staying healthy:_____	

【设计说明】

本题为创编题。针对听说作业难以做到全面检查,许多学生不重视听说练习的困境,尝试在听说作业检查过程中,借助评价表和记笔记,采用学生自评和互评等手段相结合的方式。学生在自我评价中,不断改进自己的作业,能够更好地分析控制自己的朗读过程。而同伴互评的过程,也是相互学习、实现优势互补的一种有效方式。因此,教师充分利用多模态教学资源,利用多元主体评价的方法,从而帮助作业质量产生实质性提高。

本研究认为,在设计听说作业时,应当关注以下几个关键点:首先,作业应视为教学活动的延伸与扩展,听力材料的选择应紧密关联单元话题,以单元主题为引导。其次,明确听说练习的具体要求,重视听力微技能的培育,并在听的过程中锻炼学生的交际与表达能力。同时,对话式语篇作业应包含情境设置、任务分配、语言知识及语言技能等要素。最终,作业的质量应当具备可评估性,通过有效利用自评表和他评表来确保作业的品质,且评价表的设计应遵循课时作业目标,对每项任务的评价标准进行细化。

3.3.2 创设作业情境，词汇作业的趣味设计

表3　Unit 4 Period 3词汇作业

目标	正确运用单元核心词汇表达活动与健康问题	水平	理解	课时	第三课时
内容	目标词汇 worry, advise, afraid	类型	选择	预估时间	5 min

Complete the following passage with the words in the box. Each can be used only once.

> A. nothing　B. worried　C. tired　D. advised　E. I'm afraid

　　An old woman on a plane covered a blanket over her head. … The old woman said, "I have never taken a plane before, so I am very___1___. I will keep the blanket over my head until(直到) I am back on the ground again!" Then the captain came and ___2___ her. "…Everything is going very well. The captain could do___3___ more to change her idea and was going back to fly the plane"…"___4___,You keep your plane very clean."

【设计说明】

本题为改编题。单元教学设计不能脱离真实情境与具体任务（崔允漷 2019）。为改善词汇学习机械记忆的方法，词汇作业的设置应秉持综合性、关键性和实践性的特点。设计本课时作业时，将疑难词汇置于语篇情境中，可帮助学习在情境中学习理解、复习巩固，从而更好地做到应用实践和迁移创新。

词汇需兼顾听说读写类型，教师可通过收集同一主题语境下不同教材的活动设计，探寻相似语篇，通过多模态的语篇选择，选择系列词汇，丰富学生作业资源（常思聪 2022）。一方面，词汇置于语篇中考察，做到词不离句、词不离篇，关注词汇在不同语境下的词义、词性变化，提升学生的词汇运用能力；另一方面，在设计词汇作业时，需考虑单元词汇总量与课时词汇量关系，区分核心词汇和拓展词汇，构建生活化且富有真实性的作业情境，提高学生的语言建构与应用能力。

3.3.3 提升语用功能，语法作业的多样分层

表4　Unit 4 Period 2语法作业

目标	正确使用程度副词	水平	理解	课时	第二课时
内容	too many/too much/enough	类型	选择、填空	预估时间	5 min

I. Read the following sentences and answer questions.
...
Q: What does *too much/too many* mean in sentences?
A. more than you want, more than is good.　B. less than you want　C. beyond we think
II. Put in *too much/too many/enough*.
...
III.（Optional）Suppose you are a doctor, Peter has a stomachache, give some suggestions by using *"too much/too many/enough"*.

【设计说明】

语法是初中英语学习的重点和难点，由于语法知识的零散和复杂，教师常通过布置一些背

诵语法规则作业,让学生机械记忆。本案例尝试让学生通过阅读相关语篇,了解更多有关健康问题的起因,给出合理建议,归纳总结相关语法规则。鼓励学生自行梳理和总结语法规律,能够促进他们更主动地在实际语境中运用语法知识,有效分析和判断语言内容,进而深化对语用功能的理解,提升语法表达技能。对于基础牢固的学生,可提供难度较高的情境练习,以激发其探索欲望,通过分析例句、语段或篇章,引导学生讨论并提炼出普遍规律,同时兼顾语义和语用功能。此外,语法作业应与听说读写等技能训练相结合,避免单元教学中语法点讲解过多,确保关注语法知识的积累与巩固。

3.3.4 实施作业分层,阅读作业的难度把握

阅读理解对众多英语学习者犹如一道难以逾越的障碍。为高效利用讲评时间,教师往往采取全班统一阅读作业的布置方式,但这种做法可能导致学困生对阅读产生恐惧,同时让基础较好的学生感到挑战不足。体语境下与话题相关的语篇素材,精选整理成为课后选做作业(常思聪 2022)。本单元第二课时作业目标为:运用所学语言点和句型,自选作业中一篇关于课外活动的阅读,做出相应回答。因此,本节课作业为:Read one of the passages about a survey on activities and habits, then answer the questions.学生自选相关阅读文本并回答问题。

【设计说明】

针对课时主题设计不同难度的阅读材料,允许学生根据自身能力选择适宜的文本,以促进各层次学生均能获得有效学习。对于基础较为薄弱的学生,目标是增强其信息检索与理解巩固的能力;而对于基础牢固的学生,则着重于培养其表达见解和交流思想的语用技能。

本研究认为,在设计阅读作业时应注意以下方面:首先,确保阅读材料的话题和语言知识点与课程内容相关联,精选语篇以综合考量话题、文体及语言知识等因素,旨在培养学生的批判性思维和问题解决能力。其次,采用多样化的作业形式,包括但不限于读后问答、制作结构或思维导图、填表绘图、选择题、以读促写等活动。再次,布置探索性作业,以增强学生的自主阅读能力,扩展其阅读范围,进而提升学生综合运用英语的素养。

3.3.5 引入项目学习,写作作业的支架搭建

写作作为听说读技能的进一步深化,亦是对单元教学目标实现程度的检验。为巩固学生在前期课时中所学的听说读写内容,本单元采纳项目化学习方式,以促进学生的系统性表达。本单元项目设计为:四人一组,选择一项健康问题,运用本节课句型,从饮食、活动、情绪三方面调查同学的学习习惯,根据调查结果分析健康问题成因,运用重点句型提出适当建议,组内写报告上传。根据所给情境,运用所学语言知识,询问他人喜爱的室内外活动及每周花费时间,小组实施采访活动、记录结果,绘制图表,呈现问卷调查结果。

【设计说明】

学生在牛津上海版六年级上册已经了解过柱状图、饼图和折线图等图表,但缺乏实践运用的能力。设计项目活动,通过分组—做调查问卷—实施采访—记录结果、绘制图表—形成小组报告,帮助学生客观比较自己与他人的日常行为习惯,借助本单元所学图表,用饼图呈现调查结果数据,并形成书面报告,在采访和报告中可使用评价表。六年级学生乐于参与对话、采访、讨论等课堂活动,通过创设真实的情境,引入小组合作探究学习模式,让学生在运用语言过程中提升语言能力、思维品质和学习能力。学习积极健康的生活方式,培养学生用英语学习和思考的语用能力。

本研究提出，在设计写作作业时应考虑以下关键点：首先，写作主题应具备情境性，与单元主题紧密相连，强调在真实语境中运用语言技能以解决问题。其次，写作任务需具体明确，通过单元内容构建支架，为学生提供写作内容和语言支持，培养其使用关键词和思维导图来构建提纲的能力（王慧，2022）。在支架的辅助下，学生能够更有效地整合所学知识。最后，提供写作自我检测清单，以帮助学生养成自我评价和写后审查的习惯，从而促进作业成果的有效产出，达到预定的教学目标。

4. 结语

科学地设计作业实效，确保班级内各层次学生均能从中获得有效学习成果，是每位教师必须面对的核心挑战。在单元教学框架下，作业设计的科学与合理对于巩固学生所学、加速其在主题意义探索中的语言习得与应用、以及培育学生的自主学习能力与英语核心素养具有重要的作用。为达成此目标，教师在单元作业的设计与整合过程中，可积极探索以主题探究为轴心，融合项目化学习的实践模式，并以真实语境为引领，构建作业设计的框架。在此基础上，教师可精心策划与具体情境相关联的分课时作业，逐步引领学生深入探究单元主题，确保作业内容紧密服务于单元整体教学目标，从而有效推动学生对单元主题的深度学习。

此外，在作业设计与实施的过程中，教师还需充分利用信息化技术的优势，优化作业评价的方式，注重作业内容的差异化与层次性，以满足不同学习需求。通过引导学生在真实语用情境中灵活运用语言知识，并借助语言支架的搭建以及作业评价的即时反馈机制，我们能够更有效地践行英语核心素养的培养理念，为学生的全面发展提供有力支撑。

参考文献

[1] 常思聪.从自主学习的视角看英语作业设计[J].中国教育学刊,2022(09):107.
[2] 陈琼.基于英语学习活动观的单元词汇作业设计[J].英语学习,2022(03):30-36.
[3] 程樟木,杨丽霞."双减"背景下初中英语作业设计原则与实践[J].福建基础教育研究,2021(11):14-15.
[4] 崔允漷.如何开展指向学科核心素养的大单元设计[J].北京教育（普教版）,2019(02):11-15.
[5] 柯珂.单元整体视角下的初中英语作业设计[J].教育研究与评论（中学教育学）,2022(11):60-63.
[6] 梁亚平,蒋京丽.基于单元整体教学的高中英语作业设计[J].天津师范大学学报（基础教育版）,2023,24(02):21-26.
[7] 上海市教育委员会教学研究室.初中作业设计与实施指导手册[M],上海：华东师范大学,2019.
[8] 唐红梅,马智慧.初中英语作业的设计和实施[J].中小学外语教学（中学篇）,2020,43(07):41-44.

［9］ 王慧. 单元整体视角下优化高中英语作业设计的实践与探索［J］. 英语学习, 2022(11): 52-57.

［10］ 吴雨辰. "双减"下初中英语作业减量提质的实践［J］. 上海教育, 2022(Z1): 106-107.

［11］ 中华人民共和国教育部. 义务教育英语课程标准（2022年版）［S］. 北京：北京师范大学出版社, 2022.

［12］ 中华人民共和国教育部. 中共中央办公厅国务院办公厅印发《关于进一步减轻义务教育阶段学生作业负担和校外培训负担的意见》［EB/OL］.［2023-06-01］. http://www.moe.gov.cn/jyb_xxgk/moe_1777/moe_1778/202107/t20210724_546576.html

作者单位：上海外国语大学松江外国语学校 上海 201620

语言测评

国内高考英语研究回顾与展望（2012-2022）

潘炜杰

提　要：本文采用定量和定性结合的研究方法，对2012—2022年内我国教育类和外语类的CSSCI和北大核心期刊发表的高考英语相关论文进行梳理，主要从发展趋势、研究主题、研究特点三个维度进行探讨。研究结果显示：我国高考英语研究呈波动式发展，研究主题主要集中在高考英语改革、考试与评价、考试与教学、测试效度、考试命题五个方面，研究具有主题覆盖面广、方法综合、波动与国家政策发布紧密相关、参与研究的地区主要集中在改革试点地区的特点。高考是高利害性考试，如何发挥其核心功能值得广大学者进行深入研究与探讨。

关键词：高考英语；高考改革；研究现状；综述

1. 引言

从1977年正式恢复高考的40多年以来，高考英语历经数次改革，英语学科从作为外语考试中的一个语种选择，直到成为必考科目。2014年国务院印发了《关于深化考试招生制度改革的实施意见》、2018年1月发布了《普通高中英语课程标准（2017年版）》（以下简称《课程标准（2017）》）对英语教育教学和英语高考产生了巨大的影响。学界已对1977—2021年国内高考英语试题变化、阅读试题变化进行了回顾与梳理（刘庆思 2017；徐冠兴，刘坚 2021），但近十年来学界对高考英语的整体研究方向、内容未进行梳理综述。鉴于此，本文尝试检索整理我国外语类和教育类核心期刊在2012—2022年发表的高考英语相关文章，通过定量与定性结合的分析方法分析高考英语研究的整体趋势、内容、特点，以期为高考英语研究发展提供参考。

2. 国内高考英语研究回顾

本研究的文献来源于2012—2022年国内教育类和外语类的CSSCI和核心期刊，包括《课程·教材·教法》《外语教学》《外国语》《现代外语》《外语教学与研究》《解放军外国语学院学报》《外语学刊》《外语教学理论与实践》《外语与外语教学》《外语电化教学》《全球教育展望》《中国考试》；《外语界》《中国外语》未刊登高考英语文章，故未列入；《中小学英语教学与研究》和《中小学外语教学》作为国内中小学教育教学研究的核心期刊也在检索范围之中，同时包括国内教育类核心期刊,如《教学与管理》。这些期刊具有一定的代表性和权威性,能够较好地反映高考英语研究的现状和动态。通过关键词"高考英语""英语高考""高考外语"的限定进行检索,笔者分析了所检索出期刊中的与高考英语相关的文献,最终确定了281篇高考英语相关的研究论文,并根据期刊及其每年发布与"高考英语""高考外语"相关的文献进行整理,通过Excel绘制高考英语研究的期刊和年份分布表(如表1所示)。以下是基于这些论文,对我国高考英语研究的整体趋势、内容进行梳理分析。

表1 高考英语研究的期刊和年份分布表

期刊名 \ 年份	2012	2013	2014	2015	2016	2017	2018	2019	2020	2021	2022	总计
中小学英语教学与研究	6	14	11	11	8	7	6	6	5	9	10	93
中小学外语教学	3	7	7	3	3	7	8	6	7	4	3	58
中国考试	3	3	4	2	2	8	3	9	3	4	3	44
教学与管理	5	1	6	5	3	3	4	2	5	1		35
课程·教材·教法		1	1	1		1	1	0	2	1		8
外语教学	1	1										2
外国语			6	2								8
现代外语				1								1
外语教学与研究				1								1
解放军外国语学院学报			1		1							2
外语学刊							3					3
外语教学理论与实践									1	2		3
外语与外语教学										1		1
外语电化教学	1	1					3	1				6
全球教育展望							1					1
教育与职业			5									5
教育理论与实践					1	1						2
中国教育学刊	1		1	2								4
西安外国语大学学报				1								1
黑龙江高教研究			1									1
山东外语教学	1	1										2
总计	21	29	43	29	18	27	29	24	23	22	16	281

2.1 整体趋势

从表1来看，2012—2022年，国内CSSCI和核心期刊在高考英语研究论文数量总体上存在差异，在发表数量上排前三位的是《中小学英语教学与研究》《中小学外语教学》《中国考试》，分别为93篇、58篇、44篇。《中小学英语教学与研究》和《中小学外语教学》作为中小学英语教学的核心期刊，重点关注高考英语对课程教学的反拨作用，指导教学。而《中国考试》作为一本关注中国各项考试的期刊，主要关注高考英语的改革、评价、测试方面的情况。

从发表年份和文献篇数来看，我国高考英语研究呈波动式发展的趋势（见图1），发表总量最多的年份为2014年（共43篇），其次是2013年、2015年、2018年（分别为29篇）；而2017年文献发表较多，达到27篇。根据调查，2014年国务院印发了《关于深化考试招生制度改革的实施意见》（以下简称《意见》）、2018年1月发布了《课程标准（2017）》、2020年教育部印发了《中国高考评价体系》。这三份文件的印发与公布对高考英语改革、普通高中英语教学改革产生了重大影响，可见高考英语改革更能引起学界的关注，引发更多对高考英语、高中英语教学的探索与研究。

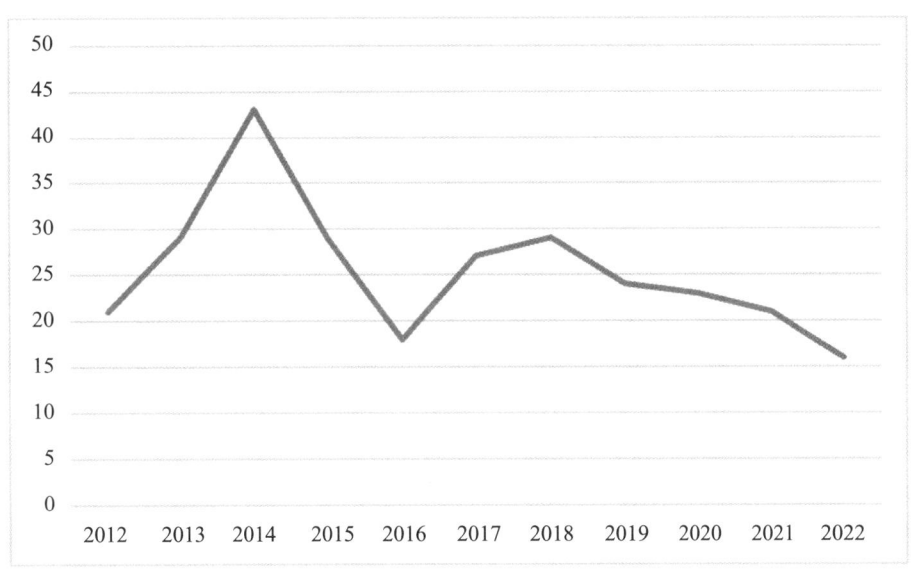

图1 2012—2022国内高考英语研究发展趋势

2.2 研究主题

我国经济发展迅猛，对复合型高阶人才的需求越来越大。近十年来，随着国家经济的发展，高考英语改革和课程改革不断深化，培养社会发展所需人才。高考英语在考次、题型设置、考查维度、评分标准等方面都发生了巨大的变化。我国学者对此进行了深入的调研与探讨。通过对文献研究主题、研究内容的统计发现：我国高考英语研究大体涵盖了高考英语改革、考试与评价、考试与教学、测试效度、高考试题评价五个方面。

2.2.1 高考英语改革

高考英语改革主要关注命题内容设置、改革的效果、改革后的现状。刘庆思（2017）将40年来高考英语全国卷试题结构上的较大变化进行了梳理回顾，徐冠兴、刘坚（2021）在刘庆思的归纳基础上进一步分析归纳，将高考英语改革分为四个时期：前标准化时期（1977—1988年）、标准化大一统时期（1989—2003年）、分省命题百花齐放时期（2004—2015年）、改革新时期（2016年至今）。改革新时期开始，我国高考英语成绩报考形式从分数制转换为等级制，考试次数从一年一考到一年两考。高考成绩报告改革试行后，研究者做了进一步的跟踪调查，发现不同水平的群体对此变化的满意度不同（张浩等 2018）。新一轮高考英语改革更加重视学生的综合语言运用能力，增加了听说考试，语法选择题改为语法填空题，书面表达则增加读后续写或概要写作题型，并调整了其所占分值。改革施行后，教师不再是简单的词汇教学、阅读技巧教授，更注重学生综合语言运用能力的提升，注重立德树人目标的落实。高考改革整体呈现积极良好，在课程设置、课堂教学等方面做出了积极调整，落实英语学科语言能力的培养，促进我国英语课程改革进程，但因对"立德树人"目标认识不够深刻、教学方法与重点未按照新要求调整合适，改革仍未达到期望值（陈康 2020）。乔辉（2018）认为要进一步优化试卷结构，加强题库建设，同时进一步引导中学教师教学和课程改革的研究，以促进改革发展。40多年来，高考英语改革随着社会发展需要和教育发展要求不断深化发展，学界也在研究中发现问题，提出建议，不断完善高考英语考试，逐渐形成符合我国的外语考试模式。

2.2.2 考试与评价

高考具有选拔功能，也具有评价功能。高考是对学生多年学习的考查，也是对教师教学的检验，更是对学科改革的验证，且考试评价涉及考试公平性，因而考试评价是极其重要的。近年来，学界也加强了对考试评价的研究，从课标和高考评价体系（石俊敏 2021）、核心素养、教师（陈康 2022）等不同视角分析高考试题。迅猛发展的科学技术也应用到了英语测试中，如广东、上海使用计算机进行"人机对话"的听说考试，并且效果达期望值（吕鸣 2017）。在其他考试题型中也引用了计算机辅助阅卷。何屹松（2018）探索了人工智能评测技术在人工网上评卷质量监控中的应用。研究发现，智能阅卷基本上达到了与评卷教师相当的水平；智能阅卷始终采用统一的评分标准，更具客观公正性，能为人工网上评卷提供有效的质量监控。可见，科学技术可有效应用到考试评价中，且具有一定的发展前景。

2.2.3 考试与教学

考试是对教师教学和学生学习的评价，而测试结果反过来指导教学和学习，产生反拨作用。反拨作用，又称反拨效应或后效作用，是指语言测试对教学和学习产生的影响（Alderson & Wall 1993）。Bachman & Palmer（2010）认为这种影响会涉及到师生个体、教育系统、整个社会。近十年来，学界从高考试题题型、内容多维度对课程教学的影响进行研究探讨，收获颇丰。

在听说考试方面，2011年广东首次将听说考试列为高考英语的必考科目，而后2017年上海增加口试并纳入高考总分。从整体情况来看，听说考试的增加对高中英语教学产生了积极影响（镇祝桂 2014）。侯艳萍（2018）分别对上海市高中一线教师、学生进行了问卷调查、访谈的实证研究。研究得出，绝大多数师生认可听说考试的增加，认为其具有正面反拨效应，促进了英语听说课程的设置，课堂教学方法和语料选择有了变化，有效促进了课堂改革，但反拨效应有差异，如郊区学校比中心城区的学校更关注听说测试的改革。

在阅读理解方面，阅读理解作为英语高考试题中分数占比最高的题型一直是学者们研究较多的一个题型。近年来，学者们主要研究阅读理解中的难点、障碍、思维方式以及从语篇层面、核心素养方面进行分析。王蓓（2012）从长难句角度分析阅读理解，黄聚宝（2013）从阅读理解的难题角度分析高考真题，张兵（2019）从语篇角度分析高考阅读理解，陈则航等（2020）从思维角度分析语篇的信息定位和批判性思维的考查。"学科核心素养"提出后，学界也对其在高考中的体现进行了探究。乔辉、李新煜（2021）从核心素养角度分析2019和2020年全国卷阅读理解题后发现：2018年后全国卷英语试题加强了对分析、综合、评价等高阶思维的考查，但是考查高阶思维的题目得分率不高。他们认为，在教师教学过程中应加强对学生高阶思维的培养。从学者们的研究来看，高考英语阅读理解的考查难度在提高，考生的高阶词汇积累、高阶思维培养、高阶能力养成也应在教学中不断提高。

在写作方面，书面表达是高考中对学生输出能力、输出水平的考查，高考书面表达的考查如何反拨教学是教师所关心的。潘正凯（2012）认为写作教学应落实综合性、思维性、体验性。作为改革试点地区，2016年上海、浙江正式在高考中加入"读后续写"题型。这也是世界上首次将"读后续写"加入到大型高风险考试中。至此，引发了学界对"读后续写"和"概要写作"这两种写作的题型的热烈讨论。"读后续写"与"概要写作"两种题型都需要考生在写作上能与原文协同，并对考生的思维能力要求较高。陈康（2019）从定义、侧重点、考查维度对"概要写作"与"读后续写"进行了对比分析，建议在教学中应注重阅读与写作教学有机融合，把握两种题型的差异，开展针对性教学。袁宏阳（2018）、徐使超和张强（2022）从协同效应角度分析"读后续写"，认为续写在结构、人物、情节、情感、语言方面达到协同，在教学中可以通过让学生模仿语言、创造内容的方式，真正使"续"和"学"做到有机统一。

2.2.4 测试效度

在语言测试开发与评估过程中，效度是衡量测试质量的重要指标之一。Heaton（1975）将测试效度分为表面效度、内容效度、结构效度和实证效度四种。内容效度是指所得到的测试结果反映预期考查内容的程度，测试结果与预期考查内容越相符，效度越高；反之则效度越低（Bachman & Palmer 1996）。王栋、陆银（2017）根据Bachman和Palmer的考试人物特征多维度地对2008~2017年江苏英语高考卷阅读理解题型进行了内容效度分析；宋德龙（2012，2014，2020）对2011年江苏卷书面表达、2014年江苏卷书面表达和英语知识运用、2019年江苏卷和全国卷Ⅰ卷试题进行了内容效度分析。以上几项研究发现江苏卷在书面表达、英语知识运用、阅读理解、基础、素养、能力多维度考查的内容效度较高，但在篇章体裁和主题分布、阅读技能考查分布、测试结构效度等方面还存在不平衡现象（王栋，陆银 2017）。

2.2.5 考试命题

命题是一场考试的重要环节，"如何命题""如何发挥选拔功能""如何保障公平"等是命题时必须考虑的问题。一份"试题"的优劣与考生们的未来息息相关。命题原则、命题技艺的研究探讨显得尤为重要。韩宝成、张允（2015）以TOEFL iBT和IELTS为例与国内高考英语试题设置进行了对比分析；韩宝成、梁海英（2021）基于6份2019年高考英语全国及自主命题省市的高考英语试卷结构特征，依据Bachman和Palmer的语言测试实用性（test usefulness）框架，分析了试卷中存在的问题。通过两项研究发现我国高考英语测试仍是传统模式，测试内容不合理，测量目标不明确，牺牲测试其他质量属性保证信度，构念效度低，测试任务真实性差，测试任务与考生的互动性低,对教学产生不利的影响,测试资源尚未得到很好的开发利用,可行性程度有待提高。

随着学界对高考英语深入研究,不断完善考试命题制度,依据《普通高中英语课程标准(2017年版2020年修订)》《中国高考评价体系》设计和命题,高考英语改革"稳中有进",但也仍然存在一些问题。葛晓培(2019)基于学科核心素养中的学科能力对2018年三份全国卷分析后发现:全国卷命题内容均考查了学习理解能力、应用实践能力和迁移创新能力3个一级核心能力要求,侧重对低阶思维的考查,但对描述阐释、整合运用、创造想象、批判评价四个高阶思维的考查较弱。他认为考试中应加强高阶思维的考查。乔辉(2021)分析2019年和2020年全国卷试题后发现高考试题对高阶思维考查有所提升,但得分率不高。

程晓堂、王瑶(2021)参照Leong的试题难度因素调控框架,从内容、任务、刺激材料和预期应答4个方面分析2014~2019年60道英语试题难度来源及其合理性。通过研究发现,这些难题在命制方面存在答案不唯一、答案内容与刺激信息不完全匹配、考查内容超纲、考点设置和评分标准(如听力题中单词的书写)过于严苛的问题。建议命题人提高命题技艺,相关部门提高命题审查力度,多次演练,多管齐下,提高命题水平,避免源头错误。

在近十年的考试命题研究方面,随着"一年两考"考制和《普通高中英语课程标准(2017年版2020年修订)》的颁布,学界学者从题库建设(徐良,朱正才2018)、命题文本(陶百强2019)、核心素养(陶百强 2017)、"双减"政策背景(程晓堂 2022)等多方面探讨高考英语试题的命制,强调要落实"立德树人"的育人目标,考试命题在题型、内容、难度等方面要保证其公平性、合理性、准确性。

2.3 研究特点

2.3.1 研究主题丰富、研究方法综合

统计分析发现,"高考英语"、"英语高考"、"高考外语"关键词下文献主题主要集中在高考英语改革、考试与评价、考试与教学、测试效度、高考试题评价五个方面,也包含高考改革后英语教辅资料编制、大学英语学习、英语专业学生培养、英语教师培养与发展等多方面内容。可见,高考英语的发展对教材编制、大学英语教学、教师培养等多方面都有影响,社会对高考英语发展与变化关注颇高。

多数研究使用定量与定性相结合的混合研究方法,在试题内容分析方面多采用对比分析法。当前相关主题的已有研究主要通过问卷调查、测试、访谈法进行,其中问卷调查和访谈是使用最多的研究方法;同时也有不少研究采用Rasch模型、因子分析、分数等值技术等计算机测量方式进行。

2.3.2 与国家政策紧密相关

百年大计,教育为本,国家社会经济发展必优先发展教育。随着我国教育改革不断深化,教育部不断发布新的教育政策文件,落实育人目标,推动高考改革,与高考英语的相关研究也随之进一步深入。从表1可以看到2014年关于高考英语研究的文献数量达到波动顶点,2015年、2018年发文达到波动高峰,正好与2014年国务院印发《国务院关于深化考试招生制度改革的实施意见》、2018年1月发布《普通高中英语课程标准(2017年版2020年修订)》的时间相对应。

2016年新一轮高考试题改革在浙江、上海,读后续写首度使用在英语科一年两考试点省份,随后与高考英语读后续写、概要写作等新题型也逐渐应用到各省市的高考命题中,2016年

后与两种题型相关的命题研究、教学研究文献有所增加。可见,国家发布相关教育意见、政策能够引起学界更多关注,进行相关研究。

2.3.3　研究范围主要集中在改革试点地区

从所收集的文献资料来看,学界对高考英语的研究主要集中在改革试点地区,如浙江、上海、广东,而对后改革地区的研究较少,如中西部地区。对281篇文献进行统计分析后发现,与广东、上海、浙江3个省/市相关的文献显著多于其他省/市。广东、上海、广西、湖北、天津都使用了"人机对话"进行听说考试(郭丽2012),但目前文献多与上海、广东、北京相关,鲜有与广西、湖北、天津听说考试相关的调查与研究。

3. 反思与启示

3.1　高考命题应体现"立德树人"的育人目标

中国拥有上下五千年的文明,走的是中国特色社会主义道路。因此,在进行高考改革、教育教学改革的过程中,对于国外优秀的考试模式、测评模式,应取其精华,去其糟粕,建设符合我国国情的高考英语体系。《普通高中英语课程标准(2017年版2020年修订)》和2018年9月10日的全国教育大会都强调了"立德树人"的教育目标,培养全面发展的人。高考改革要从中国国情出发(王守仁2014),高考英语考试应立足全面发展的育人目标,以学科核心素养为导向,重视基础知识,强调综合性,突出关键能力。在高考英语测试考查中渗透我国育人目标,要进一步深化高考英语改革和做好"一年两考",回答好高考英语"考什么"和"怎么考"这两个问题(乔辉2018)。

3.2　提高考试命题技艺,考查应全面、合理

高考是选拔人才、体现学科核心素养的重要方式,高考命题应以学科课程标准和高校人才选拔要求为依据,试题设计要能体现考生在学习潜能上的差异。试题命制从技术上提升,易题、难题布局合理。对于考试难题,教师、命题者往往把原因归咎于学生知识水平上,少有将问题归于试题本身、命题技术上。然而,研究后发现试题本身也存在问题。随着"一年两考"考制和"学科核心素养"的落实,测试试题的效度、信度显得尤为重要。因此,在试题命制技术上,命题设计者、命制者,应提高试题命制技术,依据课程标准、考试评价体系、考生实际情况合理布局考题。试题内容上要全面考查学生的综合语言运用能力,试题语言材料应能直接或间接考查学生的学科核心素养、学科关键能力。

3.3　考试评价科学化、系统化、多元化

高考是对考生多年来的考查、教师教学和国家育人的检验,一份试题能否正确评价关系到学生未来、教师发展、国家育人、社会稳定。考试内容和形式是高考改革的重点,而考试评价也不容忽视。从分数报告形式来看,从原始分到标准分,能够科学评价考生的进步程度和地区教学效果(范美琴等2012)。对一场考试的评价不仅是对考生学习的评价,也包含对教师教学、试题设计、试题内容、测试反拨效应等多方面的评价。因此高考评价应科学化、系统化、多元

化,广泛调研,了解真实教情、学情,吸收国外优秀评价模式,研制、完善符合我国国情的高考评价体系,多层次、多维度、合理评价,维护公平,服务选才。

3.4 研究考前、考后情况,把握教学方向

高考一直被认为是高中课程教学的"指挥棒","考什么"就"教什么""学什么",教学中常"唯分数"论、"唯升学"论,以致教师在教学过程中忽视学生语言能力、学习能力、思维品质、文化意识的全面培养。而近年来,高考测试题中对学生文化知识、日常积累、高阶思维能力的考查力度不断增强,要求教师面对高考新变化时,调整态度,认真研读相关政策文件,了解高考动向,把握教学方向,在日常授课中有目的、有计划地帮助学生学习知识、培养思维能力,以达到教书育人的目标。关注学情、教情变化的不仅限于教师,也包括考试设计者和命题者。考试设计者和命题者通过深入了解考试反拨实况,进一步优化测试,引导学科教学,从而促进课程改革发展。

3.5 关注教育公平,探索符合区域教情、学情的教育发展模式

我国实行高考改革区域试行制,先在某一地区进行试验,从试点区域获取改革经验,应用到其他后改革地区上,以实现全国教育发展。从上述分析来看,国内关于高考的调查研究在区域上主要集中在高考改革试点地区(如上海、浙江、广东),少有在西部地区的后改革省市如广西、贵州、云南、西藏等地开展调研。上海、浙江等高考改革试点区是我国教育发达地区,教情、学情整体水平较高,而中西部地区,尤其是西部沿边地区的教育发展相对落后,教情、学情也与教育发达地区不同,因此高考改革试点区域的高考改革经验、教学经验未必适用于教育欠发达地区。学界学者们可对中西部教育欠发达地区的教育教学进行进一步的调研,公平关注,为其教育发展献计献策。

4. 结语

普通高等学校招生考试是我国一项大型高利害性考试,其核心功能包括立德树人、服务选才、提升人才质量,维护社会公平,引导教学,助力教育教学发展,促进核心素养落实和学生全面发展。一份高考试题的质量关系着学生学习、教师教学的落实,也关系着国家和每个家庭的未来发展,因而在试题命制时应注意题型、内容的基础性、应用性、综合性和创新性四个方面的考查,在考试评价方面应更科学化、系统化、多元化,以保证评价的科学性、公平性。高考英语和课程教学正向纵深发展,相关研究也应不断深入,未来研究可以从人机对话、考试与教学、考试与育人目标、读后续写题型、考试与《中国英语能力等级量表》等视角进行分析与探讨;研究对象上应扩大样本量,关注教育欠发达地区及多语学习地区。

参考文献

[1] Alderson, J. C. & Wall. D. Does Washback Exist?[J]. *Applied Linguistics*.1993 (2): 116-129.

[2] Bachman, L. F. & Palmer, A. S. *Language Assessment in Practice: Developing Language Assessments and Justifying Their Use in the Real World* [M]. Oxford: Oxford University Press, 2010.

[3] Bachman, L. F. &. Palmer, A. S. *Language Testing in Practice* [M]. Oxford: Oxford University Press, 1996.

[4] Heaton, J. *Writing English Language Test* [M]. London: Longman, 1975.

[5] 陈康.高考英语概要写作与读后续写考查目标对比研究[J].中小学英语教学与研究,2019(4):65-68.

[6] 陈康.教师视角下读后续写的质量评价标准探析[J].中小学外语教学(中学篇),2022(03):61-65.

[7] 陈康.新高考英语考试内容改革:期望、效果与建议[J].课程·教材·教法,2020,40(12):96-101.

[8] 陈则航,陈曦,邹敏.高考英语阅读理解题对批判性思维的考查及其启示[J].中小学外语教学(中学篇),2020,43(11):1-7.

[9] 程晓堂,王瑶.基于高考英语难题的试题命制技术探讨[J].中国考试,2021(05):63-71.

[10] 程晓堂.关于"双减"政策背景下大规模高利害考试命题的思考——以英语学科为例[J].中国考试,2022(03):1-6,14.

[11] 范美琴,张晓涛,黄红波.试论我国高考评价科学化的路径选择[J].南京师大学报(社会科学版),2012(6):97-102.

[12] 葛晓培.核心素养背景下基于学科能力的高考英语命题探析[J].中国考试,2019(03):14-19.

[13] 郭丽.从广东省高考英语口试看计算机辅助口语测试的特点[J].中小学外语教学(中学篇),2012,35(01):35-38.

[14] 韩宝成,梁海英.我国基础教育外语考试存在的问题[J].外语与外语教学,2021(01):38-45,145-146.

[15] 韩宝成,张允.高考英语测试目标和内容设置框架探讨[J].外语教学与研究,2015,47(03):426-436.

[16] 何屹松.人工智能评测技术在大规模中英文作文阅卷中的应用探索[J].中国考试,2018(06):63-71.

[17] 侯艳萍.外语高考听说测试改革的反拨作用研究[J].外语电化教学,2018(05):23-29.

[18] 黄聚宝.高考英语阅读理解深层次能力考评探究[J].中国考试,2013(02):32-39.

[19] 中华人民共和国教育部.普通高中英语课程标准(2017年版)[M].北京:人民教育出版社,2018.

[20] 教育部考试中心.中国高考评价体系[M].北京:人民教育出版社,2019.

[21] 刘庆思.高考英语学科40年[J].中国考试,2017(02):13-19.

[22] 吕鸣.语音检测技术在高考外语听说机考中的应用探析[J].中国考试,2017(06):55-59.

[23] 潘正凯.从高考英语写作题型看有效英语写作教学的基本特征[J].中小学外语教学(中学篇),2012,35(12):36-41.

[24] 乔辉.高考英语改革的进展研究[J].课程·教材·教法,2018,38(03):126-131.

[25] 乔辉,李新煜.基于高考评价体系的高考英语命题实践探索[J].课程·教材·教法,2021,

41(05):103-108.

[26] 石俊敏.从课标和高考评价体系的视角分析2020年高考英语全国Ⅰ卷试题[J].中小学外语教学(中学篇),2021,44(01):61-65.

[27] 宋德龙.2011年江苏高考英语卷书面表达题的评价及其启示[J].中小学外语教学(中学篇),2012,35(5):13-19.

[28] 宋德龙.2014年江苏高考英语卷书面表达部分的效度分析[J].中小学英语教学与研究,2014(10):61-65.

[29] 宋德龙.2014年江苏高考英语卷英语知识运用部分的效度分析[J].中小学英语教学与研究,2014(04):65-69.

[30] 宋德龙.基于课程标准的2019年高考英语试题内容效度分析——以江苏卷和全国卷(Ⅰ)为例[J].中小学外语教学(中学篇),2020,43(1):60-65.

[31] 陶百强.基于核心素养的英语学考与高考命题探讨[J].中国考试,2017(04):25-33.

[32] 陶百强.高考英语命题文本研究与思考——以2018年高考英语全国卷为例[J].中国考试,2019(02):19-24,31.

[33] 王蓓,陈剑.阅读理解中长难句理解障碍的分析与对策[J].中小学外语教学(中学篇),2012,35(04):8-14.

[34] 王栋,陆银.高考英语阅读理解内容效度分析及其启示以2008—2017江苏高考英语卷为例[J].中小学外语教学(中学篇),2017,41(3):54-58.

[35] 王守仁.高考改革要从中国国情出发[J].外国语(上海外国语大学学报),2014,37(06):15-17.

[36] 徐冠兴,刘坚.立足素养 面向未来 深化高考外语测试改革——从40年来高考英语阅读测试的衍变谈起[J].外语教学理论与实践,2021(01):81-90.

[37] 徐良,朱正才.高考英语(上海卷)题库命题背景下的校本测验建设——基于完形填空题的案例研究[J].外语电化教学,2018(01):81-89.

[38] 徐使超,张强.基于文本风格协同性评价的读后续写教学实践[J].中小学英语教学与研究,2022(08):56-61.

[39] 袁宏阳.例谈读后续写中协同效应的实现路径[J].中小学外语教学(中学篇),2018,41(04):23-27.

[40] 张兵.语篇分析在高考卷阅读理解题中的运用及其教学启示——以江苏省2017~2019年高考英语卷为例[J].中小学外语教学(中学篇),2019,42(12):42-48.

[41] 张浩,郭茜,张文霞.高考英语科成绩报告改革的态度调查研究——基于一项大规模全国性调查[J].外语学刊,2018(01):71-78.

[42] 镇祝桂.广东高考英语听说考试对高中英语教学的影响[J].中小学外语教学(中学篇),2014,37(10):40-45.

作者单位:南宁市第九中学 广西南宁 530000

"教—学—评"一体化视角下的描述性评价方式的应用研究

朱 丽

提 要：新课标明确指出要注重"教—学—评"的一致性，倡导形成性评价与终结性评价相结合，力求破除学业评价中功能异化的问题。但部分教师在评价的过程中，对英语测验结果的处理上存在一些问题，导致其评价功能发生异化，由原本的发展功能变成了甄别与选拔功能，同时也割裂了教学和评价。本文针对英语测验结果的处理存在的问题提出相应的改进措施，使其发挥出促进师生发展的作用。

关键词：英语测验；"教—学—评"一体化；描述性评价

1. 引言

《义务教育英语课程标准（2022年版）》（中华人民共和国教育部 2022）指出要发挥考试评价在育人中的重要作用，力求打破传统评价方式片面化和单一化，倡导形成性评价与终结性评价相结合，整体把握学生的核心素养发展，实现"教—学—评"一体化。

在英语教学的过程中，测验作为一种重要的检测教师教和学生学的手段必不可少（Black & Wiliam 1998）。但是通常英语教师以分数的形式将评价结果反馈给学生，易导致评价功能发生异化。考试只是评价的一种工具，评价结果的表述不仅局限于量化方式的表述，也可以是质性方式的表述。固然量化方式的表述存在客观、省时、直观等优点，但也存在很多问题，需要质性的方式来弥补。

单纯用分数表述测验结果使得测验失去了对教学进行改进的功能，把一种形成性的评价变成了终结性的评价，是对其功能的一种异化。因此，为了发挥其真正的功能，测验结果应不仅仅局限为卷面分数的表述，还可以加入对其详细的质的描述。

2. 英语测验评价结果处理存在的问题

英语测验是对学生学业评价的重要手段之一。教师通过测验，能够发现学生对知识的掌握程度，从而改进自己的教学进度；学生通过测验也能发现自己存在的优势与不足之处；家长也可以了解学生在学校的学习情况（章全武，肖运鸿 2015）。但测验的目的不是为了甄别和选拔，而在于诊断学生的学习情况，并加以改进学生学习（刘辉 2010）。然而在英语测试中，其评价结果似乎并未起到有效促进学生学习的作用。

教师以量化的评价方式将考试情况反馈给学生,使得评价在给出分数的那一瞬间就结束了,学生和教师无法只根据一个数字就对下一步的学习加以改进。因此,可以看出仅仅依靠量化的评价方式无法充分且有效地促进下一步教学(刘辉 2010)。评价并不是教学的结束,而是下一阶段教学的开始。"教—学—评"三者不是一个线性关系,而是要处于动态的平衡中。

测验结果的呈现仅仅只是一个整体的卷面分数。这样的评价结果无法对学生进行诊断和反馈,更不会促进学生的学习,评价的真正目的被忽视。将每小题的得分加起来,得到考试成绩的卷面总分,这种做法模糊了学生的个体差异性。每个学生之间存在个体差异性,即便是相同的得分,也不意味着两个人有着同样的知识状态和认知结果。仅仅简单地告诉学生考试得分,学生无法了解自己掌握了哪部分的知识,未掌握哪些知识,从而无法改进自己的学习状态;教师也无法得知学生在哪一方面还存在学习问题,无法对自己的教学做出调整,无法对学生进行因材施教(刘辉 2016)。同时这种根据考试成绩进行排名的做法容易加剧成绩低的学生的自卑心理,容易造成习得性无助感,会认为自己水平就这样,不管怎么努力都不会取得进步,从而丧失了继续努力学习的信心(崔允漷 2010)。单纯地告诉学生一个数字,学生并不能对下一步的教学展开有针对性的练习,不能做到对症下药。分数低的学生并不意味着什么都不会,可能在某个知识点上已经掌握得很牢固了,但由于不知道自己哪些方面需要进一步加强,在后续的练习中可能会造成大量的重复、无针对性的练习,其效果往往事倍功半。所谓的"题海战术"也加重了学生的负担,无法有针对性地对学生的学习状况进行改进(杨向东 2009)。

测验是在教学的过程中实施的为了改进教学的一种评价方式,是一种形成性的评价方式。形成性的评价在教学中所扮演的角色不是"教学的终结者",而是"教学的改善者",它的功能不仅仅是报告学生的学习结果,更重要的是改进教师的下一步教学和学生后续的学习,达到评价促进发展的目的(郑东辉 2014)。因此,我们需要改变这种仅仅用简单的卷面成绩来汇报评价结果的方式,应该根据学生的考试分数,给予不同的学生针对性的改进意见,达到促进师生共同发展的目的。

3. 对英语测验结果处理的优化——加入描述性的评语

测验结果的处理是评价过程中必不可少的一个环节。对测验结果的处理是一个动态的过程,由一系列程序组成。主要包括:结果的分析、解释和反馈、结果的报告与交流、利用评价信息采取改进和干预的措施(刘辉 2014)。单纯的用分数来对结果进行处理,无法满足利用评价信息来改进和干预,使得原本处于动态过程的评价变成了静态。因此,有必要对英语测验结果处理的方式做出改进。笔者结合自身的教学实践,提出在分数的基础上,可以加入描述性的评语来对评价结果进行交流报告,继而改进教学。这使得"教—学—评"结合起来,三者处于一种动态的循环中(王蔷,蒋京丽 2023)。

3.1 描述性评语的内容

萨德勒指出要促进学生的学习,学生要明白以下三个问题:我将要去哪里?(where will I go)、我现在在哪里?(where am I)、我将如何缩小差距?(How can I close the gap)(刘辉 2010)。鉴于描述性评语的最终目的也是促进学生的学习。因此,描述性的评语内容主要包括三个部分:"我将要去哪里""我现在在哪里"和"我将如何缩小差距"。

3.1.1 "我将要去哪里"

首先,教师要帮助学生理解此次测验所要达成的目标是什么。学生只有知道了测验的目的是什么,才会想办法去缩小现实与目标之间的距离。没有目标的学习,就像是无头苍蝇到处乱撞,也无法理解评语的反馈内容,进而对下一步的学习做出改进。

比如在人教版四年级下册Unit 2的测验中,学生应当能够自主使用What time is it?句型询问时间,并能结合恰当的语言描述日常活动,如It's time to go to school。学生明白"我要到哪里去"后,就有了奋斗的方向,激励着学生不断为之而努力。要破除把考满分作为测验目标的错误观念,把学生从分数的桎梏中解放出来。

3.1.2 "我现在在哪里"

教师应根据此次测验所反映的情况,真实地描述每个学生存在的优点与不足。每个学生都是不同的个体,都具有个体差异性。因此,即使测验分数相同,也难以证明学生在测验中存在同样的问题。分数用统一的标准掩盖了学生的差异性,阻碍了学生的发展。评语要尊重学生的差异性,针对每个人的测验情况,有针对性地指出学生在这次测验中哪些地方做得好,哪些地方存在问题。

比如在人教版四年级下册Unit 2的测验中,有的学生是单词拼写存在错误;有的学生是语音知识掌握不到位;有的同学是无法听清听力中所表述的时间;有的学生是读图不清导致句子没有匹配到正确的图片。在批改过程中,笔者会针对学生错误的点,在卷子的空白处根据每位学生的不同情况写上此次考试存在的问题。同时也会对学生的进步提出表扬,比如这次考试中书写很工整,或者单词掌握得很好,都能够拼写正确等。

学生在明确自己存在的问题和不足后,才会有针对性地制定出适切的、有效的改进计划;评语里不仅指出了学生存在的问题,还告诉学生自己存在的优点和进步之处,这增强了考试成绩一直表现欠佳的学生的信心,让他们知道自己并不是一无是处。

3.1.3 "我将如何缩小差距"

让学生知道学习的差距其实很简单,最难的部分是要告诉学生应该如何缩短这个差距。因此,教师不仅要告诉学生学习的目标和学生目前的现状,更重要的是要让学生明白接下来应该怎么做,才能缩短目标和现实之间的距离。

比如在人教版四年级下册Unit 2的单元测验中涉及到很多时间词,很多同学在听力部分丢分,我建议他们在听力过程中记好关键词,根据关键词来快速定位;我建议有些学生课后要多熟读课文,建议另外一些学生课后多巩固一下语音知识。不同的学生给出不同的建议。教师根据评价在课堂上的观察和测验所反映的问题,告诉学生此次测验表现不好的原因所在,给出有针对性的意见。学生也可以根据对自己的了解,找出导致问题的原因,从而明白接下来要怎么做。

3.2 描述性评语的主体

传统的赋予分数的评价方式,评价的主体只能是教师,学生及家长无法参与到评价的过程中。一般都是教师忙于批改试卷,学生及家长坐等结果。在对测验的处理过程中只有教师一人在唱独角戏。教师对于评价结果的处理权力过大,学生及其家长被排除在外。这种过低的参与度有可能会导致学生和家长对于评价结果的反馈不甚了解，降低了与教师配合的可能性和积极性（刘辉 2010）。

学生是评价直接的利益相关者，也需要参与到评价的过程中。因此，评语中也要有学生自己的参与。教师能够根据试卷的内容分析哪一部分的学习存在问题，但是对于问题的归因，大多只能停留在表面。对于是没搞懂还是粗心大意导致的，对于内在的归因，学生所起到的作用要大于教师（易进 2013）。

学生参与到评价中能够更好地认识自己的优缺点，有利于激发他们的学习兴趣和自信心。因此，每次考试完毕后，笔者都会安排学生在卷子的空白处写上此次考试的得失。有位同学在试卷上写着"这次考试中我对时间表述掌握不到位，听力中不能很准确地听出时间，以后我要更仔细认真"。还有位同学写道"我不知道这幅图代表哪个国家，导致我无法正确地匹配时间"，这些信息有助于教师反思，意识到在今后的教学中不仅要教授学生语言知识，还应渗透文化意识，拓宽学生的知识面。多主体参与到评语的撰写中，能够全面地分析了解学生，给出更适合每个学生的指导和建议。

3.3 描述性评语的作用

3.3.1 有利于教学的改进

测验的目的是要改进教师的教和学生的学，仅提供分数是无法达到这个目的的。增加描述性的评语后，学生对自己能有一个全面的认识，不会因为分数而过度悲伤或者过度欢喜，因为分数并不是最重要的，重要的是明白下一步该如何做。评语弱化了分数带来的等级问题，给与每个学生自信。描述性的评语使得学生明白每个学生都有自己的优缺点，高分并不意味着该学生毫无缺点，低分也不意味着该学生一无是处。同时描述性的评语也转移了学生的关注点，使学生从关注此次测验自己考了多少分到关注此次测验暴露出自己在学习中存在什么问题，下一步应该如何改进。评语的指导意见也让学生明白如何在现有的学习程度上提高自己的学习能力。家长根据评语也可以全面了解学生，能够根据学生的现状做出有针对性的指导，更好地促进学生的发展，而不是一味地给学生搞"题海战术"。

教师可以根据学生的测验情况，来判断自己的教学效果，然后调整自己下一步的教学进度。在人教版四年级下册 Unit 2 考试过后，笔者对自己的教学也进行了调整，在做听力题的时候会让学生关注听力中出现的数字，并将关键的数字写在旁边，锻炼他们的数字敏感度。同时在教学的过程中笔者也注重拓宽学生的知识面，让学生了解一些国家的标志性建筑，能根据一些标志性的建筑判断所在的国家。

3.3.2 有利于师生从分数的桎梏中解放

只给予分数的测验加重了师生的负担，丢失了原本测验为了检测教学情况的本质。分数的高低必然存在，若仅以分数高低判断学生的"好""坏"，容易造成刻板印象。尤其对于学习成绩不理想的学生，长期考低分会使其丧失信心，造成习得性无助感。以分数论英雄使得教育失去了其育人的目的，学生被困在分数的牢笼里，挣脱不出来。在对测验加入描述性评语后，学生的学习积极性得以提高，不再畏惧考试，而将其视为诊断自己学习成果的一种手段。描述性的评语使得教师的关注点由一味地追求学生考高分，变成了教师应该如何改进下一步的教学。一次分数并不能代表什么，学习是一个动态的过程，对于分数要有一个理性认识。描述性的评语帮助师生从分数的桎梏中解放了出来。

测验作为一种诊断教学状况的形成性评价,是对教师的教和学生的学的一种诊断器,其存在很有必要。为了充分发挥测验的诊断和发展的功能,教师应对其结果有正确的表述,发挥其应有的作用。分数并不是其唯一的表述方式,这种表述方式模糊了学生的个性差异。因此,在"教—学—评"一体化的视角下,英语教师在对学生进行评价时,可适当加入描述性的评语,对学生做出有针对性的评价。

4. 结语

日常的教学评价多使用总结性评价方式,忽略了评价过程,把评价作为教学的最后一个步骤,割裂了"教—学—评"之间的紧密关系。新课标让我们意识到评价不再是教学的最后一个环节,而是嵌于教学过程中,与教学构成一个有机的整体(Zhang 2022)。描述性评价方式的使用能帮助学生利用评价结果反思自己的学习过程,教师也能据此改进自己的教学方式,促进学生学习。作为一线教师应认真贯彻落实新课标的指导思想,有效实现"教—学—评"一体化,促进学生的长远发展。

参考文献

[1] Black, P. & Wiliam, D. Inside the black box: Raising standards through classroom assessment[J]. *Phi Delta Kappan*, 2010, 92(1): 81–90.
[2] Zhang L. English Graded Reading Achievement Assessment Model Based on Achieve 3000 Platform[J]. *Adult and Higher Education*, 2022, 4(12): 50–55.
[3] 崔允漷. 促进学习:学业评价的新范式[J]. 教育科学研究, 2010(3): 11–16.
[4] 刘辉. 促进学习的教师自编测试结果的处理[J]. 当代教育科学, 2014(10): 17–20.
[5] 刘辉. 促进学习的课堂评价结果处理研究[D]. 华东师范大学, 2010: 114–115.
[6] 刘辉. 促进学习的评价:从报告分数到建立反馈机制[J]. 当代教育科学, 2016(4): 29–32.
[7] 王蔷, 蒋京丽. 以核心素养为导向构建与英语新课标相适应的新型学业评价[J]. 中国考试, 2023(01): 67–73.
[8] 杨向东. 谈课堂评价的地位与重建[J]. 全球教育展望, 2009(9): 42–46.
[9] 易进. 建构促进教与学的课堂学习评价[J]. 教育学报, 2013(5): 61–67.
[10] 章全武, 肖运鸿. 基于数据分析的高中校内考试结果处理的问题表征与改进路径[J]. 当代教育科学, 2015(2): 59–62.
[11] 郑东辉. 试论课堂评价与教学的关系[J]. 课程·教材·教法, 2014, 34(12): 33–38.
[12] 中华人民共和国教育部. 义务教育英语课程标准(2022年版)[S]. 北京:北京师范大学出版社, 2022.

作者单位:湖州市新风实验小学教育集团 浙江湖州 313000